To Ride
a Silver Broomstick
by Silver RavenWolf

魔女術で
運命をひらく!

なりたい自分になるための
ウイッチクラフト実践術

シルバー・レイブンウルフ 著　　鈴木景子 訳

自分のリズムを大事に生き、
夢を実現させようとする強さを持つ人たちへ……
父さん、いつまでも大好きよ！

私の夫、アービン・トレイヤーへ、
これも全部、あなたのおかげ！

　序
女神の訓言（チャージ）

夏至前夜――それは1年で最も日の長い日。力と神秘が枷（かせ）から解き放たれる、特別なときです。

あなたは人里から遠く離れた、広く開けた場所に立っています。三方は闇に沈む大地母神の常磐木（ときわぎ）の裳裾（もすそ）に囲まれ、振り返れば芽吹いて間もないトウモロコシが育つなだらかな畑の風景が広がります。

空を見上げれば、円（まど）かな月が。丸々と肥え太り、乳のごとき白い光を眼下の惑星にこぼす姿は、まるで子に乳を与えるときを待ちかねる母の乳房のよう。輝ける光球の周囲には無数の星々が瞬き、黒ビロードの夜空を点々と飾っています。

あなたは深く息を吸います――日中の熱が冷めゆく、濃厚で甘い夏の空気の香り。畑、闇、夜の音、森、月、存在しない時間にその全てがぶつかり合っているのです。

辺りを見まわしたあなたは、自分以外にも大勢の人間がこの空き地にいることに気づきます――老いも若きも、がっしりとした体もほっそりとした姿も、人々のさまざまな姿形が目に入ります。あなたと同じく今夜この場所に集うため、遥々遠方よりやってきた人たちです。緊張感をはらんだ期待をかろうじて隠した顔から口々にこぼれるささやきが夜行性の虫の鳴き声と混じり合い、和やかな空気の中、ふたつの世界が統合された気配が充ち満ちていきます。

穏やかに寄せる波のように静寂が広がってざわめきが消え、人々が無言で輪をつくります。ひと塊の浮き雲が月の御前にと馳せ参じ、一瞬、輝ける顔を覆い隠しました。

訪れた闇の中で、男性と女性と子供たちの手がつながれます。雲間からこぼれる光が再び人々に降り注ぐと、畏敬の念にあふれたささやきがあちこちから聞こえてきました。今の今まで何もなかった輪の中央にひとりの女性が立っていて、その神々しいオーラで場をまばゆく照らし出していたのです。

その顔を誰に例えればいいのでしょう。あなたはあれこれと記憶を探ります

が、今世であれいつであれ、似た顔はひとつとして思い浮かべることができません。

　背筋をすっと伸ばして立つ、威厳に満ちたその姿。力強くもほっそりとした両腕が天を指すと、月の光が引き下ろされ、彼女の胸もとへと——魂の内へと注ぎ込まれます。

　女性の体を包んでいるのは、現在の人間業ではとうていつくり得ない淡く光を放つ素材です。衣は摩訶不思議にもさざ波立ち、きめ細やかな肌が夜にキスをしているようで、あなたの目を驚かせます。

　濡れ羽色の髪の美女か。プラチナブロンドの姫君か。それとも、炎のごとく燃え立つ赤毛の女戦士。彼女の姿は見る者によって異なり、あなたの目に映る彼女は芳醇なハチミツを思わせる肌の色をしていますが、隣の男性には磨かれた黒檀のような艶めいた肌に見えています。

　あなたはふと、自分が森羅万象の思考とつながっていることに気づきます。彼女の輝ける顔貌（かんばせ）は見る者の肺から空気を奪い、あなたは喘ぎ、無の論理に溺れるのではないかといううっすらとした不安に目を瞬かせます。けれど、その感覚は一瞬で消え、乱れた呼吸はもとどおりに落着き、心臓ばかりがどきどきと脈打つのでした。

　彼女の内面をのぞくことは、神性の……女神の存在を肌で知ることなのです！

　論理的な思考は、神が存在するという創造性あふれる前提を受けつけません。今ここで目の当たりにしているのは人間なのか、それとも天上に生まれた存在なのかと、あなたは胸の内で思案します。あの方は人の子、〈魔女たちの女王（ウィッチ）〉アラディアだと言う人がいました。女神の化身だと言う者も、女神の娘だと言う者もいます。人間の肉体では女神の全存在を宿すことはできないから、と。

　いろいろと思案をめぐらせはしたものの、自分が彼女に見える（まみ）このときをずっと待っていたことをあなたは知っています。ここにいるのは見ず知らずの人間ばかりなのに、もう居心地の良ささえ覚えています。なぜなら、あなたはここの一員だからです。

　彼女が口を開き、銀の声が朗々と、真（まこと）の響きをもって紡がれます。〈呼びかけ〉が始まると、周辺で最も背の高い木々が頭（こうべ）を垂れて畏敬の念を示す、驚きの光景が広がったのでした。

我が言葉を聞き、私が何者か知るがよい！
我が名は言葉を話す者によって口々に唱えられ、数多なり！
私は〈永遠の乙女〉！
〈偉大なる母〉！
不滅の鍵を持つ〈老いたる者〉！
この身は神秘に包まれ隠されるとも、万人の魂に知られる者なり！

　天に差し伸べられていた両腕が下ろされ、まわりに輪を描く人々に向かって開かれます。小さな女の子が恐怖に駆られて悲鳴を上げ、和やかな空気に綻びが生じました。絶叫する女の子のもとに、ぎょっとした母親が慌てて駆け寄っていきます。

　その様子に気づいたアラディアは微笑みを浮かべ、女の子に手招きをしました。赤子をあやすような格好をしたかと思うと、その腕の中に瞬く間に女の子の姿が現れ、子供を連れ出そうとしていた母親の手が虚しく空をつかみます。

　アラディアの実在を信じられない者がこの場にいたとしても、満ち足りた表情で彼女の肩に頬を寄せる赤子の姿を見た瞬間に疑いがかき消えたのは間違いないでしょう。

　幼子を抱いたまま、優美な片腕を天に向かって振り上げ、アラディアが語り出します：

我が言葉を聞き、私が何者か知るがよい！
天に月が昇るとき、我が子らよ、我がもとに集え。
月に一度の月満ちる夜ならば重畳、
このような秘密の場所を会合の場とし、我が霊を崇めよ。
我こそは〈魔女たちの女王〉なり！

油断なき我が目に守られ、
我が子らには大地と自然の神秘、
そしてあらゆる魔術の神秘が授けられる！

> 未知のものは知られ、
> 隠されているものは明かされ、
> 孤独な魂さえ、我が光が貫くだろう。
> 我が大釜から、あらゆる知識と不滅の命はのまれるだろう！

　アラディアは口を閉ざすと女の子の頭を撫で、地面にそっと下ろします。母親のもとに駆け寄っていく天使のようなその顔は晴れ晴れと輝き、一片の曇りもありません。

　アラディアは輪になって並ぶ人々の前に滑らかに歩を進め、影に隠れた顔ひとつひとつをじっと見つめます。そして語りかけます：

> 我が子らの枷は外され、踊リ、歌い、宴に与る（あずか）だろう。
> 我が子を音楽が取り巻くだろう、我が音楽は霊の法悦にして、
> 地の喜びなれば！

　彼女の瞳が大きくなって輝きを放ち、声にむき出しの力が噴き出します：

> 私は生け贄は求めぬ！　見よ、我こそは生きとし生けるものの母なリ！

　右のてのひらを男性の額に置き、アラディアが声を張り上げます：

> つくリ、癒やせ！

　声音が和らぎ、別の者に目配せが送られます：

> 強くあれ、しかし優しくもあれ。

　その顔が老婆のほうに振り向けられます：

> 気高くあれ、しかし崇敬の念を忘るるなかれ。

アラディアの指が魅力的な娘の顎に添えられると、くいと上向けました：

　　生み、満たせ。

　蠱惑的な笑みを浮かべ、アラディアが身を翻します。彼女は輪に沿って歩き出し、ひとりひとりに触れては希望と夢に満ちた言葉をささやきかけ、不安と憎悪を取り除いていきます。

　　満ちては欠ける月はまた輝き出し、季節は滑らかなリズムで種蒔きから収穫へ、見せかけの死から復活のときへと移り変わる……我が子らも自分たちがふたつの世界を繰り返しめぐっていることを知るだろう！

　アラディアがこちらへと向かってくる──地を踏むのではなく、滑るように──のを目にし、あなたの心臓が原始のリズムに合わせて脈打ち始めます。今度は自分が選ばれたのだ。そう気づいた瞬間に、胃がでんぐり返ったような感覚が襲ってきます。ほんの少しの間、アラディアがあなたの目の前で足を止めました。漂うのは馥郁たるムスクの芳香か、それともラベンダーの清香でしょうか。彼女から放たれる芳しい熱があなたを包み込みます。眼前にした相貌のあまりの麗しさに、こんなに美しいものを見てしまったら、これからは何を見ても全てが色褪せてしまうのだろうとあなたは思います。

　彼女の手が優しくあなたの肩に触れると、甘い感覚とともに力の奔流が身の内に勢いよく注ぎ込まれ、腹の奥底に溜まっていきます。彼女の密やかなささやきを、不思議なことに、その場にいる全員が耳にしました：

　　我が子らは我が言葉を繰り返し唱えよ……。
　　私は愛し、何者にも害をなさず。
　　私は生き、愛し、死に、また生きる。
　　私は出会い、記憶し、知り、
　　もう一度抱擁する。

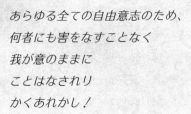

> あらゆる全ての自由意志のため、
> 何者にも害をなすことなく
> 我が意のままに
> ことはなされり
> かくあれかし！

　あなたはアラディアが唱えた言葉を繰り返します。人々も繰り返します。動いた気配もないのに、先ほどと同じように、アラディアはいつの間にか再び輪の中央に戻っています。あなたはアラディアの力が全身の分子の間で沸き立つのを感じます。

　どこからともなくパンパイプの音色が聞こえてきたかと思うと、渦巻く霧がアラディアのほうへと流れていきます。輪の中央に立つアラディアの孤影に寄り添い、丈高い姿が——半人半獣の男の姿が現れました。男の全身は玉虫色のように変化する黄金の輝きに包まれています。日に焼け、筋肉の隆々としたくましい腕が、ごく軽い妖精の羽に触れるような仕草でアラディアの体にそっとまわされました。

　彼の頭からはねじれた大きな角が２本突き出し、それ自体が発光しているような輝きを宿しています。恐ろしげな容貌ですが、あなたは怖いとは思いません。なぜならば彼は男神、貴婦人（レディ）の伴侶であり、銀なる彼女の金なる半身だからです。

　ふたりはにっこりと微笑み合います。ふたつに別れた肉体がゆっくりと溶け合い、まばゆく燃え立つ光へと回帰していきます。唐突に、ふたりを取り巻く人の輪が闇に押し込められました。

　あなたは恐怖心に駆られて天を仰ぎますが、何ということはなく、横切る雲が先ほどと同じように月を隠していたのでした。

　奪われた光はまた速やかに戻ってきますが……神秘性は戻ってきません。一同の目が輪の中央に向けられます。

　そこにはただ、虚空だけがあるばかり。

　補足：原典となる『女神の訓言』はもともとガードナー派の『影の書』に収

められていた儀式用の文言を、ガードナーの弟子にして「近代魔女術^{ウイッチクラフト}の母」と称されるドリーン・ヴァリアンテが書き直した詩編および散文です。宗派^{トラディション}を超えて多くの祝祭の儀式で女神を召喚する際に唱えられ、ペイガン・コミュニティ全体で愛されています。本書では原典のエッセンスを抜き出し、物語形式に仕立て直しました。女神と男神が一般社会の考える間違った姿ではなく、私たちの信仰にあるとおりに描写されており、大人にも子供にも読んでもらいたい美しい物語になっています。

はじめに

　普通、魔女術[ウイッチクラフト]の信奉者が誰かに改宗を迫ることはありません。街で『影の書』を持って伝道に熱を上げている魔女[ウイッチ]を見かけることもないでしょうし、シャワー中に呼び鈴が鳴り、濡れた体のあちこちに服が貼りつく気持ち悪さを我慢して玄関扉を開けたら、穏やかな笑みを浮かべたウイッチが立っていた、なんてこともいらぬ心配です。

　私たちウイッチは押しの強いタイプではないので（願わくば）人目にはつきませんが、存在しないわけではありません。だけど、いざ探そうとすると、どこに隠れているのか見つからない。それが私たちウイッチの面白いところともいえるでしょう。

　ウイッチクラフトの実践は間違いなく楽しいものです。恐れや憎しみとは無縁で、神を畏怖して怯えることもありません。この宇宙が与えてくれる全てを享受することは、私たちの誰もが持っている権利です。本書の目的は、ウイッチクラフトを本来の形で経験できるよう手助けをすることにあります。

　「この本を読んでさまざまなエクササイズをこなせば、お金も愛情も思いのまま。ウイッチクラフトがあなたの望みを叶えてくれます」。こんな甘い言葉で売り込むこともできますけれど、普通そんなことを信じる人はいないでしょう。無から有が生まれるなんて、そんなうまい話があるわけないですからね。

　うまい話を信じるかどうかはともかくとして、ひとつご理解いただきたいのは、まったくの無など存在しないということです。無にも何らかの意味があるのですから。

　本書は、魔女団[カヴン]（第3章を参照）に所属している、あるいはひとり者[ソリタリー]のウイッチとして活動を始めている、ウイッチの勉強を始めたばかりで自分が実際にど・うしたいのか決めかねている、そういった方々に向けて書かれたもので、ひとり立ちしたウイッチ（ソリタリー、あるいはソロと呼ばれます）に焦点を置き、団体に所属しているかに関係なく、クラフトを理論的および宗教的側面から実践する方法を扱っています。

　ウイッチというものは、火曜や木曜など日を決めて儀式やまじないをおこな

11

うだけでなれるものではありません。本書はウイッチとして生きるための率直かつ簡潔な指南書としても読んでいただけます。

　また、本書はある女性によるとても重要な証言でもあります……その女性とは、私です。この本があなたにめぐり会えたのも、ひとえにウイッチクラフトと魔法の力が私に働いたおかげです。どうせさしたる苦労もなくぱっと書き上げられた本だろうから、こちらもぱっと読んでしまおうとお考えの読者がいましたら、それどころかああでもないこうでもないともがき苦しみ、大変な作業を重ねて完成に漕ぎ着けた一冊であることをお断りしておかなければなりません。

　考えてもみてください。４人の子供を持つ母親が初めての原稿を完成させ、いちばん好きな出版社に送り、普通なら山ともらうはずのお断りの手紙を拝むことなく刊行が決まる確率なんてわずかなものです。その確率を押してこの本はあなたとめぐり会いましたが、それを叶えたのは私の魔法でも、希望でも夢でもありません。こんな教科書があればいいのにと願う大勢の人たちの思いが、原稿を書き進める私の人生に魔法をかけていたのです。

　努めて強調しておきたいのは、私もあなたと同じだということです。私はごく普通の、どこにでもいるような人間です。それなりに、といいますか。誰だって自分は特別だと思いたいものですからその分は、ね？

　私は家賃や電話料金、電気代、家族の騒動、車の問題、銀行関係のもめごとといったすてきな面倒ごととは無縁ではいられない現実世界に生きています。戦争や犯罪といった深刻な問題は言うに及ばず、ときには近所付き合いにも悩まされる世界です。

　それでも、私にはこの現実世界に幻想の世界（実際には違うのですが）を重ね合わせ、自分やまわりの人の人生における困難の多くを解決したり未然に防いだり——いえ、それ以上に、皆が幸せで健やかに過ごせるようにすることだってできます。

　私にはできますし、あなたにだってできることです……あなたが本当に求めさえすれば。心の底から求めることは、何かをなすときの基本中の基本です。求め、同時に必要としてください。そうすれば、本来ならこの先20年はかかる研究の恩恵を一足飛びに享受し、成功を手に入れられることを約束しましょう——誰

が聞いてもうさん臭い話ですね。でも、目的を達成するまで20年も待っていられますか？　私なら、長い年月を無駄に過ごし、あれもこれもできなかったと嘆くより、ロッキングチェアをゆらゆら揺らし、自分がやり遂げたことを指折り数えたいと思います。

　ウイッチクラフトは虚飾を取り払った本質に働きかける実用的な業です。やり方を間違えなければ誰かを傷つける心配はありませんし、いろいろな場面で役に立ちます。森羅万象の営みがめぐる周期ともぴったり噛み合う魔女の業、ウイッチクラフトはあなたに健康と富と充足した生活をもたらします。さあ、何でもご相談ください！

　祝福あれ、
　ジェニーン・E・トレイヤー
　またの名をシルバー・レイブンウルフ
　1991年10月31日

 CONTENTS

第3部　ウイッチクラフトの実践術

第4部　ウイッチクラフトの挑戦

第1部

ウイッチクラフトの基礎知識

Background Shadows

第1章
ウイッチを目指すということ

「訓言（チャージ）」はさまざまな形で私たちに訪れます。それは森羅万象に宿る魔法が身体を駆けめぐるのを初めて感じる瞬間であり、現実と空想の両方の世界に影を落とす神秘へと呼びかける声が確かに実在することを知る瞬間です。呼び声は現実からの気まぐれな逃避ではないのです。

魔女術（ウイッチクラフト）はあなたの閉じていた目を開き、スピリチュアルな道を示してくれるでしょう。だけど、自分の運命はほかの誰でもないあなた自身が決めること。興味本位で飛びつく前に、ウイッチクラフトが自分にふさわしい道かどうか、その目でしっかりと見極めないといけません。

本書には私が独自に研究した「ソロ」としてのクラフト実践法を収めてあります。「ソロ」が意味するところは「私だけ」、「自分自身で」、「自分ひとりで」——いろいろな理由から、ウイッチクラフトの技芸技術を単身で実践する人の名称です。私自身、特定の宗派（トラディション）に入信はしていません。本書で教えている知識や見識も、特定の書物や研究者から収集したものではありません。クラフトは科学と宗教という二本柱から構成されています。クラフトが扱う科学を学びたい人、宗教として奉じたい人、あるいはその両方の道を追求したい人。この本はそんな方々（男女問わず）に最適な教科書としてお使いいただけるでしょう。

読者の皆さんがさまざまな神々について自分で学べるように、本書ではあえて特定の神々の名を出すことを避けています。また、トラディションを問わず修行中の参入者（イニシエート）には教科書として、思春期を迎えて献身の儀（デディケーション）が近づいているペイガンの子供たちにはよい教材として利用いただけます。

各章末には推薦書の一覧を付記しました。必読書一覧ではありませんし、リスト順に読まなくてはならないということもありませんから、興味を引かれたも

のを読んでください。学んだ知識を深めることができる本ばかりですので、学習の進度に合わせて何冊かを並行して読むことをおすすめします。

　また、本書は実用的な実践書を意図しているため、ウイッチクラフトの歴史についてはあまり取り上げません。ただ、付録として、私たちが知っておくべき近年の出来事を巻末にまとめました。皆さんがクラフトの政治的な側面に興味がなかったとしても、ソロ、カヴン双方のウイッチのために尽力してくれた人物くらいは知っておくべきでしょう。

　とはいうものの、歴史に書き手の主観が入り込むのは避けられません。たとえ当事者であっても、目線が違えば受け取り方も違ってしまいます。今日伝わっている歴史は、何世紀も前の勝利者の手で記されたものであり、敗者の視点から書かれたものではないことを覚えておきましょう。

　各章にはエクササイズを載せてあります。難しくはありませんが重要なものばかりですので、ひととおり、できれば順番どおりに取り組んでみてください。それから、本書を読み進める前に、丈夫なノートを購入しておくことをおすすめします。ルーズリーフ式のバインダーだと自由にページの入れ替えができるので便利です。記録法についてはあとの章（第12章）で詳しく紹介しますが、このノートはさっそく使うことになりますよ。

　クラフトについて勉強している間は、自分はほかの誰とも違う唯一無二の特別な存在だという意識を持ちましょう。教科書だけでなく、日常からもたくさんのことが学べます。新しく学んだ知識を利用するとき、あなたはあなたを取り巻くさまざまな世界を見通す洞察力と英知を得ることになります。気は長く持ち、気負いすぎは禁物、自然の流れに身をゆだねてください。そして……何より大事なのは……学ぶことを、どうか楽しんでください！

～ あなたにとってウイッチとは ～

　最初のエクササイズでは、想像力をのびのび使っていただきます。「ウイッチ」、あるいは「ウイッチクラフト」はどのように定義されるのでしょう。こんな質問を私はよくいただくのですが、それに対し、私はまずこう訊ねることに

しています。「ウイッチというものを、あなたはどうお考えですか？」

　その返答で相手の理解度が測れますし、誤解もはなはだしい認識を取り除いてから、その人の理解度に合った正しい定義を改めて知ってもらうことができます。大事なのは「その人の理解度に合った」という部分です。この先、クラフトの本質について説明を求められたときは（そんなときがきっと来ますから）、単純明快な返答を心がけてください。一般人には理解できない専門用語やデータを並べて混乱させてはいけません。言葉選びは簡潔であればあるほどいいのです。

　では、ここで最初のエクササイズに取りかかりましょう。読者の皆さんには私宛てに架空の手紙を書いていただきます。ウイッチクラフトの実践に関しては熟練の域に達しているという人でも、びっくりするような手紙に仕上がると思いますよ。頭の中で自分たちが何者であるかについて考えることと、ペンと紙のような媒体を用い、表現力を制限されながら自分たちが何者であるかを定義する行為はまったくの別物ですからね。

　新しく用意したノートの1ページ目を開き、「ウイッチ」という言葉をあなたはどう定義しているのか、私宛てに手紙を書いて教えてください。2段落目は「ウイッチクラフト」についてです。

　3段落目には、ウイッチクラフトの実践が社会一般でどのように受け入れられているか、あなたが思っていること、また、その理由について書いてください。

　手紙の最後には、本書を読み終える前に達成したいと思っている主な目標をひとつ記します。スピリチュアルなもの、精神的なもの、物質的なもの、なんでもかまいません。目標を書き込んだら、署名と日付を記入して終わってください。

♪♪♪　ウイッチの信条　♪♪♪

　今日、世間に大勢いるウイッチのほとんどは、現実よりも幻想に目を向けている宗派を心のよりどころにしている者ばかりだ、と知識のろくにない人は言

うでしょう。でも、その現実だって、彼らにとっての「現実」でしかありません。

「愛」、「幸福」、そして「神」。人によって意味合いが変わる言葉の代表格としてこの３つが挙げられますが、前出の「現実」もまた然りで、経験も思考パターンも感覚も人それぞれ違うもの。そして、誰も彼もが誰とも異なる特別な存在であるのは、その違いがあるからです。あなたにとって正しいことが、別の人にも当てはまるとはかぎらないのです。

クラフトの主な教えのひとつにも、"誰かに害をなすおそれがないのなら、誰もが好きなことをやり、幸せに浸る権利がある"とあります。

ということは、あなたの「真実」が他者にとっても真実である必要はなく、逆にいえば、世間の真実があなたと同じ真実であることも期待できないということになります。

人は、その人が信じるものによってつくられます。そして、ウイッチをつくり上げる信条は、1974年にミネソタ州ミネアポリスで開催された春の魔女大会（ウイッチミート）でアメリカ魔女評議会（カウンシル・オブ・アメリカン・ウイッチズ）によって完璧に集約されたといえるでしょう。「ウイッカ信仰の規範」と銘打ったその声明は、一般社会と私たちのような自立したウイッチたちの啓発と教育に採用されました。

残念ながら、カウンシル・オブ・アメリカン・ウイッチズは同年に解散したのですが、だからといって彼らの努力が微々たるものだったということはありません。むしろ、まったくの逆で、カウンシルの解散以後も活動を続けたり新たに結成されたりしたグループや組織によって、その理念は今も脈々と受け継がれているのです。

信仰の規範は以下に転載してあります。クラフトの信条をわかりやすく説明する上で、これほど簡潔にまとめられた文章はないでしょう。クラフトに長く親しんでいる方でも読み飛ばさず、一条一条に時間をかけ、一語一語を味わうように読んでください。走り読みはいけません。ソロならば単独の儀式で、グループなら集会を開いて、１年に一度は何らかの形で信条を再確認すべきです。主要な祝祭でも、献身の儀をおこなった日でも、あるいは何かしら特別な日でもかまいません。信条について改めて考える日を設けてみましょう。

ウイッカ信仰の規範

　カウンシル・オブ・アメリカン・ウイッチズは、アメリカにおけるウイッチたちの経験と要求から、現代ウイッチクラフトを定義する必要があると判断しました。

　私たちはほかの時代、ほかの文化からの伝統には縛られず、私たち自身の存在を通じて 顕 る神だけを至高の存在として尊び、いかなる人にも権力にも捧げることのない忠誠を誓います。

　アメリカのウイッチとして、私たちは人生を肯定する教えと伝統の全てを歓迎して敬意を払い、万物から飽かず学び、学んだことをこのカウンシルで分かち合います。

　以下に掲げるウイッカ信仰の規範は、この歓迎と協力の精神に基づいて採択されたものです。私たちは全てを受け入れることを旨としますが、利己的な権力を誇示するために私たちの団体を破壊しようとする者たちや、以下の信条に反する哲学、慣習に対しては断固として拒否します。相反する道を行く者たちを受け入れはしませんが、私たちの知識と信条に心からの関心を寄せる者であれば、人種、肌の色、性別、年齢、国籍、文化、性的嗜好で判断して参加を拒むことはありません。

　それゆえ、私たちの一員となりたい者には、私たちは以下に挙げた基本的な信条を受け入れることだけを求めます：

1. 私たちは儀式をおこなうことで、月の満ち欠けと、クォーターズ（夏至・冬至・春分・秋分）およびクロス・クォーターズ（クォーターズの間の時期）という季節のめぐりが紡ぎ、命の力が奏でる自然のリズムと同調します。

2. 私たちが持つ知性は、私たちにまわりの環境に対する責任を付与します。命の営みを充足させ、進化概念を意識した生態系のバランスを守り、自然と調和のうちに生きていくことを求めます。

3. 私たちは常人が視認できるより遥かな深みを持つ大いなる力の存在を信

じます。尋常ではないほど大きな力なので、ときに「超自然的力^{スーパーナチュラル}」とも呼ばれますが、本質的に万物が内に秘めるものと私たちは考えます。

4. 宇宙にはふたつの極性——男性と女性——を通じて働きかける〈創造の力〉が存在します。この同じ力は万人の内にも存在し、男女両性の交わりにより機能するものです。ふたつの性は互いに支え合う関係にあるものなので、私たちは両者に優劣があるとは考えません。私たちはこの「性」を、喜び、象徴的および具象的な命の形、そして魔術の実践と宗教崇拝において使われるエネルギー源のひとつとして大切にしています。

5. 私たちは外界と内界（精神世界）——ときに霊界、集合的無意識、内方界^{インナー・プレイン}などと呼ばれます——の存在を認め、ふたつの次元世界の相互作用が基盤となって超常現象や魔法が働くと考えます。両方の世界があるからこそ私たちの目的は成就されるので、片方を偏重することはありません。

6. 私たちは権威主義によって支配される階級制をいっさい認めませんが、教育者には敬意を表し、偉大なる知識と英知を他者と分け合う人を尊敬し、勇敢にも我が身をなげうって 公^{おおやけ} に尽くしてきた指導者には感謝を捧げます。

7. 宗教、魔術、人生の知恵は世界および人生を内包し、互いに無関係ではなくつながっているものと私たちは考えます——私たちにとって世界観と人生哲学は、ウイッチクラフトやウイッカの流儀と同義です。

8. "ウイッチ"を自称してもウイッチになれるわけではありません。世襲で受け継いだり、肩書きや位階^{ディグリー}を手に入れたり、参入を果たすだけでもやはり足りません。他者に害をなさず、自然との調和を求め、賢明で豊かな人生を送る。そのために自分の内なる力を統御する、それがウイッチの求める生き方です。

9. 私たちが存在する宇宙に、そして宇宙の中で私たちひとりひとりが担う役割に意味を与えるのは、人生を肯定し、充実させることです。それは発展を続け、意識を発達させることで叶います。

10. 私たちはキリスト教を始めとするほかの宗教、人生哲学に対し、何の敵^{てき}愾心^{がいしん}も抱いてはいませんが、信奉者が自分たちだけが「真に正しく、唯一の道なり」と謳^{うた}って他者の自由を否定し、他の宗教や信仰を弾圧して

きた点だけはまったく容認できません。

11. アメリカのウイッチとして、私たちはクラフトの歴史、諸用語の起源、トラディション各派が持つさまざまな側面の正当性をめぐる議論に左右されません。私たちの関心は現在と未来にあるのです。

12. 私たちは「絶対的な悪」という概念を受け入れず、キリスト教派が定義するいわゆる「サタン」や「悪魔」といった存在を信仰の対象とはしていません。他者を苦しめることで得られる力は求めませんし、他者を否定しなければ恩恵は引き出せないとする概念は容認できません。

13. 私たちを健やかにし、豊かな生き方を与えてくれる自然の中で、私たちの業(わざ)は営まれます。

　ノートを出して、以上に挙げた信条の中で理解できないもの、同意できないもの、理由を説明できないものを抜き書きしましょう。そのページは見やすい箇所に挟んでおき、勉強を進めるうちにはっきり理解できるようになったもの、まだ疑問が残るものをチェックするのに使います。

　魔術的にでも政治的にでも、自分の立ち位置に疑問を覚えることがあったら、必ずウイッカ信仰の規範を読み返してください。この13箇条はキリスト教の十戒に当たるものといえ、たいていのウイッチは忠実にこの規範を守っています。署名と日付を書き込むことを忘れずに。

～ ウイッチクラフトに出会うまで ～

　「どうやってウイッチになったのか」とは、もう何度となくいろいろな人から質問されてきたことですが、自分でもいつどうやってこの道に迷い込んだのか、不思議に思うことがよくあります。どうやってとか、このときだったとかを特定するのは私には難しいことです。

　たとえば、幼いころに天使を見たこと（親からはお腹が痛くて混乱しただけだと言われ、取り合ってもらえませんでしたが）。「自分はもらわれてきた子かもしれない」症候群に罹(かか)っていて、この家の子じゃないといつも感じていたこ

と（母の死後に銀行で出会った母の友人に、本人が化けて出たのかとびっくりされたくらい母にそっくりだというのに！）。13歳のときにひょんなことからタロットカードを手に入れたこと（死を告げられたわけではないけれど、占い結果に恐れおののいた年長の家族が手放したのです）。

　でも、いちばん大きかったのは、シビル・リークの『Diary of a Witch（ある魔女の日記）』に出会ったことでしょう。ウイッチクラフトといえば、邪術、悪いもの、悪魔の所業。私がずっと聞かされてきたのはそういう話です。だけど、この本に書いてあったのはそんなことではありません。そこには「私」の物語がつづられていたのです。とはいえ、生まれてこの方ごく普通の宗教観を骨の髄まで教え込まれてきたわけですから、たった一冊の本が全ての価値観を覆すには至りませんでした。

　本に夢中になっていたのと同じころに、こんなこともありました。祖父の家に遊びに行ったときの話です。椅子に座る祖父の横でクッキーとアイスティーのおやつを食べていると、おまえの先祖にはペンシルベニア・ダッチのパウワウ術者だった者が少なくともひとりはいるんだよと祖父が教えてくれました。パウワウ術者というのは、癒やしの術をおこなう人たちのことです。数年後、その件についてもう一度祖父に訊ねてみたのですけれど、そんな話は知らないと否定されて終わったのでした。

　私の物語はそんなふうに始まりました。クラフトを始めるきっかけは人それぞれで、あなたがどういう経緯でこの人生の転機に至ろうとも、そのたどってきた道に正解も間違いもありません。決心とは往々にして長い年月の間に起きた幾千もの出来事を土台とし、それが積もり積もった結果、「ああ、私って本当はこうだったんだ！　これが私という人間なんだ」という理解に至るものなのです。

　ノートの3ページ目を開き、今の自分に至るまでの軌跡を書きつづってください。今、自分には何が必要だと感じていますか。クラフトを学ぶことで得るものについてどう思いますか。この道を進むことで何か失うものがある場合、あなたが恐れるのは何ですか。自分を偽らず、正直に答えてください。あなたが先へと進む上で、明と暗、あるいは闇の領域の両方を見つめることは、とても重要な意味を持ちます。ペンのインクか鉛筆の芯を無駄にしてまで嘘を書かな

くてはいけないのなら、あなたはまだウイッチクラフトを学ぶ準備ができていないのです。

　努力を成功に結びつけようと思ったら、何より自分の弱みと強みを把握しておかないといけません。時間をかけて自分自身とにらみ合いましょう。何かしら得るものが見つかるはずです！

　カヴンの参入者にはクラフトの加入を決めるまでに1年と1日の期間が与えられます。そこで教えていることや教え方が気に入らない、メンバーに肌が合わない人がいるという問題が出てくるかもしれないからです。人との交流は確かにすばらしいものですが、苦痛となる場合もあります。実態どころか存在するかもわからないのに、門外不出のカヴンの禁じられた知識を手に入れるために苦痛でしかない人間関係を我慢するのはクラフトの考え方から外れた行為です。

　逆に、あなたも他人から同じようにうとまれるかもしれません。でも、ソロの道を選べばこの手の悩みとは無縁になります。独学で修行を始めてから考えを変え、誰かに師事することを選んでも何ひとつ問題はありません。宗教や科学には人によって向き不向きがあります。クラフトも同じです。自分の道を自分で選ぶ権利は個人として存在するあなたに与えられたすばらしい恵みなのですから、遠慮なく行使しましょう。

　クラフトが採用している「1年と1日」という制度はなかなかよいものです。そこで提案ですが、今日からちょうど1年と1日後（ノートの4ページ目に今日の日付を書き込んでください）に、本書を学びながらノートに書き留めていったことを読み返してみてはどうでしょう。きっと面白さや驚きを感じるだけでなく、自分のことながら誇らしい気分にもなりますよ。読了後にクラフトには手を出すまいと思ったとしても、やはり1年後にノートを読み返すことをおすすめします。自分で選んだ道でやってのけたことにびっくり仰天するのではないでしょうか。

　今日の日付の下には1年後の自分に向けて、季節の車輪がひとめぐりする間に実現させる目標と約束を書いておきましょう。

～♬　まとめ　♬～

　この章ではウイッチおよびウイッチクラフトの定義について簡潔に学びました。信仰の規範に従うことで、現代のウイッチが一般社会にとても上手になじめることもわかったでしょう。

　ナントカ山のてっぺんにある神秘的な洞窟に住んでいて、大釜のまわりをうろちょろしてはコウモリの翼やヒキガエルの足をポチャンと入れる。ウイッチがそんな頭のおかしい変人ではないことも、信仰の規範から知ることができます。論理的に思考し、思慮をめぐらせて計画を立て、兄弟姉妹には温かな心遣いを示す。それが私たちウイッチなのです。

　私たちはこの星のことを気にかけ、自分の子供と他人の子供、高齢者、動物たちの幸せを願い、世界の政治事情に関心を持っています。何か騒ぎが起きたときに皆が幸せでいる権利を守るために真っ先に口を開き、必要とあれば地域社会のために自発的に行動を起こす最初の人間。その中の多くにも私たちウイッチがいるのです。

　ウイッチとなってほうきを手にするということは個人のみならず共同体の一員としての責任もその手につかむことであり、少数勢力の一員となったからには、一般社会に対する模範（ロールモデル）になってもらわないといけません。ろくにクラフトを学んでいないうちから友人や家族、知人に自分はウイッチだと公言するのは滑稽です。クラフトの実践は面白くて楽しいものですが、いざ身を投じるとなると、真剣に取り組まなくてはなりません。じっくりと時間をかけ、最終的に賢明な判断を下すことを心がけてください。

～♬　おすすめ書一覧　♬～

- Margot Adler, *Drawing Down The Moon.* Beacon Press.
  （マーゴット・アドラー、『月神降臨』、国書刊行会）
  今日のウイッチクラフトの知識が見事に収められた、教科書としては屈指の一冊です。
- Joseph Campbell, *The Power of Myth.* Doubleday.

（ジョーゼフ・キャンベル、『神話の力』、ハヤカワ・ノンフィクション文庫）
神話と古代信仰、現代の文化について広く論じています。

- Scott Cunningham, *The Truth About Witchcraft Today*. Llewellyn Publications.
  友人や家族への贈り物におすすめです。この本を読めばウイッチクラフトに関する不安
  が解消され、正確な定義を学ぶことができます。

- Doreen Valiente, *The Rebirth of Witchcraft*. Phoenix Publishing.
  ドリーンの個人的な経験を通して見た、英国におけるクラフトの復活について知ること
  ができます。

- *Witchcraft, Satanism and Ritual Crime, Who's Who and What's What*. Church of All Worlds.
  一般大衆を教育し、クラフトにまつわる否定的な意味合いを取り除くために同団体が発
  行した小冊子で、安価ですが読み応えのある一冊です。

第2章
ウイッチを知ろう

ウイッチの分類

　ウイッチといってもひと口にステレオタイプでは語れないように、奉じる教えもそれぞれで、定型化したカテゴリのどれかに分類してしまえるものではありません。ある宗派（「トラッド」とも呼ばれます）に属していても、クラフトではどんな神話体系の神々も自由に選んで祀ることが許されています。

　「トラディション」は、皆さんご存じのとおり、人の手から手へと受け継がれてきた習わしを意味します。この場合は祭礼者が求める形に合わせてそのつど変更を加えながら受け継がれてきた、神々への祭礼法を指します。

　以下は、今日のウイッチによるトラディションや分派に簡単な説明をつけ、一覧にまとめたものです。

アレクサンドリア派（アレクサンドリアン・トラディション）[Alexandrian Tradition]：1960年代にイングランドで創設された流派で、創始者のアレックス・サンダースは自らをここの"王"と称しました。儀式はガードナー派様式に手を加えたものを使用しているそうです。

英国伝統の魔女（ブリティッシュ・トラディショナル・ウイッチ）[British Traditional Witch]：ケルト信仰とガードナー派の混合様式で、イギリスの著名なウイッチクラフト研究家ファーラー夫妻の著書を土台としてイギリス各地に生まれた諸流派を指します。現在、最も有名な組織はインターナショナル・レッド・ガーターズ（国際赤色ガーター団）です。位階制を導入した信仰はかなり体系化されており、参入者は修養を積んで昇級を目

指します。カヴンには男女とも入信できます。

ケルティック・ウイッカ ［Celtic Wicca］：ケルト／ドルイドのパンテオンに
ガードナー派の儀式様式を少々混合させたもので、四大元素、自然、そし
て〈古き者たち〉に非常に重点を置いています。植物、石、花、樹木、元
素霊、小さな人々（小妖精）、ノーム、それに妖精に関する知識は膨大で、
その力を借りた癒やしの術にも精通しており、深い敬意を払っています。

カレドニア派（カレドニー・トラディション）［Caledonii Tradition］：正式
にはヘカテー派の名で知られます。スコットランドに起源を持つクラフ
トの教派で、スコットランド独自の祝祭が今も受け継がれています。

儀式魔女術（セレモニアル・ウイッチクラフト）［Ceremonial Witchcraft］：
このトラディションではとにかくたくさんの儀式魔術が実践されます。エ
ジプト魔術風の綿密な儀式が好んでよくおこなわれ、カバラ魔術も人気で
す。

ディアーナ派（ダイアニック・トラディション）［Dianic Tradition］：詳し
く紹介されたのは1921年のマーガレット・マレーの著書『The Witch Cult
in Western Europe（西欧の魔女信仰)』が初めてで、さまざまなトラディ
ションが混合されている教派を意味する語のようです。ですが、近年の主
たる焦点は女神に置かれており、クラフトにおける"フェミニズム"運動
派に位置づけされています。

折衷派の魔女（イクレクティック・ウイッチ）［Eclectic Witch］：クラフト
系の会報や雑誌に掲載されている広告欄を見ていると、いいものは何でも
取り込もうというこの言葉が目に入るでしょう。基本的にこの言葉は、特
定の宗派、教派、分派の信徒、または魔術様式の実践者ではないこと
を示すときに使われます。数多くの魔術体系について学んだ中から最良と
思われるものを選び取っている人たちです。

ガードナー派（ガードネリアン・トラディション）[Gardnerian Tradition]：

イングランドのジェラルド・ガードナーが1950年代に創設しました。この御仁が「近代ウイッチクラフトの父」と称され、かくも重要視されているのはなぜでしょうか。1951年にイギリスで魔術禁止法（ウイッチクラフト・アクト）が廃止されると、わずかな人々が「古代宗教は死に絶えていない」と声を上げました。ジェラルドはそのひとりで、メディアを通して宣伝し、自身が創始したウイッチクラフトを広めたのです。生き残るためにクラフトが新しい世代を必要としているように、若者たちもクラフトを必要としている。派手な宣伝文句で飾ってはいても、彼はそのことを理解していたのだと私は心底から信じています。

補足：アレクサンドリア派とガードナー派の両トラディションがおこなう儀式、実践魔術はどちらも体系化されています。通例、他派のウイッチと比べるとおしゃべりではなく、クラフトの秘密が外部に漏らさぬよう慎重に口を閉ざしています。ですから、どちらかのサークルに招かれたり、入団の誘いを受けたりしても、最初の顔合わせ程度では司祭長（ハイ・プリースト）や女司祭長（ハイ・プリースティス）が秘密を明かしてくれることはないでしょう。彼らの信仰の基礎をなすしきたりは信徒によってしっかりと守られているのです。

世襲の魔女（ヘレディタリー・ウイッチ）[Hereditary Witch]：

信奉するクラフトの起源を、家系図をたどってさかのぼれ、かつ、親族より古代宗教の手ほどきを受けたことのあるウイッチ。チャネリングは含まれません。家系図をどれだけさかのぼれば前半の定義が満たされるかについては議論の必要があるところです。家系派（ヘレディタリー・ウイッチの別名（ファミリー・トラッド））が外部の人間を一族に迎え入れるケースは皆無ではありませんが、軽々しく決められるものではなく、通常は家系をつなぐ子孫の不在、または当該者への高い敬意から、養子に迎えられます。儀式は複雑で重要です。親族に迎え入れる人を選ぶなんて、結婚のようなものですからね。

台所の魔女（キッチン・ウイッチ）[Kitchen Witch]：これからときどき出てくる言葉です。基本的に、家庭を魔術実践の場とするウイッチで、宗教、魔術、大地、元素が持つ実用的側面を扱います。この呼び方では低く見られるとか、実態に合っていないということで、名称に不満があると声高に訴える人もいます。でも、古代宗教も特別な場所ではないどこかで始まり、おそらくは台所（あるいは調理用の炉火）が魔法やまじない、癒やし、祭礼をおこなう中心の場として活躍していたのです。祝日に皆が集まってくる場所といえば、いったいどこでしょうね？　人類にとっておばあちゃんの台所は、いつだって魔法のような思い出をつくってくれる場所なのです。現在も私たちの多くにとって、病気の子供のために何か特別なものをこしらえてくれるお母さんの姿はなじみ深い光景でしょう。

ピクト魔女術（ピクティッシュ・ウイッチクラフト）[Pictish Witchcraft]：動物、植物、鉱物など、自然のあらゆる事象に自らを調和させるスコットランドのウイッチクラフト。ソロで実践する形式で、魔術的性格が強く、宗教性の薄いクラフトです。

パウワウ [Pow Wow]：ペンシルベニア州中南部土着。400年の歴史を誇るゲルマン魔術の粋をもとにしたシステムで、宗教ではありません。誇り高き魔術体系であったパウワウでしたが、今では単なる信仰療法にまで失墜しました。ゲルマンのウイッチクラフトをルーツとしているものの、今日ペンシルベニアで実践されているパウワウはクラフトとはいえないものばかりで、成り立ちもほとんど知られていません。

悪魔崇拝の魔女（サタニック・ウイッチ）[Satanic Witch]：ウイッチはサタンを信仰していないので、悪魔崇拝の魔女は存在し得ません。

サクス・ウイッカ [Seax-Wica]：1973年に作家レイモンド・バックランドが創始。ゲルマンの一部族であるサクソン人の文化、信仰をもとにしていますが、レイモンド自身が立てたガードナー派の誓いを忠実に守ってつく

られた教派です。レイモンド・バックランドのクラフトへの貢献は非常に大きなものでした。大勢の人が受け入れやすいトラディションを発展させ、クラフトが持つ多種多様な魔術的側面と実践方法について教科書をつづり、多くの人の生き方を豊かにしたのです。

ひとり者の魔女（ソリタリー・ウイッチ）[Solitary Witch]：またはソロ。宗派、教派、分派にかかわらず、単身の魔術実践者を指します。ソロにはこれといった形式はありません。カヴンに参入し、脱退することを選んだあとでも、そのトラディションやセクトの教えを守り続ける人や、カヴンという枠組みの中で魔術をおこなったり学んだりする気はないけれど、人の教えを通して特定のトラディションやセクトを信奉しているという人もいます。近しい友人にヘレディタリー・ウイッチがいて、一族に伝わるクラフトの技芸技術を特別に教わったけれど、さまざまな理由から一族に迎えてもらえなければ、その人はソロなのです。つまるところ、ソロのウイッチは書物や他者との交流、トラディションを異にする同輩のウイッチから学びながら、自分ひとりでやっていく決意を固めた人ともいえます。こういった人たちには倒れても自力で立ち上がって泥を払い、また挑戦する強さがあります。集団の中での切磋琢磨よりも、ひとりで魔術を修める道を選ぶ人が、今、どんどん増えています。ソロのウイッチは天生（ナチュラル・ウイッチ）の魔女とも呼ばれています。この言葉もおりに触れて目にすることになるでしょう。

ストレーガの魔女たち（ストレーガ・ウイッチズ）[Strega Witches]：アラディアという女性が1353年に創始した、イタリアを本拠とするトラディションの信奉者。全てのトラディション中、合衆国ではこの派に属するウイッチがいちばん少ないようですが、その美しい教えを知らずにいるのはもったいない話です。

チュートンの魔女（チュートニック・ウイッチ）[Teutonic Witch]：古代より、チュートン人はゲルマン語群を話す人々の集団と認識されてきました。文化的にはイングランド人、オランダ人、アイスランド人、デンマーク人、

ノルウェー人、スウェーデン人がチュートン人に含まれます。北欧派<ruby>北 欧 派<rt>ノルディック・トラディション</rt></ruby>とも。

ウイッカの魔女（ザ・ウイッカン・ウイッチ）[The Wiccan Witch]：ここまでいろいろなウイッチについて説明してきましたが、「ウイッカン」という言葉がほぼ使われておらず、定義の多くは――個人名と年代以外――私個人の理解に基づいて書かれていることにお気づきかもしれません。「ウイッカン」と「ウイッチクラフト」という言葉について、その使い方をめぐる議論をあちこちで見聞きしています。正直に言いまして、私も相手に合わせて両方の言葉を使い分けたことがあります。「ウイッチ」という言葉には思い上がった響きがあるという人もいます。そうかもしれません。言葉の感じ方は人それぞれです。個々人は自分自身を表す言葉をきちんと考えて選ばなければいけません。私自身の好みをいえば、「ウイッチ」は神秘、癒やし、力、特別、ほかとの相違、調和、歴史という意味を持つ大好きな呼び方です。知識、秘密、大地、そして私につながる男女両方の血筋の絆を意味する言葉で、どれも「ウイッカン」という言葉からは受けることのない感覚です。「ウイッカン」が連想させるのは別のもの――織物、教会、新世界<rt>ニューアース</rt>、枝編み細工の家具（理由は訊かないでください）、それに『ウィッカー<rt>ウィッカー</rt>マン』（大嫌いな映画なのですが、さすがに連想する理由はわかります）。また、一般の人に、言葉から受ける先入観にとらわれず、実際の私たちの信仰体系を受け入れてもらうために必要な「表看板」的な言葉でもあります。どちらの言葉にも長短はありますので、あなた自身が言葉の違いをどう捉えるかという問題でしかありません。こっちがよくてあっちはだめということはないのですから、あなた自身で選ばなくてはいけません。

　以上のリストは、あなたがこれから出会うことになるウイッチの主なタイプをまとめたものでしかありませんが、ウイッチたちが自分をどう呼ばれたがっているか、なんとなくわかっていただけたかと思います。

　さあ、多様性に富んだウイッチたちの名称をノートに書き出したら、定義をまとめた簡潔な説明も一緒に添えてください。定義のあとには空欄を設け、ま

た何か知ることがあったらそこに書き加えていきましょう。

新世代のウイッチ

　もうひとつ、お伝えしておきたい言葉があります——"新世代のウイッチたち"です。子供のクラフト入門者のことではなく（そういう意味で使っているサークルもありますが）、概してここ1、2年のうちにクラフトに入門した人たち全員を指して使われます。「参入者（イニシェート）」という言葉はカヴンなどウイッチの領域に足を踏み入れることを意味するものですが、新世代のウイッチたちはそれだけでなく、進歩的な考え方を持ってウイッチクラフトを学んでいる人たちを表しています。

　アメリカン・クラフトの面白さは、型にはまらない柔軟性です。クラフトで実践されている魔術様式がいくつもある以上、あれもこれもできるというウイッチがいてもおかしくはありません。

　実際、週替わりで複数の魔術体系を使い分けるウイッチは存在します！　あるときはエジプトのハトホルの鏡の術（第6章「女神たち」の項参照）で邪悪なるものを退け、またあるときはルーン文字で書かれたハヴァマール（訳注：古代北欧歌謡集『古エッダ』に収録されている詩。日本では『オーディンの箴言』として知られる）で友人に健康や成功を呼び寄せたかと思えば、満月には特定のトラディション（例えばストレーガ）の儀式をおこない、祝祭は全てそのトラディションに従っておこなうという、そんなウイッチが。

　自己紹介に肩書きをふたつも並べるウイッチもいます。私が聞いたことがあるのは「ドルイドの魔女（ドルイディック・ウイッチ）」ですが、「ディアーナ派にかなり寄ったソロの魔女です」みたいな言い方も耳にしたことがあります。しかし、ご留意を。どこかしらのトラディションをよりどころにしているからといって、その人がその流派に参入したかまではわからないのです。

　あなたに幸せや成功をもたらし、人類と仲良くやっていける組み合わせを探し始めたら切りがありません。ガードナー派のウイッチクラフト研究を始めていても、興味があるならディアーナ派のウイッチクラフトについて勉強するこ

とも、並行して実践することも自由です。

　そのような社会や信念体系であっても、その一員であるためには組織が設けた規範をよく知らなくてはなりません。新世代のウイッチたちが身につけておくべきは、状況によっては「あえて沈黙する」という知恵です。同様に、必要が生じたなら不屈の精神でもって「声を上げ」なくてはならないときもあることを覚えておきましょう。

ᘰᘰᘰ　まとめ　ᘰᘰᘰ

　あるテーマについて詳しく学ぼうとするとき、研究と調査は必要です。上記のリストは初学者向けの手引きとしては充分ですが、本格的に学ぶのであればまだまだ調べないといけません。

　関わりを持ったトラディションやセクトのことをよく知らないようなら、自分で調べましょう。ストレーガのウイッチだという人に会っても意味がわからなかったり、思い出せないようなら、どういうウイッチか訊ねましょう。物知らずだとか、レベルが低いと思われたくないからといって、黙っていてはいけません。知らないことがない人なんていないのですから。他者との交流を通じて、私たちの知識の基盤は広がっていきます。見る目と聞く耳を持つことを心がけ、クラフトが持つ多様な側面について他者と意見を交わしましょう。

　私はかつて、おまえがやっていることは宗教として真っ当ではないと父に言われたことがあります。そのとおりかもしれません。でも、少なくとも私は自分の選択にまったく後悔はしていませんし、祭礼も大変だとは思っていません。やることはたくさんありますが、そのせいで疲れているようには見えないことは父も認めていますからね！

　どんな「タイプ」のウイッチになったとしても、一般人にはあなたがウイッチの代表に見えていることを忘れてはいけません。クラフトについて語るときは言葉に気をつけ、一般論として語るのは最低限に留めてください。クラフトもほかのさまざまなことと同様、人によって意見も信仰もまるきり違っていることをお忘れなきよう。

おすすめ書一覧

- Raymond Buckland, *The Tree: Complete Book of Saxon Witchcraft*. Llewellyn Publications.（レイモンド・バックランド、『サクソンの魔女〜樹の書』、国書刊行会）
- Zsuzsanna Budapest, *The Holy Book of Women's Mysteries*. Windo Press.
- D. J. Conway, *Celtic Magic*. Llewellyn Publications.
- Stewart Farrar, *What Witches Do*. Phoenix Publishing.
- Rhiannon Ryall, *West Country Wicca*. Phoenix Publishing.
- Marion Weinstein, *Positive Magic*. Phoenix Publishing.

第 3 章

魔術用語

専門用語を覚えよう

　スポーツであれ、芸術であれ、どんな分野にも特別な業界用語というものがあるもので、クラフトの世界でも専用の言葉がつくられてきました。クラフトを学んでいるとよく目にする単語を以下にまとめました。

達人[adept]（アデプト）：ある特定の魔術体系において研鑽を積み、その道の大家と考えられている人物。エジプト魔術でアデプト級の腕前を誇っても、実用的なキッチン魔術はからきしという人もいます。

アカシックレコード[Akashic records]：20世紀初頭に、高名な霊能者エドガー・ケイシーがアカシックレコードという思念体を一般社会に持ち込みました。宇宙のどこかに巨大なデータベースがあり、そこにアクセスすると過去生や癒やし、魔術やスピリチュアルに関する知識を得られるといいます。大型コンピュータとネットワークで接続されているコンピュータのような、物理的な機器ではこの記録システムにアクセスできません。霊能者やウイッチは精神的に宇宙とつながりを持つことでデータにアクセスします。

祭壇[altar]：特別に用意した平らな台などで、魔術をおこなったり信奉対象に感謝を捧げたりする場に限定して使用されます。

アミュレット[amulet]：特定の負のエネルギーや思念体を寄せつけないよ

う、庇護の力をこめたお守りのこと。羽根、植物、ビーズなど、材料はさ
まざま。蹄鉄や4つ葉のクローバーが例として挙げられます。

アンク［ankh］：生命、愛、転生を表す記号として幅広く用いられるエジプ
トの象形文字。十字の頭が輪っかになった図像です。

アラディア［Aradia］：中世、男性優位の信仰による恐怖政治が横行していた
イタリアで、弾圧を受ける人々のために立ち上がり、庇護を与えることを
誓った守護女神。原型とされるのは、1353年ごろにイタリア各地で教えを
説いてまわった女性版キリストです。一度ならずの投獄と逃亡を繰り返し
たのち、行方は杳として知れなくなりました。クラフトにはまた別のアラ
ディアが存在し、イタリアのジプシー・ウイッチの言い伝えを物語として
まとめたチャールズ・ゴッドフリー・リーランドの著書、『アラディア、あ
るいは魔女の福音（Aradia, or the Gospel of the Witches）』に登場するの
が第2のアラディア、ディアーナとルキフェル（太陽神）の娘が第3のア
ラディアです。アラディアは魔女たちの女王と考えられています。

アルカナ［Arcana］：大小2種類あり、タロットカードを構成します。大ア
ルカナは人生における支配的な事象を表す22枚の絵札。小アルカナ（下位
アルカナとも）は絵札が示す状況を肉付けする56枚の数札で、人生に起き
る小さな出来事も表します。タロットカードの項を参照。

アストラル［astral］：簡単にいえば現実が擁するもうひとつの次元ですが、
この言葉から想起される定義はひとつに絞りきれません。私がすてきだと
思ったのは、オーストラリアのアボリジニ神話にある夢の時代という呼び
方です。アボリジニの信仰も実に研究し甲斐のある分野です。

アストラル旅行／アストラル投射［astral travel/projection］：人間の体を構
成するアストラル体が物質体から分離し、アストラル界、あるいはドリー
ムタイムを旅すること。

アサメイ [athame]：ウイッチが用いる、浄化と聖別を施した儀式用ナイフ。血を流すことには使われず、物質界で切断の用途を満たすことは滅多にありません。

かがり火 [balefire]：今日ではあまり見かけなくなりました。田舎の方では魔術的かつ実用的な目的でおこなわれていた慣習です。祝祭のうち、ベルテーン、夏至、ルーナサー、メイボンでは一見の価値がある盛大なかがり火が焚かれます。

害毒 [bane]：悪、邪、破壊を表す言葉。

追い出し [banish]：魔術的に何かにけりをつける、または望まぬ存在を祓^{はら}うこと。存在を取り除くこと。

バイロケーション [bi-location]：これは面白い技法です。周辺状況に意識を残しながらアストラル投射の一種をおこない、日常的な現実世界を旅するのです。類語としてのぞき込み^{オーバールッキング}、精神旅行^{マインドトラベル}。

束縛 [bind]：何か、または誰かに魔術的な制約をかけること。

月の血 [blood of the moon]：女性の月経周期。この周期が満月、または新月から始まると（周期は自分で調整することも可能です）、女性は1ヶ月の中でもっとも力を得ることができます。そのためには自分の中にあるその力をきちんと意識することが肝心です。祝福であるこの周期は穢れと忌まれ、障りと考えるよう女性は長い間教えられてきました。また、月経は女性が体の不調や疲労を覚え、精神が不安定になる時期という決めつけのもと、社会によって負のイメージも押しつけられてきました。それは全部大間違いです。月経についての認識を改められたなら、月の血がめぐってきたときに強力な効果を発揮してくれますよ。頭がぼうっとする場合は、グラウンディングをおこないましょう。

影の書［Book of Shadows］：ウイッチにとって役立つ知識を集めた書物を指す、かなり新しい言葉。いわば魔術のレシピ集です。グリモワールとも。

ボーリーン［bolline］：湾曲した刃を持ち、白い柄のついたナイフで、主にハーブの収穫やワンドに使用する枝の伐採、キャンドルに施す刻印などに使用される実用性の高い魔術用具です。

火あぶりの時代［Burning Times］：この言葉はこれからよく耳にするでしょう。紀元1000年ごろから17世紀まで、キリスト教の教えに照らし合わせて魔女と断罪された900万の人々が教会と役人の手で拷問を受け、火刑に処された時代がありました。魔女として糾弾された者の土地と財産は全て没収され、告発者に（報酬という形で）与えられた一部を差し引き、残り全部が教会の役人のものとなったので、それはそれはうまみのある儲け話であったわけです。歴史学者の指摘によれば、拷問されて殺された大多数は女性と子供でした。

カバラ［Cabala］：Kabbala(h)、Qabalaともつづられます。古代ヘブライの魔術体系。

呼びかけ［Call］：神の力を祈り求めること。

チャクラ［chakras］：人体に認められる7つの大きなエネルギースポット。通例、それぞれが固有の色を帯びています。頭頂──白。額（第3の眼の位置）──紫。喉──青。胸──ピンク、または緑。臍──黄。下腹部──オレンジ。鼠蹊部──赤。両てのひらと両足裏にも小さなスポットがあります。

訓言〔チャージ〕［The Charge］：ドリーン・ヴァリアンテが現代語でつづった詩編が原典。女神から彼女の子供たちに送られたメッセージの物語です。

チャネリング［channeling］：肉体を持たない存在が自分の体を「借りる」ことを許し、口頭または自動書記法によってメッセージを伝えるニューエイジの技法。もたらされる知識は本物かどうかを確かめるのが難しいものばかりなので、信頼性はあまり高くありません。メッセージの内容は通例、遠い未来の予言や死後の世界について、別次元の構造、手遅れになる前に全員が知っておく必要のある金言などに関係しています。チャネリングは霊媒を意味する新しい専門用語です。20世紀中、最も名を知られ、随一の的中率を誇った霊媒はエドガー・ケイシーでした。今でもたいていの本屋に行けば、一読の価値がある彼の著作を手に取ることができます。情報や助けを求めて死者とコンタクトする方法もありますが、チャネリングはそれとは異なります。

チャーム［charms］：まじないをかけ、エネルギーを注ぎ込んで特定の機能を持つよう作成した魔術品。アミュレットもタリスマンもチャームといえます。

力の円錐［cone of power］：使用目的を限定し、個人もしくは集団意識（カヴン）によって高められ、集束された心霊エネルギー。力の円錐にまつわるエピソードで近年最も興味深いのは、愛する祖国の岸辺からヒトラーを追い返すべく、教派を超えて結束したイングランドのウイッチたちによるものでしょう。

浄化［cleasnsing］：正の心霊エネルギーを利用し、物体や場所から負のエネルギーや波動、イメージを除去すること。

聖別［consecration］：正のエネルギーを注ぎ込み、物体や場所に祝福を与えること。

カヴン［coven］：13人かそれ以下のウイッチからなるグループ。組織的に活動し、正の魔術や宗教儀式をおこないます。ウイッチたちの集会場所はカ

ヴンステッドと呼ばれ、団員が安心してくつろげる特定の建物や場所であることが多いです。

力の日［days of power］：通常はサバトが該当するのですが、占星術的事象、誕生日、女性の月経（月の血とも呼びます）、献身／参入の記念日なども力の日になると考えられています。

献 身［dedication］：魔女団への入団を意味する参入の儀とは違い、ウイッチへの献身では個人がクラフトを自ら進む道として受け入れ、任意のトラディションで研鑽を積んで達人を目指す誓いを立てます。献身では何か新しいものを人生に受け入れ──それにより、人生に順風が吹こうと逆風が吹こうと──投げ出さずにやり抜くための準備を意識的におこないます。

ジャーシル［deosil］：時計まわりの動き。ジャーシルの動きはまじないを含め、たいていの儀式や祭儀に取り入れられています。

占い［divination］：人、場所、物の本来の姿、そして過去、現在、未来の出来事の本質について、魔術用具やシンボルを用いて集団的無意識から情報を集める技術。

ダウジング［dowsing］：人、場所、物、精霊の実際の所在地を振り子や枝を使って探知する技術。ダウジングは「はい」か「いいえ」を答えとする質問にも用いることができ、専用のチャートを使うことで人生に関するよくある質問にも対応できるようになりました。

月降ろし［Drawing Down the Moon］：満月の夜にウイッチがおこなう儀式。術者に力を与え、信奉する神（たいていは女神です）と術者を本質的に結びつけます。

大地魔法［earth magick］：大地母神が司る力と、大地の大いなる力を使い、

魔法や祭儀をおこなう魔術の実践様式。通常、大地や自然に関連したアイテムが儀式やまじないで重要な意味を持ちます。

長老［elder］：多くのウィッカ組織は教会の運営を監督する長老議会などの機関を設けています。経験や魔術の熟練度、教育者や顧問としての手腕など、さまざまな能力を兼ね備えた者が通例この座に就きます。

元素［elements］：普通、地風火水の4つが数えられます。霊やアーカーシャをさらなる元素として加えるウイッチも多いです。各元素は魔法円や魔術において方位を司り、北＝地、東＝風、西＝水、南＝火、中央＝霊またはアーカーシャとなっています。

魔呪の品［enchantment］：秘中の秘としてあらゆる人の目から隠し通さねばならない魔術品。隠れオーラ（潜在意識）に影響を与えます。魔呪の品にはまず魔力を注ぎ込むことが必要で、宝石や魔術文字がうってつけです。

喚起［evocation］：内側から何かを呼び出すこと。

使い魔［familiar］：ウイッチと霊的な絆で結ばれている動物。家族のペットであることは多いです。アストラル体からつくり出され、家の守護者を務める使い魔もいます。

魅了［fascination］：精神的な働きかけにより、動物や他者の心を操ること。「幻惑（マインドベンディング）」とも。愛のまじないに利用することは倫理に反します。精神的な強姦といってもいい行為でしょう。けれど、もしあなた（または友人、家族）の身に危害が加えられようとしているとき、それをなんとかできるだけの道具も技能もあるのに何もせずにいろというのは間違っているのではないかと私は思うのです。

ガイア［Gaea/Gaia］：ギリシアの女神。現在では大地母神、または母なる大

地を意味します。最近では、私たちウイッチ以上に環境保護団体がこの語を使っているようです。

緑の男 ［Green Man］：森の王国を統べる者としての男神の別名。

守護者 ［Guardians］：儀式魔術師と一部のウイッチが魔法円の構築時に見張り塔の守護者（または四方位の守護者）を呼び出しています。守護者の姿に小さくて醜い生き物（トカゲや小型の竜など）を想定する人もいますが、私はいつもミカエル、アリエル、ラファエル、ガブリエルの四天使でイメージしています。

ハンドファスティング ［handfasting］：ウィッカまたはペイガンでおこなう婚姻の儀。

参入 ［initiation］：その人が認識している現実と、その人を取り巻く現実世界の概念の変化により、個人を変容させる経験。献身の儀と参入の儀を混同してはいけません。

召喚 ［invocation］：外側から何かを呼び込むこと。

カルマ ［karma］：その人の思考とおこないが輪廻のうちで負の報いとなったり、徳となって霊的な道に積み重ねられたりするという信仰。サンスクリット語では「行為」を意味。因果応報の法則に従います。

左手の道 ［left-hand path］：国内の魔術民との交流を通じて知った言葉です。他者の都合に頓着せず、自分のために魔術を行使してもかまわないと思っている人たちを指します。利己的な人間である可能性を示す言葉です。逆に、右手の道は本質的に正道であることを指す言葉になっています。

大宇宙 ［macrocosm］：私たちを取り巻く外の世界。

^{ミクロコズム}
小宇宙［microcosm］：私たちの内に広がる世界。

魔術［magic(k)］：意志力と感情を集束し、術者の内外に広がる世界に変化
をもたらす方法と技術。魔術自体に善悪や正負の区別はなく、魔術を行使
することで力がどんな道を進むかが決まります。

魔法円［magick circle］：円周上に幻影の青炎や白光で構築された結界。儀式
魔術を執りおこなっている間、外界の力から術者であるウイッチを守ります。
魔法円に出入りするためには特別に扉をつくっておく必要があり（扉の作
成には、普通、ワンドかアサメイを使用します）、儀式の最中はこの扉から
しか円の外に出ることはできません。また、術者が通り道を用意してない
魔法円に、他の者が儀式の最中に足を踏み入れてもいけません。儀式が終
わったあと、魔法円を開いたままにしておくのは禁じられています。つま
り、儀式の最初に魔法円を開いたときと同じ手順を踏んで閉じなければな
りません。魔法円は世界間の移動を可能にする、物質的世界と精神的世界
をつなぐ戸口と考えられています。イメージ上で構築することもできます
が、物理的に構築するなら（常設でも仮設でも）ハーブ、砂、塩、チョーク、
長さ９フィートの紐などを使って円を描くのが一般的な方法です。カヴン
の中には儀式の準備が当番制になっており、場の清掃、浄化、聖別、必要
な品が全て運ばれているかの確認を含め、ほかの団員が到着する前に円陣
を準備する役が決められているところもあります。

魔術体系［magickal system］：^{トラディション}宗 派、^{デノミネーション}教 派、^{セクト}分派、^{パンテオン}神話体系のこと。そ
れぞれの男神、女神、文化的伝統に関する基本的なガイドラインを示しま
す。

ニューエイジ［New Age］：大体の場合、体系化した宗教に形而上学的な実
践術が取り込まれたものを指します。

ペイガン／ネオペイガン［Pagan/Neopagan］：自然を基盤とした宗教の信

奉者たち。ネオペイガンは「新しいペイガン」の意で、一般的な言葉ではありません。ニューエイジの隠語からつくられたようです。

神話の神々（パンテオン）[pantheon]：特定の宗教体系、または神話体系における男神たち女神たち集団を指します。建築物の万神殿（パンテオン）のことではありません。用例としてギリシア神話の神々（グリーク・パンテオン）、ローマ神話の神々（ローマン・パンテオン）、エジプト神話の神々（エジプシャン・パンテオン）、チュートン神話の神々（チュートニック・パンテオン）など。

五芒星紋（ペンタクル）[pentacle]：円で囲まれた直立した五角星形（五芒星とも）（ペンタグラム）。魔女信仰の象徴として身につけ、まじないや儀式で使用します。星の角はそれぞれ地、風、火、水、霊を意味。信仰を冒瀆（ぼうとく）するものだと多くのウイッチが考えているため、天地がひっくり返ったペンタクルを身につけることはクラフトではあり得ません。ただ、第 2 階級への参入においては、邪悪の印としてではなく、成長のために自己の内なる闇を見つめるという意味で上下逆転したペンタクルを使う場合があります。

女司祭（プリースティス）[Priestess]：信仰の対象に選んだ神（神々）と人類への奉仕に身を捧げた女性。女司祭長（ハイ・プリースティス）はカヴンやウイッカ組織の女性指導者で、ときに儀式で女神の役割を務めることも。ソロのウイッチは特定の男神や女神に献身することでプリースティスになることができます。

司祭（プリースト）[Priest]：信仰の対象に選んだ神（神々）と人類への奉仕に身を捧げた男性。司祭長（ハイ・プリースト）はカヴンやウイッカ組織の男性指導者で、ときに儀式で男神の役割を務めることも。

補足：クラフトでは男女の立場に優劣はありません。ハイ・プリースト、ハイ・プリースティスの存在により、カヴン全体がひとつにまとまって機能することが理想とされます。術者が自分と同じ性別の神からエネルギーを授かる（引き寄せる）のは、正の魔術の効果を増大させるときや祭日の祝賀の際などです。魔術と儀式双方に熟達していることはも

　ちろん、成熟した知恵者でありながら決して驕《おご》ることのない、謙遜を知る人間でなくてはならず、状況に応じて外交的手腕を発揮すること、慈悲深くあることも要求され、簡単な仕事ではありません。大典礼《グレート・ライト》という儀式ではハイ・プリーストとハイ・プリースティスは性的な交わりを模倣、または実際に交わることで、男神と女神のエネルギーを引き寄せます。性交を実演する場合は、ほかのカヴンメンバーには見えない場所でおこなうのが通例です。1970年代にはカヴンメンバー同士で性交をおこなうことで有名なトラディションがいくつもありました。1990年代にはエイズウィルスの脅威と、社会が性に対して保守的な態度を示すようになったことから、実際に性交をおこなうカヴンはかなり少なくなりました。性魔術はウイッチクラフトの実践において必要不可欠な要素ではないことをここに付け加えておきます。

転生 [reincarnation]：今の人生の前にも別の人生を生きていたという信仰。

儀式 [ritual]：信仰の対象に選んだパンテオンへの崇敬や感謝を表すため、または特定のまじないや魔術に関する行為のために精神／肉体の集中力を高める儀式。

ルーン文字 [runes]：占いと魔術の両方に使用された記号体系。起源の異なる数種類のルーンがあります。その一部がノルド、スカンジナビア、ゲルマンのルーンです。タロットとは違い、パンテオンとともに魔術体系の根幹をなす重要な要素で、使用には注意が必要です。アルファベットとしても使われ、幻視の探索《ビジョンクエスト》、夢の思い返し、周りの状況のコントロールに力を発揮します。

スクライング [scrying]：インクを混ぜた水、鏡、水晶玉といった特定の道具を通し、肉眼または心眼で視認される映像を、あるいは映像の存在なしに得られる情報を「視《み》る」占い法。

印章［sigil］：魔術に効果を発揮する紋章、記号、象形文字などの意匠。最も強力な印章が欲しければ、自作しましょう。使用法としては手紙や荷物に記すほか、衣服に描いたり紙片に書き付けたものをポケットに忍ばせたりして身につけておくといいでしょう。

天空父神［Skyfather］：天空の男性神格化。シャーマニズム由来ではありますが、大地母神の対として言及されることが多いように思います。天空父神はいくつかのネイティブアメリカンの信仰体系の中に認められます。

空衣［skyclad］（スカイクラッド）：アレクサンダー派などのトラディションに見られる、祝賀や魔術を裸でおこなう行為。性的な接触と誤解なさらぬよう。儀式を裸でおこなうことで、衣服に囚われない感覚がエネルギーを自由に解き放ってくれると、スカイクラッドを好むソロのウイッチは多いのです。

まじない［spell］：朗誦、筆記、囁き、描画のほか、踊るという行為によっても拡張される精神的および感情的エネルギー。簡潔な文言をはっきりと、感情をこめ、精神を集中して唱えることで作用します。まじないの力を本当に必要とすることで、その効果は遺憾なく発揮されるでしょう。

螺旋［spiral］：神聖なる螺旋は魔術で重要な役割を果たします。「やがて存在に至る」ことを表すシンボル。螺旋の踊り（スパイラルダンス）は螺旋の象徴性を称えるもの（訳注：スパイラルダンスは死者がまた現世に生まれてくることを祈るダンス）。

タリスマン［talisman］：魔力を注がれ、所持者に何かをもたらす力を帯びた物品。訴訟に勝つ宝石や、ポケットに忍ばせておくと幸運を呼び込む絵画のような品。

タロットカード［tarot cards］：札に描かれた絵とシンボルによって読み手を集合的無意識と結びつける、78枚からなるカードデッキ。カードの起源ははっきりとはわかっていません。現在では美麗なデッキがたくさん市販

されています。有名なのはライダー／ウェイト版ですが、私は〈魔女のタロット〉や〈ロビン・ウッドのタロット〉を好んでいます。出来事や人物の過去、現在、未来に関わる問題の解決に使用され、魔術と儀式においては強力な術具となります。

タロロジスト［tarologist］：タロットの扱いに関し、卓越した技術を誇るアデプト。

幻視の探索（ビジョンクエスト）［vision questing］：アストラル投射、バイロケーション、ドリームタイムを利用して特定の目的を果たすこと。パスワーキングとも。

蜘蛛の巣張り（ウェブウィーヴィング）［webweaving］：会話や手紙、コンピュータでのやり取りを通じて魔術民同士のネットワークを構築して情報を集め、派閥を異にする相手の研究や人生の目的を支援し合うこと。

1年の車輪［Wheel of the Year］：サウィンの祝祭から始まり、冬至、インボルグ、春分、ベルテーン、夏至、ルーナサー、秋分をめぐる季節の周期。

ウィダーシンズ［widdershins］：反時計まわりの動き。ある種の魔術や祭儀で使用されます。

術がけ（ワーキング）［working］：魔術がけ（マジカル・ワーキング）の意。正の目的のために魔術をおこなうこと。

この一覧程度ではクラフトの専門用語を網羅（もうら）したとはとてもいえません。さまざまなトラディションやカヴン内で使われ、外部に持ち出されることのない独自の用語もあるからです。

では、ノートに用語を書き写し、自分なりに理解したとおりに定義を書き込んでください。またあとで付け足すことができたときのため、空白を設けておくことを忘れずに。

　エスバットやサバト、特定の祭日、満月と新月などがこの一覧に含まれていないことにお気づきでしょうか。それはあとの章（第5章）で説明しています。

‿‿‿　まとめ　‿‿‿

　この章の目的は一般的な言葉で用語を噛み砕き、クラフトに慣れ親しんでもらうことです。このうちの多くの言葉が本書にまた登場します。ここには私がクラフトの勉強を始めたばかりのころ、本で調べたり人に質問したりして意味を知った言葉を集めました。

　わからないことはどんどん質問しましょう。そのことであなたを馬鹿と思う人がいたとしても、本当に馬鹿なのはその人たちのほうなのですからね。

第4章
クラフトは宗教であり科学である

　私見ではありますが、ウイッチクラフトを宗教として求めている人は少数で、大半はクラフトの科学的手法や理論の部分に魅力を感じているものです。一部の人にはショックな発言でしょうけれど、一般の人たちは宗教としてのクラフトがどれだけ複雑なものかを知りません。知っていたなら、私たちが先入観に基づく偏見だけで判断されることは今も昔もなかったでしょう。

　ですが、科学となると話は別です。精神感応、まじない、占い、アストラル旅行、ダウジング。クラフトを知らない外の人は、クラフトの科学的な部分に興味を持ちます。人は、自分たちのものとは違う新しい信仰に対して抱くほどの脅威を、新しい技術に対しては抱かないからです。ちなみに、ここで「新しい」という言葉を使ったのは、現在はクラフトに対する誤ったイメージが横行しているため、私たちの信仰の本来の姿を知るということは、外の人たちには新しい現実を知ることになるからです。

　クラフトを誤解していた人たちが私たちの「科学」を真剣に学ぶと、とてつもない衝撃とともにスピリチュアルな経験をすることは珍しくありません。爆発にも似たこのショックがそのままクラフト信仰につながるかはともかくとしても、たいていの人はシャーマニズムや東洋宗教などの魔術的要素を持った信仰に傾倒していきます。

　その昔、キリスト教が権勢を振るい始めた当初に信仰を強制された人たちは古い信仰を捨てずにいたため、自分の意志とは関係なく新旧ふたつの信仰に身を染めていました。新世代のウイッチになろうとすることは、この人たちのように実に独特な立場に身を置くことになるでしょう。しかし、往時のキリスト教とは違い、クラフトは信奉者たちにほかに信じているものを全て捨てろとは言いません。それまでどんな生き方をしてきたとしても、どんな宗教を信仰し

ていたとしても、全てを受け入れる。それがクラフトのあり方だからです。

　今日、クラフトに興味を持っている大多数は主流宗教の出身です。他宗教によるプログラミングが施された頭がそれまで信じてきた神様のあり方を捨て、別の神話体系から信仰を新しく迎え入れるのは、そう簡単なことではありません。なぜクラフトの科学的、理論的側面が人々に働きかけ、魅了するのか。大勢の新米ウイッチがどうして儀式魔術をたくさんおこなう必要があるのか。その理由はここから見えてくるでしょう。

　そもそも、主流宗教の出身者にしてみれば、クラフトは精神を根本から一瞬のうちに再構築してしまう新しい価値観です。そのままでは変化に振りまわされてしまいますが、なじみのない技術に触れ、試し、分析し、きっちりとラベルを貼って分類するという作業を経ていくことで、自分のペースで再構築をおこなえます。クラフトの科学的要素は緩衝剤として働くのです。

　適切にプログラミングされた人間の精神は驚くような偉業を成し遂げられると科学は教えます。ウイッチクラフトが教えるのも正にその精神で、このイデオロギーに人々は惹きつけられるのです。自分の運命を動かすのはほかの誰でもない自分自身だ。こんなことを言われたら、胸が躍るに決まってますもの！

　ウイッチクラフトは科学的原理と宗教体系を二本柱としており、（なかなか認めたがらない人もいるでしょうけれど）科学の面に惹かれてウイッチクラフトに入信した人が信仰に目覚め、肩肘張らない信仰教義を探していた人が科学に目覚めたという話をよく聞きます。ここからもわかるように、クラフトは科学と宗教、両方の原理を組み合わせた究極の形なのです。

　どちらかの原理にばかり偏重しているウイッチもいますが、それはあなたではなく、彼らが自分の頭で考えて導き出した結論ですので、もう片方を拒絶しないかぎりは問題とはなりません。

　どんな人でも参加でき、どんな形でも楽しめる、それがクラフトです。あくまでも科学的な形にこだわるもよし、ただただ精神性を求めるもよし。前者のウイッチは高位魔術を山とおこない、祭日は儀式の日と捉えます。後者はクラフトを自分を癒やし、高める手段と考え、自分たちの精神と、神々との親密なつながり以外に道具はほとんど使いません。こういったウイッチはチャネリング、天使の存在、死者との会話、別の次元世界、果てはUFOやスターピープ

ル（訳注：肉体を持たないレベルまで進化を遂げた、惑星／銀河から地球に転生してきた魂群。地球を高次の進化へと導く使命を持つ）の存在を先入観なしに受け入れる傾向があります。

　また、クラフトの宗教形式を厳格に守り、祭式をおこなう上で必要ではあるけれど、クラフトの科学的側面には不満を持っているというウイッチもいます。

　クラフトの実践スタイルはさまざまです。捨てきれなかった古い観念や、今必要としていることは何かという観点から何となしに決めたとしても、誰かの価値観を押しつけられたのでないかぎり、悪いことではありません。

　どんな人でも参加でき、どんな形でも楽しめるという懐の広さは、ほかに例を見ないクラフトだけの特色です。人はさまざまな道を通るもの。最初は心理学の研究と精神的なものを求めて始めたけれど、徐々に霊性を養うことに興味が移り、最終的に宗教として信仰するに至ったという私のような人もいるのではないでしょうか。

　世の中にはいろいろな意見があふれていますが、あなたはあなた、隣町のカヴンのハイ・プリースティスや、ふたつ向こうの街に住んでいて半年に一度あなたを訪ねてくるソロのウイッチに合わせる必要はありません。自分に合ったものだけを受け入れてください。

　これは新世代のウイッチたちにはなかなか理解しがたい概念のようで、本物のウイッチだと思われたくて正しいやり方を取り込もうとがんばりすぎて、とりあえず自分の思いを信じるということができない人が多いです。

　逆に、自分の先入観に凝り固まったままクラフトを始めたために、それが災いしてとんでもない窮地に陥ってしまう新米ウイッチもいます。この場合、心を開いて何ごとも素直に受け入れられることがクラフトに必要不可欠な能力であることを理解する必要があります。

　私は過去に、ウイッチクラフトを真剣な信仰として奉じない者に激怒しているカヴンの女性指導者と同席したことも、自分のクラフト研究に教義や信仰といった宗教色がわずかでも混じり込むことを夢にも思っていない人と食事をともにしたこともありますが、どちらがどうというのではなく、双方とも独自の道を歩んでそれぞれの知見を蓄えてきたにすぎないのです。

　宗教や秘教について研究をしていると多種多様な考えや態度、つまり研究に

携わった先人たちの多彩な個性という人間の色がそのまま残っていることに気づくでしょう。この先、異なる意見に出会ったときは我慢強く理解に努めてください。前に進むあなたにとって、それ自体が価値のある教訓となります。

　さあ、ノートの時間です。3ページ分用意したら、1ページ目には「科学」、2ページ目には「宗教」、3ページ目には「宗教 vs 科学」と書いてください。

　各ページにはそれぞれの見出しに対する自分の意見を短く記していきます。書き込みにはそのつどサインと日付を添えてください。ノートを戻したら1ヶ月後、そしてさらにその1ヶ月後に読み返し、意見は変わったか、成長したか確認しましょう。読み返すときには意見の推移を書き込むことをお忘れなく。

第5章
ウイッチクラフトの祝祭

クラフトの祝祭を覚えるには

　あなたがそれまで信仰していた宗教にもよりますが、クラフトに入信した最初の年はホリデーシーズンが少々ややこしい事態になるかもしれません。家族や友人とは一般的な祭日を祝いつつ、あなたはあなたでクラフトの特別な日を祝うのですから。

　そんな状況になったとしても、何も問題はありません。我が家は子供の多い大家族です。私はウイッチですが夫はペイガンで、私の父はキリスト教徒です。ですから、我が家ではサンタがやって来る12月25日をまだ祝っていますし、その前にくる冬至（12月20日から23日まで、年によって変わります）にはユールのお祝いもしています。祭日を並行して祝うのは確かに大変ですけれど、手間以上の楽しさがあるのも確かです！

　そのうちに、世間一般の祭日を全部なんて祝っていられなくなることもあるでしょう。我が家では四旬節（訳注：キリストの復活を祝う復活祭の46日前に始まる聖節。キリストの受難を思い、日曜を除く40日間を節制して過ごす）はもう祭日扱いされていませんし、私たちウイッチの信仰では10月31日のサウィンの祭りをもって新年が始まるので、1月1日も元日ではありません。もちろん、そのまま両方のお祝いを続けても、ウイッチクラフトでは何の支障もありません！　祝いごととしてすでに成立している習慣で、禁止されているものは何もないのです。

　1年の車輪が最初のひとめぐりを終えるあたりで、祝うのを忘れた祭日がいくつかあるのに気づくこともあるでしょう。私がそうでした。でも、気にすることはありません。祭日にかぎらず、今までの人生では当たり前だったことをすっかり捨てて、新しいものばかりで揃えた現実を生きていくのは誰にだって

難しいことですからね！　祭日のお祝いを忘れたくらいで、男神と女神はあなたの幸せな家庭を壊したりはしませんよ。

　同じように、特別な日の中に楽しめないお祝いがあってもいいし、億劫でやりたくないと思うことがあっても、天罰は下りませんからご安心を。「ハプニングはいつだって起こるもの」というじゃありませんか。祝祭のたびに占星術的に正確な日時を空けておくのも難しいことです。インフルエンザで倒れたおばあちゃんの看病をしなければいけないとか、マダガスカルから来る両親を飛行場に迎えにいかなければならないなんて事態が起こらないともかぎりません。そんなときに「ああ、ごめん。迎えは無理。ウイッチになったから、裏庭で満月の光を浴びながら裸で踊らないといけないの！」なんて言ったら、どんな顔をされるでしょう。まあ、かなりのインパクトを与えられることは間違いないでしょうけど。

　クラフトの勉強を始めて 1 年目、つまり、がらりと変わった現実を生きるようになって間もないころは、クラフトの話をしても難色を示さない人たちだという絶対的な確信がないかぎり、入信したことを友人や離れて暮らしている家族に話すことはおすすめしません。ただし、結婚しているのなら 1 年目の変化はほぼ確実にパートナーに気づかれますし、隠し通せるわけがないので、パートナーにきちんと打ち明けることは最優先で考えましょう。信仰についてまわりの人に初めて語る魔法の瞬間については、本書の後半（第23章）で扱います。

　クラフトの祭日を祝い始めて最初の年は、少々不愉快な思いをするかもしれないので心しましょう。クラフトの祭日を祝うことをまわりに理解してもらえないのは腹が立ちますし、祝うことをやめた祭日の盛り上がりようには寂しさを覚えるものです。

　それに、こちらの信仰と気持ちには知らん顔で自分たちの祭日をぐいぐい押しつけてくる世間に怒りが募ることだってあります。もう昔の話ですが、公立校の授業でキリスト教が扱われなくなると聞き、私の両親が目の色を変えたことがありました。当時の私は理解していませんでしたけれど、学校でキリスト教について教えることは信仰のひどい押しつけといえるでしょう。今の私の意見を言わせていただきますと、本人に選ぶ権利があるのならともかく、家族が信仰していない宗教に保護者の知らないところで子供たちに関わってほしくは

ありません。

　クラフトに入信して二度目の車輪のめぐりを迎えたあとは、自分に関係のない祭日に対してひどい苛立ちを覚えるかもしれません。これは大きな祭日であるほど、よくある傾向のようです。でも、直情的に怒りや不快感をまきちらしたりせず、その理由をちゃんと説明できるようになるまで、不満は自分の中に留めておきましょう。

　自分が信奉していない宗教にも敬意を払うことは学びの一部です。理解するのに、信仰する必要はありません。祭日の準備をしていると期待と興奮が止まらなくなりますから、そのうちにほかがどうだろうと気にならなくなるでしょう。

　特別な日について学ぶため、以下のものの購入をおすすめします。

1．大きな壁掛けカレンダー。どのカレンダーも書き込み欄には充分な大きさが取ってあるものですが、魔術民向けにクォーター、クロス・クォーター、祭日、新月と満月、政府機関で定められた祝日が印刷されているものが便利です。日常で使うものはガソリンスタンドからいただいてきましょう。

2．生活暦〔アルマナック〕。たいてい8月終わりから9月初めごろに本屋に並び始めます。満月と新月、クォーター、クロス・クォーターの正確な時期を知るときに必要です。農事暦でも充分ですが、魔術民向けにつくられたとても便利なものもあります。

　バッグやズボンの後ろポケットに小さなスケジュール帳を携帯しておくのもいいですね。車のグローブボックスもいい置き場所です。日付を丸で囲んでおけば、確認するのも簡単です。祭日や目当ての月相の1週間前に星印をつけておけば、必要な道具を忘れずに準備できるでしょう。

　壁掛けカレンダーはもっと詳しい書き込みに使います。カレンダーに月相やクォーター、クロス・クォーターなどが印刷されていなければ、アルマナックを参照して時期を割り出し、必要ならば占星術的に重要な時間も併せて記入しましょう（魔術カレンダーを使う場合には不要な手順です）。満ちゆく月と欠け

ゆく月の時期がまだよくわからないようなら、こちらにも目印をつけておきます。蛍光ペンで——たとえば、満月の前後３日間に——線を引き、該当する時期に印をつけましょう。

　かつてはあなたも祝っていた伝統的な祭日のように、やがては日付をそらで覚え、待ち遠しくなるときが来ます。あなたは今、あなたから受け継がれていく伝統を自分自身の手でつくっているのです。

太陽の祝祭 (サバト)

　クラフトで標準的に祝われる８つの祝祭はサバトと呼ばれ、カレンダー上ですべての日付を確認することができます。大体が太陽神と関連を持つ太陽の祭日ですが、女神を祀ってはいけないということはありません。儀式は男女両神を祀るものとしてつくられています。ゆくゆくは、祭儀の性質と、祭儀で一緒に祀っても支障がないかをよく検討した上で、皆さんが慣れ親しんでいるさまざまな神々を祀ってもいいでしょう。

　８つのサバトは季節のめぐりとともに繰り返される誕生、死、再生を表します。よく知られている別名と合わせ、各サバトの説明を以下に短くまとめました。一番手は冬至です。ウイッチの新年（サウィン）後、最初にめぐってくる季節の祝祭で、ユールと呼ばれます。

ユール：ユールタイド、冬至

　ユールは１年でいちばん昼が短く、ということはもちろん夜がいちばん長くなる日で、たいていは12月20日か21日にあたります。チュートン派では12月20日から12月31日までをユールタイドとして祝います。初日を〈母の夜〉（マザーナイト）、12日後の最終日を〈ユールナイト〉と呼ぶこの期間が、〈クリスマスの12日間〉の伝統の由来です。ペクティ・ウィタ（ピクティッシュ・ウイッチクラフト）のユールは12月22日で、フェール・フィナンといいます。カレドニア派ではアルバン・アルタンと呼ばれ、栄えゆく太陽が衰えゆく太陽を凌駕する火の祭日としては祝われません。あるトラディションでは、〈柊（ひいらぎ）の王〉（男神の死の側面

を司ります）が〈樫の王〉（男神の復活を擬人化した存在で、聖なる子供とも呼ばれます）によって打ち負かされる日です。

　この祭日は太陽の祝祭なので、火を燃やし、ユールログで祝います。赤と緑で季節を彩り、ユールツリーを切り出して飾りつけ、贈り物を交換し合う習慣は、どれもペイガンに由来するものです。ヒイラギのリースや、可愛くアレンジしたクッキーとパンを飾るのも、もとはウイッチの伝統でした。ユールでは飾りつけたツリーに灯をともしたり、ごちそうのあとには特別なデザートも楽しんだり、ユールログ（訳注：ユールのために特別に切り出した木を歌や踊りでもって家に迎え入れて飾りつけたのち、薪にして暖炉にくべて12日間燃やす。木は男神の、薪は男根の象徴とされた）を燃やしたりしてお祝いします。ユールログは一部を取っておき、翌年のユールで焚付けとして使用しますが、それまで家を守ってもくれます。

　ベイベリー（訳注：和名はヤマモモ。地の元素、木星と照応）のキャンドルも1年を通して金運と幸せを呼び込みます。日暮れどきにダイニングテーブルに何本かセットして火をつけ、燃え尽きるまで置いておきます。暖炉の炉棚に用意して、ユールの儀式が始まるときに火をつけるのもいいでしょう。

　牡のトナカイは男神の面影を宿しているので、キリスト教徒とペイガンの友人、両方に贈るカードを選ぶなら、自然の風景の中に牡鹿がいるものを選びましょう——これならどこにも角が立つ心配はありません！　伝統的なクリスマス飾りにはペイガンを起源とするものや、意味合いを考えればユールの祝祭に加えてもおかしくないものが多いのです。

聖燭祭

　イモルク（ケルト）、インボルグ・ブリガンティア（カレドニア派では2月1日）、ルペルクス（ストレーガの魔女）、カンデラリア（メキシカン・クラフト）、ディスティング（チュートン派では2月14日）とも。どの祝祭でも冬を追い出す儀式がおこなわれます。

　10月になると我が家はサウィンで使うパンプキンを買いにカントリーマーケットに足を運び、それと一緒に女神の三相——乙女、中年女性、老婆——を表す色違いのトウモロコシも1本ずつ買います。トウモロコシは我が家の魔術戸棚にしまっておき、キャンドルマスが来たら春の色合いのリボンでひとくくりにし、

お祝いに使うのです。トウモロコシは戸外に吊るしておくと金運を呼び、家を守ってくれます。秋分まで吊るしておき、翌日に外して庭に埋めましょう。

　クラフトの祝祭は季節と関連付けると簡単に覚えられます。たとえば、キャンドルマス、オスタラ、ベルテーンは春の祭りです。キャンドルマスは古いものから新しいものへの変化を歓迎し、オスタラは大地が持つ豊饒のエネルギーを目覚めさせ、ベルテーンは人間の内に目覚める豊饒と愛のエネルギーを表現する祝祭です。この春の3祭と、夏至、ラマス、秋分からなる収穫の3祭。クラフトの8つの祝祭の中に関連性を持った組み合わせを見出せることにしばらく気づかなかったのは我ながら抜けていたとしか言いようがありません。

　ラベンダーと白のキャンドルに火をつけて、キャンドルマスを祝いましょう。テーブルクロスやカーテンの交換、壁の塗り直しに壁紙の貼り替え、家具の修理など、家の仕事をするにはいい時期です。

　10月から12月まで祝祭の準備に追われ、やれやれこれで一段落と思ったときにすぐそこまで近づいてきているのがキャンドルマスです。

　キャンドルマスは春を迎える節目のサバトです。豊饒を願い、冬の冷たい覆いの下でうっすらと目覚めたばかりでまだ生まれていないものを祝います。魔術戸棚を見直し、何がなくなっていて、来月から何が入り用になるか、在庫確認をおこなういい時期でもあります。

オスタラ：春分

　カレドニア派ではアルバン・エイレルと呼ばれ、男神の戦士としての側面が表現される祝祭です。このサバトがめぐってくるのは3月半ば、昼夜の長さが等しくなる日です。もう冬ではないけれど、まだ春ともいえる——この祝祭ではそんなバランスが祭られます。豊饒を祝う祭りのひとつと考えられ、春の3祭の2番目にあたります。種は来るべき植え付けのために祝福され、彩色された卵が魔力を持ったタリスマンとして祭壇に置かれます。この季節おなじみのイースターバニーと花かごはどちらもペイガンが由来です。季節の色としては、伝統的にライトグリーン、レモンイエロー、ペールピンクが使われています。

　また、女性はほうき、男性は長杖（スタッフ）を新調するときです。使用する前に、どち

らも儀式で聖別することを忘れないでください。ほうきは魔法円を掃き清める
のに使い、使い魔のように名前をつけます。この命名の儀をオスタラの祭礼中
でおこなうのもいいでしょう。

　ひねりパンと甘いケーキを用意して、日暮れどきに食卓に出します——でき
ればその日の日の出どきにも家族で食べる朝食を用意しておきましょう。

ベルテーン

　メイデー、ワルブルガ（チュートン派）、ルードマス（メキシカン・クラフ
ト）、タナの祝祭（ストレーガの魔女）、ベルティナ（カレドニア派）とも。メ
イデーは5月1日ですが、ベルテーンは5月5日のお祝いとされています。祝
祭が持つ意味はどれも大きく変わりません。ベルテーンはキャンドルマス、オ
スタラに続き豊穣を祝う3番目の春の祝祭で、人や植物、動物たちが暖かくな
るこれからの季節に向け、準備を始めます。愛が求められ、結ばれる季節、そ
してメイポールの季節です。私は子供と妖精たちのサバトと考えています。半
身同士が出合い、完全をつくり出すとき——3つ目の存在をつくり出すときで
す。

　鮮やかな青、ラベンダー、暖かみのあるピンク、レモンイエロー、白のリボ
ンはこの季節の彩りとしてぴったりですが、メイデーの伝統色は赤と白、純潔
を散らした女性が流す血の色を表すものです。庭の木を1本選び、リボンを垂
らしたり結んだりして飾りつけましょう。ベルテーンは君主と貴婦人（さまざ
まな男神、女神の総称）の聖なる結びつきを表現する祝祭なのです。

　祝祭気分を盛り上げるため、水を入れた大きな鉢に花と白いキャンドルを浮
かべます。玄関扉には夜明けの直前に摘んだ花でつくった花かごを吊るし、草
花で炉棚を綺麗に飾りましょう。魔法円には花弁を散らします。儀式が終わっ
てほうきで掃き寄せた花弁を家のまわりにまくと、家を守ってくれます。

夏至

ミッドサマーナイツ・セレブレーション
　真夏の夜の祭りとも呼ばれますが、天文暦上で常に一致するわけではありま
せん。ペクティ・ウィタのフェール・シェインは7月5日に祝います。カレド
ニア派ではアルバン・ヘヴィンといい、男神の王者たる側面を祀る祝祭です。

　1年で昼が最も長くなる日です。私にとってこの祝祭は栄光に包まれる太陽王を表すもの——熱情と成功の祭礼です。私が今までにおこなった強力な魔術は、この祝祭で成功させたものが多いのです。ビジネス上のことや男性的なエネルギーを必要とする状況に対し、大きな力を発揮します。祭壇飾りにはヒマワリ（春が始まってすぐ屋内に植え、初霜が降りたあとに抜きましょう）や赤い花、トウモロコシのような黄色、金色がぴったりです。玄関扉には赤い羽根（性的能力のまじない）と黄色い羽根（繁栄のまじない）を木蔦<ruby>木蔦<rt>アイビー</rt></ruby>とより合わせ、あるいは編み込んでなったリースを飾ります。祭壇用のキャンドルは金と赤を選びましょう。

　マネーツリープラント（パキラ）の枝葉を切って炉棚の上に吊るすと金運を呼び込みます。緑のリボンで枝葉をまとめた束をつくってもいいのですが、植え付け期に入って間もないころでなければ効果がありませんので、時期が外れているようなら7月半ばまで剪定は待ちましょう。

　夏至前夜は野や森に棲む精霊<ruby>精霊<rt>スプライト</rt></ruby>や妖精<ruby>妖精<rt>フェアリー</rt></ruby>と交流するときでもあります。

ラマス

　ルーナサー（ケルト）、コルヌコピア（ストレーガの魔女）、シングタイド（チュートン派）とも。クラフトで祝われる最初の収穫祭です。ラマスは8月2日の祝祭で、太陽神を祀るケルトのルーナサーが7日に祝われます。どちらもコンセプトは同じ、収穫周期の開始となる節目の祝祭で、早生の麦はもちろん、このころに採れる果物や野菜の収穫期が基盤となっています。

　伝統的にパンを焼いて祝い、祭壇には菜園で収穫した最初の実りを飾ります。野菜や果物を保存する瓶詰め作業がいちばん忙しくなる時期で、魔術戸棚には秋が始まる前に収穫したハーブが備蓄されます。魔術に使うハーブはこの日に収穫したものが望ましいです。ハーブは儀式にかけ、前もって力を付与しておくのもいいでしょう。

　花の季節は終わりますが、この時期にも咲いている品種はあり、黄色と赤のケイトウは房状の花が燃え立つ炎のようで、鉢で祭壇に飾ると本当に見事です。

　カーテンやテーブルクロス、ラグなどを秋用に衣替えするときでもあります。

秋分

　メイボン（ケルト）、アルバン・エルヴェド（カレドニア派）、ウィンター・ファインディング（チュートン派）とも。ウィンター・ファインディングは秋分当日から始まり、ノルウェーの元日であるウィンター・ナイト（10月15日）まで続きます。カレドニア派の祝祭では〈神秘の君主〉を祀ります。第2の収穫祭にあたるこの日は、トウモロコシなどの季節の恵みでお祝いをします。コーンブレッドケーキを食べてリンゴ酒を飲めばお祝い気分はさらに盛り上がるでしょう。霜が間もなく降り出しますから、冬に向けて乾燥させておきたいハーブなどの植物は、この時期に収穫しておきます。

　住んでいる地域によりますが、紅葉が始まっていればパラフィンで加工してすてきな飾りつけにすることができます。溶かしたパラフィンに落ち葉をすばやく浸したら蠟紙に載せて乾かし、乾燥したものに防御の印章を薄く記して（全部でなくてかまいません）、大きな瓶などに入れて飾りましょう。

　キャンドルの色は茶色、オレンジ、金、赤から選びます。祭壇布は秋っぽいデザインのものがいいですね。夏の間に川で集めてきた石に力をこめ、いろいろな目的に役立てましょう。

ハロウィーン

　サウィン（ケルト）、シャドウフェスト（ストレーガの魔女）、マーティンマス、またはオールド・ハロウマス（スコットランド／ケルト）とも呼ばれるこの祭日は魔女の新年にあたり、この日をもって季節が一巡するとされます。収穫の3祭のうち、最後を飾るサバトです。ハロウィーンは10月31日、サウィンは11月7日（万聖節前夜^{オールハロウズ・イブ}）、マーティンマスは11月11日の祭日ですが、どれも同じ趣旨のもとに祝われます。

　真面目な話、ハロウィーンは私のお気に入りのサバトなのです。この祭礼では死者を弔う儀式をおこない、故人となった人たちと言葉を交わします。また、占いが冴え渡る夜でもあります。

　この夜にふたつの世界を隔てるベールがいちばん脆くなるといわれています。儀式や家でのお祝いにはジャック・オ・ランタン、ヒョウタン、リンゴ酒、それに季節の恵みを盛り込んだ料理を並べましょう。黒いキャンドルを燃やすと、

負の存在を寄せつけない効果があります。

　私は9月に入るとサウィンの準備を始めます。子供たちの衣装と、家の外壁飾りを全部手づくりするのです。飾り付けを始めるのはきちんと10月1日から。家の正面と側面に魔女をたくさん貼り付け、ハロウィーンらしいデザインの吹き流しを外に取り付けます。壁祭壇の上にはカラスやほうきなどの小さなオブジェ、オレンジ色の羽根、リボンで飾りつけたペンタクルのリースを吊るします。

　家のまわりには山吹色の大きな花を咲かせる菊の鉢を並べ、必要があれば祭礼で使う部屋の塗り直しをおこないます。

　私はこの機会にほうきを新調します。色は黒と決めていて、サウィンが近くなるとこのほうきは小さな魔女に変身します（柄に風船を貼り付けて頭をつくり、おなじみの魔女帽をかぶせて名前もつけます）。玄関ポーチに立てかけて、このあたりに横行する悪戯から我が家を一晩守ってねとお願いするのです。この儀式を始めたのには理由があります。ある年のサウィンに私は大事な大事なお気に入りの揺り椅子に骸骨を座らせておきました。つくり物の蜘蛛つきの蜘蛛の巣を全身に絡ませ、雰囲気たっぷりにライトアップし、それはもうすばらしい出来映えでした！　ところが、あまりにもすばらしすぎたせいで、悪戯の一夜が明けてみると、骸骨は私の大事な揺り椅子もろともなくなっていたのです！

　我が家ではサウィンの夕食時に、家族が大事に思っている故人となってしまった人たちのため、食卓に空席をつくっておきます。去年、家族のひとりが他界したので、死者のためのテーブルを別に用意するようになりました。私たちと一緒のテーブルでは混み合いすぎて、ぺこぺこのお腹を抱えた生きている人間が押し出されてしまいますもの。

　以下に挙げた祝祭はときに〈火の祭り〉とも呼ばれ、1年を分ける4節、クォーターにあたります。

　　冬至／ユール／ユールタイド／アルバン・アルタン
　　春分／オスタラ／イースター／アルバン・エイレル

夏至／フェール・シェイン／アルバン・ヘヴィン

秋分／メイボン／ウィンター・ファインディング／アルバン・エルヴェド

以下は4節の交、クロス・クォーターのサバトです：

キャンドルマス／イモルク／ルペルクス／ディスティング／インボルグ・ブ
　リガンティア／カンデラリア

ベルテーン／メイデー／ワルブルガ／タナの祭り／ウィットサン

ラマス／ルーナサー／コルヌコピア／シングタイド

サウィン／ハロウィーン／シャドウフェスト／マーティンマス／オールド・
　ハロウマス

　サバトの祭礼に魔術は必須ではありませんが、祭日を祝い、敬意を捧げるひ
とつの形として魔術をおこなうのもいいでしょう。サバトの扱いは宗派、教派、
分派によって異なります。

　ノートを出して8大サバトを書き写し、今年は暦上で何月何日の何曜日にあ
たるかをメモしましょう。サバトの説明も簡単に書き、あとから付け足す事項
ができた場合に備え、余白を残しておきます。

~~~ 月の儀式 (エスバット) ~~~

　ウイッチは祝祭を愛していますが、困っている友人のために魔術を使うとか、
新たにやってみたいことがあるので準備をしたいというとき、いちいち祝祭を
待ってはいられません。そういったまじないのための日（夜もです）がエスバッ
トです。

　最高の結果は正しい月相のもとで得られるので、通常、エスバットは満月と
新月の日の昼夜におこなわれます。月の祭礼ですけれど、エスバットで男神が
祀られないということはありません（月のエネルギーは普通、女神が司るもの
とされていますが）。儀式は両神を祀るようにつくられているものです。エス

バットは別名、月の儀式とも呼ばれています。

　満月のエネルギーは人生からの望まぬ影響力の追い出し、防御魔法、啓示に効果を発揮します。計画、解放、時間の逆行も満月の得意分野です。

　満月の魔術は満月の前の 3 日間、満月当夜、満月のあとの 3 日間の計 7 日の間にまじなうと最大の効果が得られるといわれています。満月の魔術の効果が現れ、結果が出るまで、月の周期にしておよそひとめぐり待たなくてはならないことがあります。

　新月は個人の成長、癒やし、新たな計画や事業の祝福に効果を発揮します。魔術が正しくおこなわれれば、最初の満月までに成果が得られるでしょう。

　新月から満月までは満ちゆく月といいます。その特性は惹きつけ魔法に向き、新月から上弦の月に至る期間は影響力が特に強くなります。

　満月から新月までは欠けゆく月です。もうこれ以上抱えていたくないものを人生から追い出し、すっぱりと断ち切るのに向きます。負の感情、悪癖、長患い、体調不良と縁を切るのならこの時期です。

　新月の前の 3 日間は闇月と呼ばれます。天上に月を見ることはできず、因習的に魔術をおこなわない期間とされ、魔術から離れた休息期になります。深い瞑想とビジョンクエストは例外ですが、魔術に関連しないものにかぎられます。とはいえ、ヘカテーが支配する時期ですから、この女神の魔術を必要とする場合はむしろおこなうべきでしょう。

　地球の自転のため、満月は 1 年に13回めぐってくることがあります。満月にはそのひとつひとつに伝統的な名前がつけられています。

狼の月	1 月
嵐の月	2 月
純潔の月	3 月
種の月	4 月
野兎の月	5 月
番（伴侶）の月	6 月
蜜酒の月	7 月
薬草（緑草）の月	8 月
大麦の月	9 月

血染の月	10月
雪の月	11月
樫の月	12月
青の月	（不定）

　以上に加え、メイボンに最も近い満月は収穫の月と呼ばれ、農夫にとっては作物に余分に月光を浴びせてもらえる月になります。誰かに頼みごとをしたいとき、さらなる庇護が欲しいときはこの月の力を借りるといいでしょう。

　青の月は月の周期が28日であることから、31日まである暦月中に満月が二度めぐってくる現象をいいます。

　青の月は目標点の月です。長期的な目標の到達点をここに定め、前回の青の月から重ねてきた成功と失敗を再検討する期間とします。カードに目標を書き、寝室の鏡や目覚まし時計など、朝や夜に毎日見る場所にかけておくといいでしょう。毎日読む必要はありません。無意識のうちに視界に入れておくことが大事なのです。

　エスバットは術がけの祭礼といえるでしょう。エネルギーを高め、まじないをかけ、癒やしを施し、人生に関わる細々とした問題を解決します。神を祀る儀式は問題を抱えていなければできないかというと、そんなことはありません。やることなすこと万事順調、友人の悩みも解決ずみというときだってあるでしょう。女神（レディという呼び方もされます）を祀りたいときもあるでしょう。反対に、男神（ロードとも）を祀りたいときもあるでしょうから。

　満月のエスバットではたいてい月降ろしがおこなわれます。カヴンで執りおこなわれるときはハイ・プリースティスがこの儀式を司ります。ソロのウイッチはこの儀式をおこなうことで自分に力を与えることができます（し、おこなうべきです）。バッテリーを再チャージするように、宇宙に遍在する神のエネルギーを自分の中に迎え入れ、力を増強する——月降ろしではレディ（月）の力を受け取り、体内にエネルギーを引き込む行為がおこなわれているのです。この儀式は本書の第16章で詳しく解説しています。

ﾞﾞﾞ　まとめ　ﾞﾞﾞ

　本章ではまずクラフトの祝祭に順応するまでの時期についてお話ししました。
以下は 8 大サバトのおさらいです。

　冬至／ユール
　キャンドルマス／イモルク
　春分／オスタラ
　ベルテーン／メイデー
　夏至／ミッドサマー
　ラマス／ルーナサー
　秋分／メイボン
　ハロウィーン／サウィン

　ここではアメリカで祝われるサバトに併せ、他地域から伝わった祝祭も紹介
しました。信奉する宗派、教派、分派によって宗教的な祭礼が流動する理由が
これでおわかりでしょう。それから、諸祭礼の大まかなコンセプトと、とある
ペイガンの一家がどのように祭日を祝っているかについても少々触れました。
　祭日の祝い方に決まり切った形はないので（私がサウィンにほうきの魔女を
つくっているように）各々で創造性を遺憾なく発揮して大いに楽しみましょう。
楽しむことはあなたの中で祝祭の重要度を高めることにつながり、ひいては魔
術的な成功と世俗的な成功を手に入れることにもつながります。

　本章の後半ではエスバットと月の周期について簡単に説明しました。この知
識を活かし、人生とあなたを取り巻く環境の中で、魔術によって変化をもたら
したいことについて考えていきましょう。
　満月、新月、満ちゆく月と欠けゆく月とはどういうものか考えをまとめ、ノー
トに定義を書き留めたら、ここをもっとよくしたいとか、あれを変えたいなど、
思っていることに優先順位をつけて書き出してください。ひととおり並べたら、

それを叶えるのにふさわしい月相を横に書いていきます。

　なかなかのリストができたと思いますが、その中に直接の原因となっている何かしらの問題や必要性を特定できる項目はどれだけあるでしょう。この必要性や問題にまずは注意を向けていきます。

　あとになってリストから除外してもいい項目が出てきたら、それは削除してください。項目を解決したら、日付を書き込みます。魔術の記録法はあとのほう（第12章）で詳しく扱いますが、このやり方も手始めとしてはなかなかいいものです。このリストは青の月（目標点の月）の夜に見直しましょう。

おすすめ書一覧

　以下にサバトとエスバットにおこなう儀式を扱った読み応えのある書物を集めました。自分で儀式をつくる方法は本書で教えていますが、ここに挙げた本を読めば試してみたいことがたくさん思いつくでしょう。

- Pauline Campanelli, *Wheel of the Year.* Llewellyn Publications.
- Ed Fitch, *Magickal Rites from the Crystal Well.* Llewellyn Publications.
- Ed Fitch, *The Rites of Odin.* Llewellyn Publications.
- Tadhg MacCrossan, *The Sacred Cauldron: Secrets of the Druids.* Llewellyn Publications.
- Herman Slater, *A book of Pagan Rituals.* Samuel Weiser, Inc.
- Starhawk, *The Spiral Dance.* Harper & Row Publishers(now known as Harper and Collins).（スターホーク、『聖魔女術』、国書刊行会）
- Marion Weinstein, *Earth Magic.* Phoenix Publishing.

第6章
ウイッチクラフトの神々

自分で神様を選んでもいいの？

　術がけに協力してもらう神（男神または女神）を自分で選ぶことは、ウイッチクラフトにおいて極めて重要な選択です。この「協力」という言葉が鍵なのです。クラフトは一方的に願いごとばかりする宗教ではありません。神にひれふすつもりでいる人は、本書を読むのはここでやめたほうがいいでしょう。

　クラフトでは神を称えたり、感謝を捧げたりしてはいけない。助けが必要なときに神にすがってはいけない、という話ではありません。男神、女神の足下に泣きついて救いを求める宗教は珍しくありませんが、クラフトはそれとは違うということです。神とそういう関係を求めるなら、そういうふうにつくられた宗教がほかにたくさんありますから、そちらに入信することをおすすめします。

　神に泣きつく姿をさらしてあなたが自分の尊厳を犠牲にしても、クラフトで祀られる男神と女神は何の興味も持ちません。光の祭礼の主であるこの神々の本分は祭礼の諸事全般を司り、遂行させることにあるからです。宗教とは神との交流であり、信奉者は魂の波動を高めて神と結びつき、それによる喜びを享受するのです。

　クラフトでは信奉する神を自由に選び、好きなように祀ることができますが、病気になったときに信頼できる専門医を探すのと同じで、これが時間のかかるなかなかの大仕事になります。医者を探すのに電話帳をぱらぱらめくって適当に決めたりはしないでしょう。評判を探り、患者から話を聞き、下調べを充分にしてから、やっと病院に予約を入れるものです。

　クラフトでも手助けしてほしい神様は医者選びと同じ要領で探します。

そもそも、神様を選ぶって？

　この項では神様を選ぶ私なりの方法を紹介します。正しいやり方かどうかは
ともかくとして、こういう方法もあるのだと思って参考にしてください。

　神なるものの構造を家系図（ファミリーツリー）に見立てていきます。家系図を樹になぞらえ、お
ばあちゃんの家の屋根裏部屋（蜘蛛の巣が張ってある屋根裏から見つかったなら、
資料の信憑性はぐっと増すでしょう）をあさって見つけてきた手紙や聖書、日
記から得た情報で4、5代前までさかのぼった家系図をつくる小さなプロジェ
クトがあります。あんな感じをイメージしてください。

　神々の家系図、神系樹（ツリー）が頂点に戴くのはきらきらと輝く光とエネルギーの球
体で、〈あらゆる全て（ジ・オール）〉と呼ばれています。存在世界のあらゆる界層に存在する
森羅万象の精髄（エッセンス）——一個の存在として実在しながら実在しないものです。

　もうずいぶん長い間、人間の精神は大いなる力（フォース）を模倣し、同一であろうとし
ているのですが、なかなかうまくいきません。フォースがどういうものかを学
ぶなら、映画の『スターウォーズ』がよい教材です。現代的思考と未来的ファ
ンタジーの両方がわかりやすく描かれたこの作品では、未来の宗教の単純化し
た姿を見ることができます。『スターウォーズ』で予習しておくと、面白いこと
に子供たちがフォースの概念を最初からすんなり理解してくれるのです。

　でも、大人には、たとえそこに確かに何かが存在しているとしても「形をと
もなわない」ものを抵抗なく受け入れるのは難しい話です。そのため、いちば
んなじみのある「人間」の姿に近い男神、女神のイメージが必要となるのです。

　さて、木のてっぺんから下りていくと、〈あらゆる全て（ジ・オール）〉の真下で最初の分枝
点に差しかかります。左右に伸びるまったく同じ形をした2本の枝はあらゆる
点で完璧にバランスが取れており、それぞれが男神と女神、もしくはロードと
レディを表します。両者は独立した存在ですが対等で、ふたりが結びついてひ
とつになると、〈あらゆる全て（ジ・オール）〉のエッセンスへと回帰します。

　男神と女神は人間の想像が今まで思い描いてきた全ての神々が持つ多彩な側
面を象徴する存在なので、固有名は持ちません。

　私にとって女神は論理、創造、知性、外交、養育、穏やかな英知を表します。

男神は強さ、性的な熱情、人生の謳歌、大地の恵みの結実です。男神はときに有角神と呼ばれ、女神の伴侶と見なされますが、何かの点で女神に劣っているわけではありません。男神が燦然たる太陽の輝きならば、女神は皓々と照る月のまばゆさなのです。

　このふたつの驚異の力が溶け合うと、ひとつの力――〈あらゆる全て〉となります。ウイッチの中にはこの二者を男性／女性、および地球／宇宙の側面を司る霊性存在と噛み砕いて理解し、大地母神と天空父神と見なす者もいます。そう考えれば、輝きに包まれぼんやりとしか見えなかった光点の全体像がもっと大きな視野の中で見えてくるというわけですね。真偽の程はわかりませんが。

　あなたの精神の力は宇宙に遍在する力と混じり合い、魔法をつくり出します。魔法は全人類が狂おしく求める愛をもたらしますが、その愛は手にしたと思ってもすぐに消え失せてしまう儚いものです。そこで、求めるものを確実に手に入れるために神々の樹の下方に伸びる枝に下りていき、パンテオン（神話体系）を形成する神々の力を求める必要がおりに触れて生じるのです。

　私たちはこの男神、女神の力を借り、エネルギーを特定の方向（つまり特定の目的です）に流し込む方法を身につけますが、そのためには心の目が簡単に視覚化をおこなえる物または人の姿に、精神を集中させる高度な技術を会得しなければなりません。このとき、焦点の対象となるのがパンテオンの神々なのです。

　たとえば、ディアーナ派が奉じるセレーネーは解決を司る女神です。解決したい小さな問題ができたとき、私は言語的、精神的、肉体的手段を用いて自分のエネルギーをこの女神のほうへと流し込み、彼女のエネルギーとエッセンスから直に力を引き出します。意識を女神に集中し、自分が考える女神の役割に思いを凝らすことで、女神、そして自分が求めるものに焦点を結ぶのです。この「求める」という言葉が「協力」につづく第2の鍵となります。

　あらゆる魔術と祭礼は、強く望む心を核として機能します。喜びや愛、安全や幸福を求めるのも、物質的なものを欲するのも、単純に心の平和を望むのでも、そこに違いはありません。物質的なことでも、スピリチュアルなことでも同じです。結果を左右するのはどれだけ強く求め、望みに集中できるかにかかっています。

　神系樹の根を形成するのはあなたたちです。あなたの信念と思念体はあなた自身から発せられ、アストラル体や物質によって形づくられます。神々はあなたが求めるもののためにつくられた存在です。神々に命を吹き込むのはあなたなのです。

　さあ、ノートの時間です。女神と男神はどんな姿形をしているのでしょう。あなたが思うところを数段落程度で書いてみてください。ふたりは金髪でしょうか、黒髪でしょうか。それとも、それぞれ違うのでしょうか。

　体格や目の色はどうでしょう。身にまとっているのはどんな服ですか。戴いているのは冠でしょうか、オーラでしょうか。その性格は。

　静かな場所を選んで音楽をかけ、目を閉じてください。頭の中で神々との初めての出会いを想像します。会話を無理に進めようとせず、男神と女神が近づいてきて話しかけてくるのを待ちましょう。終わったら、神々の印象と会話の内容をノートに詳しく書き留めます。日付の書き込みもお忘れなく。

⨬⨬　神話の神々から選ぶ　⨬⨬

　神系樹の下方に伸びる枝にいる男神たち女神たちは特定のパンテオンに属する神々です。したがって、紙に神系樹を描き起こすとなると、ひとつの魔術体系ごとに1本の樹を描くことになるでしょう。

　パンテオンは言ってみれば文化を醸成するためにつくられた人物像群で、この 像 はときに古き者たち、あるいは父祖と呼ばれます。パンテオンを選ぶときに大事なのは、探偵になったつもりでしっかり調査をおこなうことです。

　前述のとおり、専門医を探すときにはそれなりの手順を踏むものです。協力関係を結ぶ男神と女神を探す際も、まずは途方もない下調べをしっかりこなした上で、自分にいちばん合ったパンテオンを決定します。断っておきますが、ウイッチ全員がパンテオンを選ばなくてはいけないわけではありません。術がけにはロードとレディの力しか借りないという人もいますから、自分なりのやり方を探してください。

　両親がすでにカヴンに属しているという人はグループ向けのパンテオンを奉

じるでしょうし、同様に、師事している教師やハイ・プリースティスがいれば、その人の得意分野や詳しく知っているイメージについて教わることでしょう。このように、誰かの影響でパンテオンを決めても問題はないのですが、他人がどれだけよいと思っていても、そもそも自分がその群像に魅力を感じていないのなら、間違ったものを受け入れたという話ではすまないということを心に留めておく必要があります。神との一体化は誰とも分かち合えない、自分だけの特別な体験です。選んだパンテオンが正のエネルギーをあなたにもたらすかぎり、パンテオンの選択に正解も不正解もありません。

　ソロのウイッチであるあなたには、自分でパンテオンを構成し、自分なりに神々の役割を決められるという特権があります。ローマ神話、ギリシア神話、エジプト神話、ケルト神話、北欧神話、ネイティブアメリカン神話、マヤ神話、アフリカ神話——ざっと例を挙げただけでも世界のパンテオンにはこれだけの種類があります。妖精伝承も実に興味深いので、選択肢から外すのはもったいないでしょう。

　私が最初に選んだ男神と女神はディアーナ派の神々です。ディアーナ（アラディアの母）、セレーネー、ヘカテー、ケルヌンノス、パーンの５大神にどこよりも魅力を感じたのです。ほかのパンテオンについてもいろいろと勉強しましたし、試してもみたのですが、やはり私にはこの神々がいちばん肌に合っており、祝祭の儀式で祀る神々は今も変わっていません。

　重要なのはパンテオンを自分で選び、クラフトを学んでいる間、その信仰を大事にすることです。ろくな知識もないのにパンテオンをごちゃ混ぜにしたり、ひとつの儀式でよそのパンテオンと神を入れ替えたりすると、あなたの魔術を盛り立ててくれるものたちの足並みを乱す危険がありますからやめましょう。神々にも相性があるのです。まずは神々についての知識をしっかりと蓄えてからでないとパンテオンの混成には手を出すべきではありません。

　近くでいちばん大きな図書館に行ったり、クラフトや哲学に関する書籍を置いている書店に行ったりして、パンテオンについて調べましょう。また、クラフト関係でできたネットワークで自分が選んだ神々について訊いたり、ほかの人がどんなふうに祭日を祝っているか、どんな儀式をおこなっているか、あなたが興味を持っている神々とどんな個人的な体験があったかなど質問しましょ

う。

　「神々との個人的な体験」とは具体的にどういうものでしょう？　私がエジプトのパンテオンについて研究していたときにこんな経験をしました。身のまわりがごたごたしていた時期でもあり、ある晩遅く、私はたかぶった感情を落ち着かせようと外を歩いていました。ポーチの階段に腰かけてわんわん泣き（負の感情を一掃するために泣くことは私たちウイッチには許されています）、ひとしきり涙を流して腕に埋めていた顔を上げたところ、私はとんでもないものを目にしました。見たこともないほど大きな猫の影が目の前に広がっていたのです。

　影は私を守る盾のごとく、私をすっぽりと覆っていました。バスト女神です。私が怖がらないように、でもちゃんと気づくような形で女神が私のもとに来てくれていたのです。

　あれは何かの影がそれらしく見えているだけだと（生きた猫の影ではなかったので）私の理性は言います。でも、魔法とスピリチュアル的な同調というものは、最も必要としているタイミングで訪れるものではありませんか。重要なのはこの影を見て私が感じたこと、このときに私が吸収したエネルギーであり、影の正体ではありません。正直に言いますと、私が女神の影を見たのはこの 1 回きりです。この体験のあと、何度も何度も階段に腰かけてはみたのですけれど！

　さて、パンテオンの選択が終わったら、次は神々を視覚化し、話しかけをおこないます。男神と女神に会ったときのように、少なくとも30分は邪魔の入らない場所で静かに腰を下ろし、一度にひとりずつ神々に会っていきましょう。前回に続き、精神（あるいは言葉）での会話をおこないます。

　数多いる神々の中から、なぜこの神々を選んだのか。理由を要約し、正確に伝えてください。会話は無理に進めず、流れに任せることが大事です。

　パンテオンと神々について学んだことは、正確にノートに記録していきましょう。魔術体系ごとに、そこで信奉されている神々ごとに項目を割きますので、充分なページ数を用意しなくてはなりません。調べたことはどんどん書き込んでいきましょう。日付も忘れずに。

　パンテオンを調べるときは、以下の事項を特に意識してください：

1．パンテオンの最盛期はいつの時代か。信仰が興隆した地域、その起源は。パンテオンが広く信奉されていたのはどれくらいの期間か。

2．パンテオンが擁する神々のおよその数は。最も重要とされる神は。

3．どういう文化で信仰されていたか。その時代の主な食べ物、飲み物、服装は。どういう職業に信仰されていたか。信奉者が多かったのは富裕層と貧民層のどちらか、または両方か。家族生活の様子は。

4．当時の政府はその宗教をどのように扱ったか。宗教指導者の信者の扱いは。宗教は日常生活にどのような影響を与えていたか。

5．パンテオンを特別に象徴していたものは。アルファベットや魔術言語の有無は。

パンテオンについて調べ終わったら、自分の言葉でまとめてみましょう。
神々について調べるときは、以下の質問に対する答えを意識してください：

1．どのパンテオン、あるいは魔術体系に属する神か。

2．パンテオンにおける階級とその理由。

3．外見的特徴と、性格の描写。携えている武器や道具は何か。

4．性別を異にする対の存在は。

5．この神ゆかりの祝祭は（祝いたいものがあれば、カレンダーにきちんと印をつけておくこと）。

あなたにとって何を象徴する神か、この神性存在にどういうときに接触を望むか、およびその理由についてまとめてください。

では、少し手を動かしてみましょう！　神々を身近に引き寄せるひとつの方法は、自分の神系樹をつくることです。ポスターにして祭壇の上に飾ったり、ニードルポイントやキルトで手づくりしたりしてもすてきですよ。

いろいろな神々について詳しくなったら、樹に書き足していってもかまいません。自分だけの樹ができあがるには何年もかかるでしょうが、それもまた楽しみというものです！

三相女神

_{トリプル・ゴッデス}

　男神や女神が３人でひとつ組を成す三神一組の起源は古く、キリスト教の原型が生まれる以前にさかのぼります。クラフトのトライアドを象徴するのは乙女、母、老婆の三相です。

　乙女が表すのは若さ、獲物を追いかける興奮、命の新しさと魔術です。人間でいえば思春期から20代に相当する年頃で、伴侶はいません。白や淡いピンク、明るい黄色のような柔らかで明るい色合いが乙女を象徴する色です。

　母が表すのは養育、いたわり、豊饒です。女性として成熟し、最も力に満ちあふれた時代です。庇護下にあるものを守る母は、正義がきちんとおこなわれるよう取り計らってもくれるでしょう。伴侶がいるのが普通で、見た目の年齢は30代から40代半ばごろです。緑、赤銅、赤、淡い紫、紫紺といった、乙女よりも深みのある色合いが母の色です。

　老婆は老年の英知を表しています。世故に長け、ためになる助言をしてくれる存在です。乙女と母だけでなく、その子供たちのことも慈しんでいます。論理的ですが、復讐となるといっさい容赦しません。死の次元への戸口に立つ者でもあります。人間であればおよそ45歳から上の年代にあたります。老婆を表す色は伝統的に黒、灰、紫、茶、暗紺とされています。

　カヴンでは特定の女性に三相女神の役割が割り振られます。母の役は普通はハイ・プリースティスが、カヴンメンバーの若い女性が乙女を、過去のハイ・プリースティス（長老）が老婆を務めます。

　通例、ハイ・プリーストが配偶者を受け持って、東の位置に立ちます。カヴンメンバーの若い男性が乙女と、過去のハイ・プリースト（エルダー）が老婆と向かい合います。

　ウイッチたちの信仰では始まりに〈太母〉の存在があり、彼女から万物が生まれました。ですから、比べるとどうしても三相女神の役割のほうが目を引くのですが、男性の役割より重要だということはありません。

～～　男神と女神は実在するの？　～～

　これは簡単に答えられる問題ではありませんが、結局のところ、想像に描いた神々がその姿で実在するのかは、想像した本人次第というひと言に尽きるでしょう。哲学的な言い方をすると、人が認識している現実は全てまやかしであるためです。

　思考は形態であり、あらゆる形態はエネルギーであるとクラフトは教えています。ですから、あなたがこの神様は実在するのだと考えれば、その神様は実在するのです。病は気からというように、病気になったという思い込みから肉体が病気の症状を呈することは皆知っているでしょう。

　したがって、負の思考を現実世界に反映させられるのなら、思考の力で正の存在を――たとえば神を現実に生み出すことができないはずはないのです。

　前のほうの章（第1章）で、私たちウイッチはキリスト教の悪魔を信仰の対象としていないと書きました。これは本当です。でも、悪魔ではなく、自由自在に姿を変えてそこかしこに現れる邪悪なるものの存在は信じています。

　クラフトをまだよく知らない人にしてみれば、クラフトが奉ずる男神がどうしてあんな容貌をしているのかは、かなり理解に苦しむ部分でしょう。男神のおぞましい外見は、魂を取って食うと言い習わされてきたあのいやらしいサタンとそっくりです。生まれてこの方ずっと忌み嫌っていたものにそっくりなものを、ある日突然受け入れなければならなくなるなんて、無理難題もいいところですからね。

　どうしてそんなことになったのか。堅苦しい説明は抜きにして、ここで軽くお勉強してみることにしましょう。

～～　男神　～～

　中世の初め、ヨーロッパの人々はてんでに土着の宗教を信奉していました。も

うずっとずっと長い間、それが当たり前だったからです。

　そこに、ひとりの男の神様を祀る宗教を引っ提げ、新しくやってきた人々がいました。新参の彼らは、この土地の人たちが自分たちと考えが違うことが気に入りません。正しいのは自分たちで、皆は間違っているのに——まあ、そんなことを彼らは言うのです。

　全国全土津々浦々を自分たちの新しい宗教で染め上げようと、彼らは額に汗して頑張りました。けれど、どうにもうまくいきません。というのも、この新しい神様は連れ合いがいなくて独り身ですし、土地の古い神様とは違って、人々が大事に守ってきたたくさんの伝統を背負っているわけでもないからです。しかも、この新しい神様はパーティを開いて楽しむことも許さなかったのです。

　新しい神様の評判はさんざんです。そこで、新しい神様を崇め祀る人々は戦争を起こし、自分たちの教えを広めることにしました。勝利者として彼らは自分たちのルールを敗者に押しつけたのです。神の戦士たちは血のように赤い大きな十字架を刺繍した白いチュニックをまといました。そして、敵を打ち負かして自分たちの神様を崇拝させるべく、家族を残して遠い国々まで長い長い戦争に出かけていったのです。

　ペルシアを訪れた彼らは、その土地で信仰されている不愉快な神様に出くわしました。それがなんと不思議も不思議、ヨーロッパの人々が崇拝していた古い神様とそっくりではありませんか。色が黒くて、角と尻尾を生やした半獣神です。

　しめた！　と彼らは興奮し、手をこすり合わせました。チャンス到来、今こそ古い宗教を絶滅させ、新しい教えを代わりに根付かせるときが来たのです。

　ヨーロッパに帰った彼らは、古い神様には角と尻尾が生えている、だから正体はサタンなのだと皆に言いました。聖書に登場するサタンは堕天使です。もちろん、堕天使を崇拝したい人なんていやしません。だって、まっすぐな存在ではないのですから！

　そんな彼らの考えをヨーロッパの人々はよく理解できませんでした。十字軍がヨーロッパを出る前のサタンには角も尻尾もなかったのに、帰ってきた今は何の奇跡か角も尻尾も生えていることになっているのですから。それでも、古い神様を崇拝するということはサタンに、邪悪の王に頭を垂れることになるの

だと、新しい神様を崇め祀る人々はなおも言い張ります。それが嘘の始まりでした……。

　そして、長く続いたその嘘が、私たちの手で終わりを迎えるときが来たのです！

　ここではあえて昔話のようにしてみました。あれから何世紀も経ち、啓蒙時代とされている現代に生きる私たちからすれば、ひとつの宗教の教義が投げかけた暗い影のせいでほかの宗教の信奉者が真実を見失ってしまうなんて、ちょっと理解が追いつきません。

　でも、子供にはぜひ聞かせたい話ですし、暖炉を囲んでの語り聞かせにもぴったりですから、機会があれば話してあげてください。また、キリスト教から宗旨変えした人たちにとっても、この話は不安を和らげる助けとなるはずです。私たちが信奉するロードとサタンは同一存在ではありませんし、過去にそうだったと言われようと、そんなのは私たちに言わせれば嘘八百のつくり話でしかないのです。

ﻬﻬﻬ　女神たち　ﻬﻬﻬ

　以下のリストはクラフトでよく信奉されている女神を集めたものです。あくまでも一部でしかありませんので、リストに名前のない女神でも好きに選んでかまいません。

アプロディーテー[Aphrodite]：（ギリシア）情熱的な性愛を司る女神。強力な愛のエネルギーを引き寄せるときに力を貸してくれるでしょう。

アラディア[Aradia]：（イタリア）魔女たちの女王で、ディアーナの娘。非常に強大な力を誇る存在で、魔女たちの守護者です。

アリアンフロド[Arianrhod]：（ウェールズ）星々と転生を司る女神。過去生の記憶の呼び起こしや困難の克服、スターピープルとのコンタクトに力を貸してくれます。

アルテミス［Artemis］：（ギリシア）月の女神。

アスタルテ［Astarte］：（ギリシア）豊饒の女神。子供が欲しいとき、または壮麗な庭が欲しいときに、望みを叶える手伝いをしてくれます。

アテーナー［Athena］：（ギリシア）戦女神であり守護女神。仕事が大変？そんなときはアテーナーが助けてくれます！

バスト［Bast］：（エジプト）庇護と猫を司る女神。乗り物で移動するとき、暗い路地を歩くときはバストにおまかせ。巨大な豹の姿をしたバストの神髄を呼び出して、目的地までの道行きを見通してもらいましょう。

ブリーイッド［Brigid］：（ケルト）戦女神であり守護女神。三相女神の一角を務める、強く賢い女神です。子供たちがつらい状況にあるときは、ブリーイッドに庇護を求めましょう。

ケレース［Ceres］：（ローマ）収穫の女神。

ケリドウェン［Cerridwen］：（ウェールズ）月と収穫の女神。老婆という闇の母の側面にも関連があります。

デーメーテール［Demeter］：（ギリシア）大地母神の元型。出産や幼い子供たちが関わることならデーメーテールを頼りましょう。

ディアーナ［Diana］：（ローマ）月と狩猟の女神。ディアーナが見せる表情は実に多彩です。誘惑者（魔法で猫の姿になって兄のルキフェルの褌に忍び込み、アラディアを身籠もったのです）である一方、ウイッチたちには母と崇められます。

ドリュアデス［Dryads］：（ギリシア）女性の姿をした樹の精霊。

フローラ［Flora］：（ローマ）春と誕生の女神。美しい花々、赤ん坊、母なる大地の全ての恵みに関することなら。

フォルトゥーナ［Fortuna］：（ローマ）運命の女神。

フレイヤ［Freya］：（スカンジナビア）月の女神で、主神オーディンの妻／愛人。バルキュリアを率いる長。

ハトホル［Hathor］：（エジプト）女性のビジネスを助ける守護女神。「ハトホルの鏡」はウイッチにとって非常に重要な魔術具。美しくも狡猾な女神です。

ヘカテー［Hecate］：（ギリシア）老婆、あるいは闇の母の側面を司る月の女

神。

ヘーラー[Hera]：（ギリシア）結婚を司る女神。婚姻の儀や誓約（ハンドファスティング）に関することなら、ヘーラーに頼りましょう。執念深い一面があることをお忘れなきよう。

ヘスティアー[Hestia]：（ギリシア）家庭と炉辺の女神。家の新築、改築、アパート探しに。家庭の安全と家族の絆を守ってくれる女神です。

イナンナ[Inanna]：（シュメール）〈太母〉なる女神。

イシス[Isis]：（エジプト）完全なる女神、または一者として、三相を内包する女神です。

カーリー[Kali]：（ヒンドゥー）創造／破壊を司る女神。虐げられた女性たちの庇護者。肉体的な危機にさらされている女性はカーリー・マーに助けを求めましょう。この女神の力はそれはもうすごいものです。

リリス[Lilith]：（ヘブライ）アダムの最初の妻で、女悪魔に変じたといわれています。とはいえ、ゼカリア・シッチンの著書を読めば、その認識も変わるでしょう。私の考えでは、リリスはアダムと交わったスターウーマンです。その場合、リリスは高い知性を持った女神か、スターピープルの代表者ということになるでしょう。

マアト[Maat]：（エジプト）正義と神聖なる秩序を司る女神。いかなる状況においても真の調和はマアトによって守られます。決してえこひいきをしないこの女神は、信奉者全員に正義をおこなってくれるでしょう。後ろ暗いものを抱えている人がマアトに呼びかけるときは、必ず身綺麗にしてからにしてください。

モルガン[Morgan]：（ケルト）水と魔術を司る女神。魔術師マーリンと結婚したといわれ、彼女の魔術の腕前はマーリンの手ほどきによるものです。〈湖の貴婦人〉とも呼ばれます。

ムーサイ[Muses]：（ギリシア）霊感を司る女神たちで、選ぶパンテオンによって人数に違いがあります。

ネフティス[Nephtys]：（エジプト）驚き、姉妹、産婆の女神。

ノルン[Norns]：（スカンジナビア）運命の三姉妹。運命（過去、現在、未来）の糸を紡ぐ（ウィルド）のが彼女たちの仕事です。

ヌト［Nuit］：（エジプト）天空母神。星々を抱えた腕を掲げ、円を形成する
姿で描かれるのを見かけることが多いです。

ペルセポネー［Persephone］：（ギリシア）冥界の女神であり、収穫も司り
ます。デーメーテールの娘。

セレーネー［Selene］：（ギリシア）月と解決を司る女神。セレーネーに訴え
れば、どんな問題にも論理的な答えをもたらしてくれます。

バルキュリア［Valkyries］：（スカンジナビア）戦場でたおれた男たちの魂を
天上に運ぶ女戦士たち。

ウェヌス［Venus］：（ローマ）愛とロマンスの女神。

ウェスタ［Vesta］：（ローマ）火の女神。

男神たち

　ウイッチクラフトでは女神の役割が大変重要ですが、男神もまた重要な役割
を担っていることを忘れてはいけません。男神なくして調和が保たれることは
なく、女神にはない力と専門知識を誇ります。

アドーニス［Adonis］：（ギリシア）アプロディーテーの伴侶。「ロード」を意
味する名前でもあります。植物神。フェニキアではアスタルテーと、ロー
マではウェヌスと対の関係をなします。

アヌビス［Anubis］：（エジプト）イシスの守り役。ジャッカルの頭部を持ち、
庇護を司る男神。家庭と人を守りたいときは、アヌビスに頼りましょう。

アポロ［Apollo］：（ギリシアとローマ）アルテミスの双子の弟。太陽、光、芸
術を司る男神です。

アプスー［Apsu］：（バビロニア）伴侶はティアマト。

ケルヌンノス［Cernunnos］：（ケルト）有角神にしてレディの伴侶。つづり
はKernunnosとも。

エロース［Eros］：（ギリシア）ロマンスと情熱的な愛を司る男神。

ホルス［Horus］：（エジプト）頭部はハヤブサで肉体は人間の男性。全てを

視る眼を持ち、癒やしを司ります。

ヒュメーン[Hymen]：（ギリシア）結婚と誓約を司る男神。対となる存在はディオニューソスです。

ルキフェル[Lucifer]：（イタリア）ディアーナの魂の伴侶で兄。アラディアの父。太陽と光を司る男神です。

ミスラ[Mithra]：（ペルシア）太陽神にして光のもたらし手。兵士に崇拝されました。

オーディン[Odin]：（スカンジナビア）フレイヤの対の存在。ユグドラシルの大樹に我が身を吊るして千里眼を手に入れた男神で、ワタリガラスと狼を使い魔にしています。若いころは恐ろしい神、老年に達すると英知と霊視の神として描写されます。

オシリス[Osiris]：（エジプト）イシスの対の存在。植物と死後の世界を始めとする、あらゆる要素を含む男神です。

パーン[Pan]：（ギリシア）自然と森、笑い、熱情を司る男神。音楽と、個人の自由気ままな振る舞いも。

ポセイドーン[Poseidon]：（ギリシア）海神。イルカと馬が使い魔です。

プタハ[Ptah]：（エジプト）工芸と設計の名匠。手を使った創造的な仕事を司ります。

シヴァ[Shiva]：（ヒンドゥー）カーリーの伴侶。誕生・死・新生を繰り返す宇宙周期を司る男神です。優しさと恐ろしさ、両方の顔を持ちます。

トール[Thor]：（スカンジナビア）天空と雷を司る男神。農民と船乗りを始めとした庶民に優しい神様です。

トート[Thoth]：（エジプト）輪廻を司る男神。月神でもあり、科学と英知の庇護者です。

まとめ

本章では宗教としてのウイッチクラフトと神々について論じました。パンテオンを選ぶときは、信奉者であるあなたと人類に対して本質的に好意的な神々

を選択するのが決まりです。

❧❧　おすすめ書一覧　❧❧

- D.J. Conway, *Ancient and Shining Ones*. Llewellyn Publications.
- D.J. Conway, *Maiden, Mother, Crone*. Llewellyn Publications.
- Janet and Stewart Farrar, *The Witches' Goddess. The Witches' God*. Phoenix Publishing.
  歴史、名称、物語など、男神と女神に関するさまざまな知識がこの2冊で学べます。
- *The Kybalion: Hermetic Philosophy by Three Initiates*. The Yogi Publication Society.
  （ウィリアム・W・アトキンソン、『引き寄せの奥義キバリオン ── 人生を支配する7つ
  のマスターキー』、徳間書店）
  必読の一冊です！　〈あらゆる全て〉とその原則を論じた本です。
- Charles G. Leland, *Aradia: Gospel of the Witches*. Phoenix Publishing.
- Alan Richardson, *Earth God Rising*. Llewellyn Publications.
- Gerald and Betty Schueler, *Egyptian Magick*. Llewellyn Publications.
- J. L. Simmons, *Future Lives*. Bear & Company Publishing.
  今日の信仰と、その向かう先について論じられています。
- Diane Stein, *Goddess Book of Days*. Llewellyn Publications.
  ハードカバーの小さな本で、スケジュール帳形式で1日につき女神がひとりずつ紹介さ
  れています。
- Barbara Walker, *Women's Ritual*. Harper & Row（現 Harper & Collins）.
  女性が目指したい高踏な精神性と理想のあり方が示されています。
- Amber Wolfe, *In The Shadow of the Shaman*. Llewellyn Publications.
  シャーマニズムについて学ぶことができます。

第2部

ウイッチクラフト
実践のための下準備

Building Shadows

第7章
魔術名をつけよう

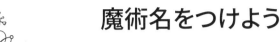 名前というレッテル

　私たちには生まれたときにつけられた名前があります。その名前が時間とともに特定のイメージを持ちだして——たとえば、ジェーンという子は平々凡々、バディは頑固で気のいい南部男、バフィはプードルタイプの新人類、ジョージは駅員で自分の殻にこもりがち、アリエルはぼうっとしていて、ホーマーは1日畑で汗を流したあとに地元のバーでたむろしてそう——一種のレッテルのように働くのは、誰しも心当たりがあることではないでしょうか。

　単なるレッテルで終わればいいのですが、「昔の知り合いにカレンっていたけど、本当に不愉快な名前！」とか「サラという名前で好きになれる人には会ったことがない！」なんて言われるようになったらたまったものではありません。それに、ずっと憧れていた家が売りに出されたとき、誰かとこれから友情を育もうというときに、相手のメモリーバンクに「ジョンという名前の男とはもう絶対にデートしない！」という思い込みがあるせいで、同名というだけの自分がとばっちりを食うとなったらどうでしょう。

　名字で名乗っても「おや、ユダヤ系のお名前ですよね？」と同様の反応が返ってくるとなれば、もっと違う名前が欲しかったと親を恨めしく思ったり、すてきなあだ名を代わりに名乗るようになったりすることもあるでしょうね。

　クラフトに入信するとき、あなたは自分という存在をもうひとつつくりあげることになります——新しい人格をつくり出すのです。あなた自身が自分で制限を設けないかぎり、この新たな人格は何にも束縛されない自由な世界を生きてゆきます。まったく新しい宇宙に向かって自己を解放し、足枷のようにあなたの行動をワンパターンに押し込めていた人格を一新して、古い自我が夢にも

見なかったことを成し遂げるようになるでしょう。

　古い自我とのつながりを心理的に解消する手段として、たいていの参入者が求めるのが新しい名前です。新しい名前は自分の中にできた特別な存在を補強するほか、クラフトとどう関わり、何を得意とするかという、クラフトにおけるあなたのあり方を端的に表すものとなります。今現在の自分にないものでも結構です。現に、将来的な展望を名前に託している人がほとんどです。

　カヴンに所属すると、名前をふたつ持つことがあります。ひとつはいわゆる「サークル」名で、カヴン内で使用するもの。もうひとつは儀式で用いる「魔術」名で、女神と男神、ウイッチ本人、ウイッチの名付け親しか知らないものです。名前をいくつ持つか、形式、知識はトラディションごとに異なります。

　ソロのウイッチは本人が改名の必要性を感じるまでは、同じ名前を使い続けてもかまいません。ずっとひとつの魔術名で通す者もいれば、手紙や著作の署名に使う名、他者には明かさず儀式で使う名とを使い分ける者もいます。

　また、生まれ持った名前をそのまま使うウイッチもいますが、これはこれで問題ありません。名付けに決まりなんてないのですから、好きな名前を好きなように名乗りましょう。

　初学者である皆さんは、まずはひとつの名前を選ぶところから始めましょう。多重人格者でもないかぎり、「新しい自分」が増えるのは大変なことですからね。

　名前はよく考えて選んでください。これといった決まりはないとはいえ、あなたの高次の自我の美しさと、個人的な価値観、そして理想を反映した名前をつけるようにしましょう。

魔術名の見つけ方

　新しい名前がぴょんと飛び出し、あなたをつねってここにいるよと教えてくれれば話は簡単ですけれど、あいにくそうはいかないので、新しい名前は自分で探し出さないといけません。お気に入りの伝承（たとえばベーオウルフ）だとか、自然（たとえば柳）、動物（たとえば赤い牡鹿）、元素（たとえば炎の心）など、伝統的に魔術とつながりを持つものにちなんだ名前。または、夢やビジョ

ンクエストで出会ったもの、天体世界（たとえば星見^{スタービジョン}）、パンテオンの男神や女神（ブリーイッド／アリエル／エリン）に由来する名前をつけるのが一般的です。

　ほかにも、タロットカードなら魔術師^{マジシャン}、ルーンならビルカ（母を表すルーンです）というように占術具にちなむとか、幻視法^{スクライング}で名前を見つけるやり方があります。影の鷹^{シャドウホーク}、風の歌^{ウィンドソング}、笑う豹^{ラフィングパンサー}などは神秘的で、元素と動物が結びついた、もしくは2種の動物の精髄^{エッセンス}が合わさった非の打ち所のない名前といえます。ジャガーウーマンなんていうのも、ずいぶんすてきな名前じゃないでしょうか。

　私が最初に選んだ名前は銀の鴉^{シルバーレイブン}ですが、決定するまでにかなりの思案を重ねたものです。シルバーは良心をハイヤーセルフに結びつける糸、レイブンは予見の鳥と変幻者を意味します。実を言うと、これは直感で選んだ名前なので、意味は後付けなのですけれど。

　クラフトでの成長を重ね、交流を通じてある人に師事を得た私は、通称として公に使用する特別な名前を新たにいただきました。これが、以来、ずっと使い続けている名前——シルバー・レイブンウルフ^{ウルフ}です。狼は師と守護者を表す動物で、私のパワーアニマルでもあります。もちろん、候補はほかにもたくさんありましたけれど、没になったものでああだこうだと論じるよりは、いちばんよかったものの話をしたほうが参考になるのではないでしょうか。

　シルバー・レイブンウルフに改名するにあたり、かなりのことを考えました。シルバーレイブン名義でクラフトの会報への寄稿やアートワークの発表をおこなっていましたから、改名によって「私」自身の本質を含め、各方面に混乱を起こしたくなかったのです。少しいじる程度であっても、名前を変えるということはあなたの魔法の本質を変えることになります。ですから、改名は慎重におこなわないといけません。名前を変えたせいで、人格に破綻を来すような悪影響を受ける可能性すらあるのですから。

　それに、別の名前で活動を始めると、前の名前を知っている人たちには大混乱のもとになってしまいます。クラフトでつながりを築いた相手から絵はがきや手紙が知らない名前で送られてくると「この人は誰だろう」と気になって胸がもやもやしますし、魔術名でしか知らない人の転居通知が郵便局のせいで本名で送られてきたら気まずいものです。それに、大勢とやり取りがある場合は

なおさらですが、住所でいちいち照合しなくてはならないとなると本当にストレスです。私が改名したときは、「結婚されたんですか？」という質問が大勢から寄せられたものです。

　この先、いろいろな会報や雑誌に文章や美術作品などを発表する予定がある人は、すでに同名で活動している人がいないか必ず確認してください。同じ名前の使用を避けることは当然の礼儀ですし、それ以前にわきまえておくべき常識です。あなただって、自分の作品なのに著作権が他人のものになったり、（もっと悪いことに）自分と誰かの意見がこんがらかってしまったりしてはたまらないでしょう。

　改名の必要性を本気で感じることはときにあるものです。個人として、あるいはスピリチュアル的成長を遂げたので、新たな自分のエッセンスを収めるにふさわしい名前が欲しいと思うのも立派な理由です。改名したら、友人知人が新しい名前になじむまで充分待ってくださいね。署名する際は先に古い名前を書き、その下に新しい名前を添えましょう。これも充分浸透するまで続けてください。

　名前を探しているときは、周囲に出ているサインを見落とさないよう気を配りましょう。目で見ることはもちろん、心とエネルギーセンターでもサインを見つける方法を学んでください。自分自身を開放してシンクロニシティ（意味のある偶然の一致）を受け入れたら、魔法世界に一分の隙もなくはまり込んだ多くの事象がきっと見えてくるはずです。

　ノートを出し、ページのいちばん上に「私の魔術名は以下の力を表す……」と書き、数行空けたページの真ん中に「この名前は以下の神々、植物、動物、元素、性質……の特性を持つ」と書いてください。

　では、上記の項目を埋めつつ名前を考えていきますが、焦ることはありません。必要なら数日、あるいは数週間でもかけて、自分にふさわしい名前を見つけましょう。

　名前が決まったら、この名前を選んだ理由と決め手に関するアファメーション（次章で説明します）をノートに書いてください。詳細な記述を心がけ、魔術名での署名と日付も忘れずに書き入れます。これをもって、今後クラフトで

のつながりでやり取りする全ての手紙は魔術名のもとにおこないます。

　文字に書き、声に出して発音し、音にして耳で聞くことで、新しい名前に慣れましょう。通りの向こうから誰かがこの魔術名を叫んだときに、自分が呼ばれたことにすぐ気づいて、そちらを振り向けるようにならないといけませんからね。

　あとの章（第13章）で献身の儀をおこなう方法を学びますが、これは魔術名を捧げると同時に、魔術名との間に絆を結ぶ儀式であることを覚えておいてください。

第 8 章

瞑想、視覚化(ビジュアライゼーション)、夢見(ドリーミング)の方法

　日曜になったらきちんとした格好で教会に出かけ、眠気を誘う説教を聞いて今週分も魂を救ってもらったら全てを忘れ、また1週間同じことの繰り返し。世の中にはそんな信仰もありますが、ウイッチクラフトは違います。ある程度まで研鑽を積もうと思ったら、それこそ生半可な努力では足りません。

　知るべきことが一冊に全て収められた本があり、それを手に入れて読んだなら、抱えている問題など全て消し去ってくれる一節が見つかる──ウイッチクラフトはそんな学問でもありません。

　お金を納めれば、配偶者を騙していることも、所得税の申告をごまかしていることも許される──そんな組織でもないのです（まあ、あなたの小切手を現金化する人が許したとしても、配偶者や国税庁(IRS)が大目に見てくれることはないでしょうけど）。

メンタル・プログラミング

　すばらしい成果を手に入れたければ、目的実現に向けて精神にプログラミングを施す方法を学びましょう。

　瞑想、視覚化(ビジュアライゼーション)、夢見(ドリーミング)は、閉じられたウイッチクラフトの世界を理解し、機能させる鍵です。自分の体をコンピュータのハードウェアだと考えてみてください。そこにインプットされる情報が「ソフトウェア」です。あなたからアウトプットされるもの──価値観、意見、感情などは、コンピュータのように頭の中に取り込んだアイディアや事実、データを基としてつくられます。ですから、頭の中がマイナスの事項だらけだと、あなたはもちろん、あなたに関わる

全員が負の感情や後ろ向きな意見、否定的な価値観にさらされてしまうでしょう。あなたを形づくるのはあなた自身の思考です。瞑想、視覚化、ドリーミングは、あなた個人の肉体／精神というコンピュータにプログラムを施す上でとても重要な技法なのです。

　人生を俯瞰的に眺めることは肉体的、精神的健康にとって大切ですが、ウイッチとしての能力にも必要不可欠な要素です。何をやっても満足がいかなくて落ち込んでいる、あるいは腹が立つとか、地に足が着いている心地がしないという人は、自分をあまり大事にしていないのです。どんな場合でも努力を実らせようとしたら、成功について「考え」なくてはいけません。ウイッチたちは魔術をおこなう前からよい結果が出たように振る舞い、前向きなことばかりを口にします。ウイッチの世界の 理 では、前向きな結果こそが現実にもたらされるものだからです。

ꙮ　自己啓発CDって本当に効果あるの？　ꙮ

　社会が情報とサービスの時代に入った昨今、急増しているのがセミナーやCD、DVDを通じて自己啓発プログラムを利用する人たちです。60年代、70年代に大流行した極東の瞑想や視覚化の技法は、80年代と90年代になって西洋化された技法が広まると斜陽の一途をたどりました。創 造 的 視 覚 化という技法が登場し――グルが退場したのです。

　営業マンは目標達成プログラムを聴きながら顧客のもとへ向かい、アスリートは精神集中プログラムで好成績を狙い、仕事に追われてへとへとの秘書や会計士はストレス解消CDを毎晩の眠りのお供にしています。自己啓発産業は確かに大きな資本を生み出しましたが、実際、ちゃんと効果はあるのでしょうか。

　私が初めて目標達成プログラムのカセットテープを聴いたとき、文字どおり息が止まるほどびっくりしました。著者にその意識があったかはわかりませんけれど、そこで使われている技法と哲学的価値観はクラフト的なものばかりで、なんだか『初心者のためのウイッカ』をうんと薄めたものを聴いているようだったのです――もちろん、男神と女神は登場しませんでしたけれど。

　以来、自己啓発もののカセット、CDをたくさん聴いてきました。内容に関しては玉石混淆といったところです。こういった自己啓発プログラムに効果はあるの？　ウイッチにも有用なの？　実にいい質問です。その疑問にお答えしましょう。

　その答えは「はい」しかありません！　カセットでもCDでもDVDでも、自己啓発プログラムはどんなウイッチにも大きな効果をもたらしてくれるでしょう。ただし、使用時には以下の点に気をつけないとなりません：

1. 自己啓発本やCD、プログラムに任せておきさえすれば自分の欠点が綺麗さっぱり消え失せるということはないし、成功を保証してくれるということもないので、過度に信頼しないこと。
2. プログラムの効果には個人差があります。私に効き目があった潜在意識開発CDがあなたにも有効とはかぎりません。
3. ひとつが30ドル以上もする高価なカセットやCDには手を出さないこと。試聴もせずに「セット」購入をしないこと。
4. 何回か聴いてみても心をつかまれるものがない場合、そこで終わりにすること——確信もないのに漫然とやり続けるのは時間の無駄です。商品を購入ずみなら、後日また聴き返して何か訴えるものがあるか再確認し、なければ人にあげてしまいましょう。あなたには合っていないものでも、誰かの役には立つかもしれません。
5. たいていのCDは繰り返し聴くことで効果が出るようになっていますから、そのことを忘れず、根気よく続けなければいけません。プログラムを効果的に働かせるために、30日間毎日、できれば同じ時間帯に聴き続けましょう。

　自己啓発プログラムも精神教育プログラムも取りかかりは簡単ですが、続けるのは大変です。日常というのはいつも何かしらの突発事に見舞われるもので、伯母さんの急な訪問や、配偶者や家族からの頼まれごとに時間を取られるとか、あるいは単純に睡魔に負けたせいで、毎日の習慣は簡単に狂ってしまいます。このちょっとしたつまずきが罪悪感を生み、変に片意地を張ったり、もっと悪い

と挫折につながったりすることは珍しくありません。せっかくためになること
をやっているのに、面倒な仕事を背負い込んだと考えてしまうのです。

　練習を重ねれば何ごとも完璧に近づけることはできるとはいえ、やる気がな
くて続けられなくなっても自分を責めないでください。もともと興味が持てな
いものだったのでしょう、仕方ありません。

　ちなみに、私にサブリミナルCDは合っていたようで、魔術研究に導入して
みたところ、さまざまな分野での能率アップに成功しました。CDでストレス
を取り除くとアストラル投射がずっと簡単におこなえますし、目標達成プログ
ラムを使えば普段の半分の時間で作業を終えられ、エネルギー消費も抑えられ
ます。執筆するときも目的に合ったCDを延々と流してBGMにしていました。

　万事が調子よく進んでCDを聴く必要がなくなると、ひきだしかどこかにし
まいこんだまま、その存在を忘れてしまいがちです。何ヶ月も経ってから、以
前に比べて作業がなかなか捗らないと思うこともあるのではないでしょうか。

　そんなときはCDに再登場してもらい、また１、２週間ほど聴きましょう。そ
の後もCDを片付けてしまわず、１週間に一度、それから１ヶ月に一度の頻度
で聴き続け、記録を取りながら経過観察をすることをおすすめします。

　形而上学書の専門店を経営している私の友人も、CDの恩恵にあずかっている
ひとりです。あれだけ嫌で仕方のなかった月報の編集作業が、執筆作業用CD
に出会ったおかげで気づけば全部終わっているそうです。

　うちのふたりの娘たちが自宅で学校の勉強をするときに種々のまじないに併
せて学力強化CDを使ってみたところ、30日間で下の娘は全科目でAを、上の
娘はC評価だった成績をほぼAやBに引き上げ、ふたりともほとんどの科目で
平均以上の成績を修めてその学年を修了しました。

　ところが、新学年が始まると成績はまたもとどおり。どうせ私なんかという
愚痴がふたりの口からよく出るようになったので、CDを引っ張り出して本物
の科学実験のように同じ手順を繰り返したところ、成績はまたも急上昇したの
でした。

ᘓᘓᘓ　自己宣言（アファメーション）　ᘓᘓᘓ

　人は誰もが直したいと思っている性格を持っているもの。精神的、魔術的熟練度を上げるなら、アファメーションを文字で記すのもひとつの方法です。アファメーションはいわば前向きな自己暗示で、ノートに専用のページを用意し、毎晩寝る前に叶えたいことを書き込んで自分に言い聞かせていきます。日付をそのつど入れ、1ページをいっぱいに使って少なくともふたつ以上の声明を繰り返し書き込んでいき、目標やアファメーションが成就するまで毎日続けてください。

　たとえば、私がよく受ける相談に、何でも先延ばしにしてしまう癖を直したいというものがあります。この場合は「何をするにも私は時間内に終わらせます」といった前向きな声明を書いていきます。また、はっきり「いいえ」と言えないという人もいます。言われたことを何でも受け入れてしまうのはおそらく、求められたい、必要とされたいという思いに突き動かされているせいで、これは自己評価の低さの現れといえます。ならば、「私は"いいえ"と言わなくてはいけないときがあることを知っています」とか、「私は求められ、必要とされています。私の人生は愛に満ちています」といった宣言をするといいでしょう。

　助けが必要な人、頼みごとがある人が目の前にいるのに突っぱねるのはなかなか難しいことですが、先約があるから、とシンプルに伝えて断ってもいいのです。もしできるようなら、そのときに相手の問題を解決する糸口となるようなアドバイスをしてあげましょう、そしてそのあとはもう心配しないこと。あとになってから約束を果たせないと言い出してがっかりさせるくらいなら、最初にきっぱり断ってしまったほうがずっといいのです。まあ、ここであれこれ言っている私自身、この弱点をなかなか克服できなくて苦労しているのですけどね。

　ノートではなく録音でも飛躍的な効果が得られます。繰り返し録音できるCDやカセットテープを購入し、声明を5つ書いたリストをつくって吹き込んだら、朝晩、できれば昼にも再生します。

　声明はごく一般的な事柄でなくともかまいません。たとえば：

「私は熟練の占い師。私は自分自身の腕前を信頼している。リーディングをおこなえば、質問者にどんなアドバイスをすればいいのか即座にわかる。タロットの霊が全てを教えてくれる。見知らぬ人の前でのリーディングも落ち着いたもの」

　四六時中自分の思考に耳を傾け、自分がどれだけマイナス思考のプログラミングをおこなっているか突き止める技法もあります。マイナス思考や自分で自分を追い込む考えが浮かぶたびに、斜線の入った赤丸を叩きつけて吹き飛ばしてしまうのです。自分が後ろ向きなことばかり考えているとわかったら、自分の思考を「完全にコントロール」できるまで、同じ作業を毎日ひたすらに繰り返してください。

思考のコントロールで自己改革

　ごく日常的な状況であろうとも、自分の思考をコントロールし、方向付けすることは、魔術に必要な能力です。それを短期間に発揮するには、どうすればいいのでしょうか。

　例として、去年、8歳の娘の校外学習に付き添いとして呼ばれたときの話をしましょう。先生が全部やってくれるから母親はただついていけばいいものと、このときの私は（馬鹿なことに）思っていたのです。

　ところが、バスに乗ると先生が私に名簿を渡し、こう言うではありませんか。「今日はこの子たちの担当をお願いします。バスに乗っている間に名前を覚えて、洞窟に着いたときには完璧に頭に入っているようにしてくださいね」

　反射的に頭に浮かんだのは「あーあ、もう1回やらなくちゃいけないのね」のひと言でした。実は先週末にジュニア・ガールスカウトの引率でランカスターに行ったあと、幼年団（ブラウニー）をメリーランドの動物園に連れて行って帰ってきたばかりだったのです。こういった小旅行に駆り出されたら時間を取られるだけではすまないもので、私はへとへとに疲れ切って帰ってきました。それでも、体さえそこにあれば何とかなるだろうと考えていたのですが、もちろん、それは甘い考えだったのです。

　名簿にある知った名前はうちの子だけ。「あーあ。ガールスカウトの子がひとりでもいればよかったのに」なんてため息さえ出てくる状況です。子供は大好きですが、夜のニュースで「おバカな母親、子供を洞窟で迷子に」なんてヘッドラインを見ないためにも、こういうケースでは初対面で子供の心をがっちりつかんで言うことを聞いてもらえるようにしないといけません。

　そこで、私は子供への対応を自分にプログラムして、子供に好かれるオーラをまとうことにしました。目を閉じて自己宣言を5分間おこない、子供たちをあずかる責任者としてふさわしい資質を自分にすり込んでいったのです。旅行の間、ほかの班の子たちは野生児のようなはしゃぎっぷりでしたが、私の班の子たちは始終私にくっついてまわり、すばらしい時間を過ごせました。バスの運転手が私の秘密を心底から知りたがり、子供たちにまじないをかけたんだろうとからかってきたほどです！　惜しいけど、違います——私がまじないをかけたのは自分の心にですからね！

　全ウイッチのお墨付きは望めないにしても、これは倫理的にはまったく問題のない技法です。この子供たちは私の責任下にありました。私が何より考えていたのは子供たちを守り、危険がないようにすることです。私は単純に自分の義務を果たしたにすぎません。

瞑想のエクササイズ

　最近では瞑想の方法もずいぶん多く、どのような流れでおこなうかもいろいろと違っています。その人に合ったやり方というものがありますから、ひとつ、ふたつに絞りきれるまでできるだけ試してみるといいでしょう。

　瞑想は誰にでもできるものですが、あらゆるやり方を網羅することは誰にでもできることではありません。うちの子供たちがいちばんするりと理解できたのは、「チャクラセンター」——身体における7つのエネルギー渦を色と関連付けて教える方法でした。

　この渦は身体上のある箇所に1列に並んでいるので、覚えるのは簡単です。静まり返った部屋で身じろぎせずに座っているなんて、子供たちにとってこれほ

ど退屈でイライラが溜まることはありませんから、私は瞑想時に音楽を流すようにしています。

　音楽は万国共通の言語です。その内容は数学的に分解することができますし、精神の振動だって変えられます。数式が人間や動物、植物の心に無限の「感情」を生み出せるなんて、本当にびっくりですね。

　瞑想に使う音楽には心を落ち着かせる調べ、興奮させる曲、愛に満ちた旋律など、何を選んでもかまいません。聴いていて楽しい音楽——軽快でイージーな曲を見つけるのがいちばんです。最近はCDショップのニューエイジ・ミュージックのコーナーにすてきな曲ばかり集めたものが置いてあります。最初からサブリミナルCDを使うのは避けたほうがいいでしょう。1週間の「サブリミナル禁止期間」を設けて瞑想を実践し、うまくいかなった場合だけ導入するようにしてください。

　最近の音楽が好みじゃないという人には、クラシックがいいかもしれません。瞑想中に音楽が中断されることがなければラジオもいいですが、CMやDJのおしゃべりは集中力を乱しがちですのでご注意を。

　瞑想には邪魔が入らず、ほかの用事に逼迫されることのない時間帯を選んでください。まずは10分間から始めてみて、そのあとは集中力が続くだけ瞑想時間を延ばしていきましょう。コツをつかめば場所を選ばず瞑想できるようになります。

　瞑想を始める前に、部屋は薄暗くしておきましょう——キャンドルの柔らかな光で照らされていると最高ですね。体を締めつける服は避け、座り心地のいい椅子を用意しますが、気持ちよすぎて寝入ってしまっては意味がありません。

　BGMの音量は控えめに。外界の音を遮断できるので、ヘッドホンはおすすめです。

　では、目を閉じてください。意識的に体の力を抜くことから始めます。これに決まった手順はなく、足から頭まで1箇所ずつ順々に進めていく人もいれば、数秒で全身の力を一気に抜いてしまう人もいます。体の力が抜けたら、深呼吸をしてください——4秒息を吸い、4秒吐く——これを10回ほど繰り返します。

　次に、意識を半意識状態に持ち込みます。体のどこかがかゆくなったりしても無視してください。でも、耐えようと必死になりすぎてもいけません。最終

的にはリラックスしようという意識に、体のほうが無抵抗になるでしょう。

　リラックスできたら、次は空想にふける時間です。笑うところではありませんよ！　こうあってほしいと願うことも、空想にふけることも、現実的に見れば同じこと——あなたがどこに線引きをするか、違いはそこにしかないのです。

　では、自分が青く輝く光の噴水か、滝だと想像してください。この光は頭頂から噴き出すと、体の右側に降り注いで足下をめぐり、左側を上って戻ってきます。この光の絶え間ない流れを第3の眼（鼻梁の真上、額の真ん中に位置します）で見つめます。第3の眼が完全に開眼すれば、生まれつき備わっている強力な道具を手に入れることになるでしょう。

　頭の中で映画を観ているような映像がすぐには「視え」てこなくとも、慌てる必要はありません。これには個人差があり、30日はかかる人もいれば、たった5日で視えてくる人もいます。

　焦らず気楽にいきましょう。一般社会から眉をひそめられるのを怖がって、豊かな想像力を無理に押さえつけている人は多いのですが、瞑想の世界ならどんな想像をしてもそれを知っているのはあなただけです。気にする人は誰もいませんから、その翼を大いに羽ばたかせてください。

　次のステップに進む前に噴水のエクササイズを丸1週間続けます。こうやって充分な時間を設けることで体と心が初めての経験になじみ、習慣化することを受け入れ、望む反応を示すようになるのです。エクササイズが終わるたびに、寝袋のように自分の体がジッパーで閉じられる様子を視覚化し、10から1まで数えてください。1で目を開き、完全に覚醒したことを自分に教えましょう。

　2週目も同じ手順を繰り返していきますが、今回はチャクラを開いて噴水を完成させたあとも瞑想を続けます。チャクラは回転する色とりどりの光のボール、開花するつぼみ（バラやハス）、光の螺旋などで視覚化をおこなうといいでしょう。子供たちは想像しやすいので花での視覚化が好きですね。私は意のままに色を変える光を想像しています。

　最初に、頭頂で純白の輝きを放つ光のボール（あるいは花など）の視覚化をおこなっていきます。このボールをその場から動かさず、下方向に回転させてください。このチャクラの視覚化が（子供たちは花が開くイメージで）できるようになったら、次に移ります。今度は紫色で、前述した第3の眼に位置する

チャクラです。その場で回転を始めたら、喉のチャクラに移ります。このチャクラは空のような美しい青色をしてます。その次は心臓のチャクラ、明るい緑か暖かみのあるピンク色で視覚化されるでしょう。臍に降りていくと、夏の日射しのようにまぶしい黄色のチャクラが輝きます。その真下、臍と鼠蹊部の間には夕日のオレンジ。最後の鼠蹊部にあるのは深紅色です。チャクラは両手両足にもあり、私はこの4箇所をひとまとめにし、一気に白い光球に変換してしまいます。

　3週目はいちばん難しいことに挑戦します。全てのボールを回転させたら、色を順次移し変えていくのです。このときの情景がカラフルな水がほとばしる巨大な滝や噴水のように見えることから、噴水の瞑想と呼ばれます。

　エクササイズが終わったら、自分の身長と同じ長さの巨大なジッパーを想像してください。チャクラを開けっ放しにしておくわけにはいかないので、ジッパーを閉めてチャクラも閉じます。先ほどのように10から1まで数えたら、完全に覚醒したことを自分に教え、深呼吸をします。これで瞑想の全工程のうち、第1段階が完了しました。

　このとおりにやってみてうまくいかなかったら、いったん中止して原因をいくつか考えてみましょう。まず、絶対に成功すると信じていますか。何かしらの疑念が潜在意識に影響を与えている可能性がありますから、アファメーションを書き起こしたり録音したりしてジレンマを解消してみてください。逆順で鼠蹊部のチャクラから開いていく方法も試してみましょう。

　疲れすぎていたり、気分が乗らなかったりすると、瞑想状態に入れないことがあります。人には同調しやすくなる時間帯がありますので、朝型だという人は夜間ではなく早朝に瞑想をおこなってみましょう。

　完全瞑想の目的は何かを成し遂げることにあり、一方、噴水の瞑想のような部分瞑想はチャクラのバランスを整えることとストレスの緩和を目的としています。部分瞑想を終えたあとは全身から疲れと余分な力が抜け、エネルギーが充電されたように感じることでしょう。

　エクササイズの最中に寝てしまったとしても、休息が必要だと体が教えているだけですから、気にすることはありません。ただ、頻発するようでしたら、椅子や照明、時間帯などを見直してください。おそらく、そのどこかにうたたね

をしてしまう原因が隠れているので、そこを変えてしまえば解決できるでしょう。

　瞑想のエクササイズを思いどおりにコントロールできるようになってきたら、完全瞑想について調べてみましょう。完全瞑想では目的の達成や才能の開花を可能とする創造的視覚化がおこなわれ、プログラミングのほか、潜在意識や視覚化の技法を訓練することができます。

　この時点で瞑想がまだうまくおこなえないようであれば、瞑想の下地を整えることに特化したサブリミナルCDを導入してみましょう。

魔女よ、汝自身を癒やせ

　チャクラを開く訓練をしていると、日によってほかよりも輝きが強く思える箇所、ときによって黒い点が現れる箇所に気づくことがあります。

　これは、そのチャクラがバランスを崩していることを意味しています。心配はいりません。ほんのちょっとの微調整をすればもとどおりになります。

　弱まっている渦で瞑想のエクササイズを重点的におこない、チャクラの振動レベルを高めるか、宇宙から呼び込んだ白光を付加することでバランスは整えられます。

　もうひとつ、バキュームボールで黒点を吸い込む方法を紹介しましょう。渦を巻くボールを足下に視覚化してください。このボールは巨大な掃除機のように負のエネルギーを吸い込んでしまいます。チャクラの渦に現れた黒い斑点はボールのほうにどんどん下がっていき、最終的にすっかり吸収されてしまいます。斑点が全部消えたら、バキュームボールは地面に沈めて処理してください。

　体の調子を崩しかけているときにもバキュームボールは有効です。喉が痛いなら喉のチャクラというように、患部に近いチャクラを開き、悪いものをバキュームボールで吸い取ってしまいましょう。病気の症状が肉体に現れてしまうと、バキュームボールのエクササイズ一度ではチャクラのバランスは戻らず、1日がかりで何度も繰り返さなければなるかもしれません。

　自分と他人を癒やす方法についてはあとの章（第18章）で学びます。

༺࿄ 　創造的視覚化のエクササイズ　࿄༻
<small>クリエイティブ・ビジュアライゼーション</small>

　職業や年齢などを問わず、多くの人に最近とても人気が出ているトレーニングです。自己啓発セミナーがこぞって取り入れていますが、クラフトでは必要不可欠な訓練として昔からおこなわれてきたことはおそらく知る由もないのでしょう。

　この種のマインドパワーは古くからあるものなのです。大企業はそんなことも知らずに好き勝手していますけれど、魔術民にとってはもうずっとずっと前から日常生活に取り入れているおなじみの技法であり、主流文化に似合う違う名前が与えられたにすぎません。

　創造的視覚化の核を成すのは人物、場所、物体を細部まで詳細に心に描き出す能力で、魔術と儀式の実践に欠かせないものですから、各種の才能を伸ばすためにもできるだけ練習しましょう。また、視覚化したイメージには可及的速やかに物理的形状が与えられる（あるいはそのイメージが物理的形状に影響を及ぼす）ため、ほぼ瞬間的に発動される創造的視覚化は緊急時（誰にもそんなときがあるものです）の使用にいちばん向いている技法といえます。それに、不安など、緊急時に覚える強い感情が視覚化の発動に必要な「パンチ」として働く点も、両者の親和性の高さに貢献しています。

　実は、魔術が夢ではなく現実のものとして私の人生に関わるずっと前から、この視覚化の技法のことは知っていました――その当時はどういうものかまではわからなかったのですけれど。学校の美術の授業で教わったのです（本当です！）。やり方と習得法を以下に説明していきます。

　まず、品物を3つ用意してください――機械で大量生産されたものをひとつ、自然から集めてきたものをひとつ、面白いと思ったものをひとつです。複雑な形をしているもの、細部が込み入っているものは後々の課題に取っておきます。品物は手に持ってしっくりなじむものを選びましょう。

　少なくとも20分は邪魔が入らない場所を見つけます（そろそろお察しのように、ウイッチクラフトはひとりきりになる時間をたくさん必要とします）。

　毎日はやらなくてもかまいません。とはいえ、上達したいのであれば練習あるのみです。

　このエクササイズでは絵に描く、文字に起こす、口述録音するという 3 通りの方法のどれかを使い、見たものを描写していきます。エクササイズの内容を完璧に頭に入れてから自分に合った描写法を決め、必要な道具を揃えましょう。

　絵によるスケッチか文字によるメモを選んだ人はしっかりとした台を用意し、座り心地のいい椅子に腰を据えたら、まずは自然からの採集品を手に取ります。それは葉っぱ、石、または花かもしれませんね。手に取ったものを少しだけ眺めたら目を閉じ、視覚以外の感覚を働かせて頭の中に今見たものを再現しましょう。

　目を開けたら、今度は品物を子細に観察していきます。虫になりきり（好きな昆虫を選びましょう）、視線を物品のあらゆる部分に這わせてください。実際にその虫が這いまわったら何が見えるか、虫の視線で想像し、へこみや隙間には余さず入り込み、色の変化、表面の感触を観察します。ひととおり終わったら目を閉じて、今やったことを頭の中で繰り返して物体を再現していきます——のぞき見はだめですよ。

　目を開いたらもう一度物品に視線を這わせますが、今度はスケッチやメモ、録音などで描写を記録します。描写は微に入り細をうがつように詳しいほうがプログラミングには有利に働きます。

　虫の次は鳥になります（空を飛ぶのなら、羽の生えた種の何を選んでもかまいません——ニワトリは除外されます）。虫になったときと同じことを繰り返し、物品の上を飛ぶ鳥に見えるものを想像してください。観察対象の上を何度でも旋回させ、必要な情報を集めましょう。目を閉じて鳥の視線を頭の中で再現したら、目を開けて心に思い描いた映像を記録に起こします。

　最後は目の高さからです。正面から対象を捉えられる動物になりきり、虫と鳥になったときと同じことを繰り返してください。

　3 つの視線による観察が終わったときには、内も外も、表も裏も、その物品の全てを知り尽くしていることでしょう！　私が最初に選んだのは草でした。もう 20 年以上も前の話ですし、その間訓練を欠かさずやっていたわけでもないのに、私は今でもあの草を絵に描き起こすことができるんですよ！

　では、エクササイズの最終工程に入りましょう。物品を手に持たず、もう一度目を閉じて視覚化をおこない、最初に比べてものの見方がどれだけ変わったかを確かめてください。

　初日は1種類から始めましたが、以後は3つの物品全てを対象にエクササイズをおこないます。一度では終わらせずに二度三度と繰り返すか、対象を変えて何度も練習を重ねてください。この3つが終わったら次は写真に挑戦し、最終的には人間や大きな物体を対象に、どんどん難しいものに挑戦していきましょう。

　人間を対象とした視覚化には、物理的な形状と同じく、その人のエネルギーを感じ取ることも大切です。ショッピングモールやアミューズメントパークのような人が多く集まる場所に行き、ベンチに座って通り過ぎる人たちを眺め、ひとりひとりの特徴を捉えるのにどれだけ時間がかかるか試してみましょう。まじないをおこなうにしても、儀式である目的のためにエネルギーを高めるにしても、視覚化の技術が平均以上に秀でているかどうかは重要なのです。

　物体を対象とした視覚化の次は、数字のような抽象的なものに挑戦します。最初に数字の1を思い浮かべてください。できるだけそのイメージを心に留め、焦点が外れたら次の数字、2に移ります。数字のエクササイズでは、いくつまで進んだか、どれだけの時間がかかったかを記録してください。このエクササイズはアルファベットでもおこなえ、意識的にイメージを解消するまでひとつの数字や文字に焦点を結び続ける能力を鍛えることを目的としています。

　大局的に見て、思考パターンをコントロールすることの意味とはなんでしょう。思考とは形です。ですから、思考に焦点を合わせ、物理的な形を与える能力を鍛える必要があるのです。

　ここで「精神集中（concentrate）」といわず、「焦点を合わせる（focus）」という言葉を使っていることに気づきましたか。精神集中は自身の力をめいっぱいに働かせて目的を達成することなので、使用を避けました。焦点を合わせることはカメラが被写体にフォーカスするのに似て、微かにぼやけた輪郭を明瞭に浮かび上がらせる行為であり、無理に力をかけることはありません。カメラが被写体を捉えるのに、相当無理をしていると思う人は誰もいないでしょう。

ˎˎˏ　夢見のエクササイズ　ˎˎˏ
（ドリーミング）

夢に関しては、これまでに膨大な量の研究がなされてきました。目が覚めたときに内容を覚えているかどうかはさておいて、夢は人類に共通する事象ですから、題材として魅力的なのです。夢の内容は大勢の手によって科学的に分類されてはいますが、私は以下の3タイプに分けています：

1．潜在意識が、日中にあった出来事を整理したり、顕在意識が抱えている問題をなんとかしようとして見る夢。
2．別界層、別次元にアストラル投射をおこなって見ている夢。特に意味なく楽しむだけにやっている場合もあれば、目的があってアストラル投射をおこなっている場合もあります。
3．未来に起こりうる出来事を見る予知夢。夢に自分が登場していれば、その未来は自分の力で変えることができます。ただ、接点の薄い人物がそこに関わっていたら、変えられる運命であってもその人を説得するのにだいぶ苦労するかもしれません。予知夢で見るのは現在または未来の状況に直結している過去の出来事である可能性もあります。

どのタイプであっても、夢には重要な意味があります。分類しづらい夢もありますが、そのせいで夢の時間の制御法、使用法を学ぶ機会を逸することがないようにしましょう。
（ドリームタイム）

普通、夢を扱う上で何がいちばん難しいかといえば、やはり夢の記憶を残すことです。ですが、夢を見て、その夢を思い返すのは本来なら誰にでもできること。自分に合った方法を見つけましょう。

夢を記憶するための下準備は簡単です。まず、へとへとに疲れ切った日、体調が良くない日、1日を通していつもの生活習慣から外れてしまった日以外を選びます。こういう日に見る夢も非常に興味深いのですけれど、最初はいつもどおりに過ごした日から始めましょう。

筆記用具を紐でくくりつけたメモ帳を枕もとに、ナイトテーブルには懐中電

灯などの照明器具も忘れずに用意してください。夢日記はできれば日中のうち
にナイトテーブルに置いておきます。こうしておくと、寝るときには必要なも
のにすぐに手が届いて便利ですし、必要な道具を夜ごとに揃えておく習慣も夢
を思い出しやすくするコツなのです。

　メモ書きするのがわずらわしいという人は、ボイスレコーダーなどを枕もと
に置きましょう。バッテリー残量には注意してください。

　夢の印象や、夢を見た日の前後にあったことで重要なコメントを付け加えた
いときにもレコーダーは重宝します。

　サブリミナル効果のある音楽はドリーミングを活性化させ、夢の思い出しを
助けてくれるものですが、瞑想の項でも書いたように、お金を出してサブリミ
ナル効果に頼る前に別の方法を試すことをおすすめします。

　では、本題です。目が覚めたときに必要なものが揃っているか、寝る前に確認
をすませたら、目を閉じて深呼吸をします——息を吸いながら4まで数え——
息を吐きながら4まで数え——体からゆっくりと力を抜いていき、これから見
る夢を細部まで詳しく思い出せると自分に繰り返し言い聞かせてください。意
識がぼんやりとして、ゆったりと眠りに落ちていくまでこれを続けます。

　目が覚めたらノートと（必要なら）明かりを手に取り、覚えていることをどん
どん書いていきましょう！　文法や構文やつづりなんかを気にする暇があるな
ら手を動かして！　最初のうちはぼんやり思い出すのが関の山でしょう。だっ
て、自分の秘密を自分自身に話せと命じているのです。これは当然の反応です。

　夜中に目が覚めたときも、寝直さずにその場で夢をメモします。ごろんと寝
返りを打って、朝になっても覚えているさ、と自信満々に言う人も、どうか私
の言葉を信じてください——十中八九、忘れていますから。真夜中に見る夢は
いちばん鮮明で、情報もたっぷり含んでいるのです。眠くても起き上がって記
録を取らないともったいないですよ！

　朝に思い出した夢は日中に何度かメモを読み返すと、最初に思い出した夢のか
けらがつぼみとなって段々と開いていき、鮮やかな大輪の花を咲かせるでしょ
う。頑張っても何も思い出せないときもありますが、顕在意識にも休息は必要
ですから、これも当然のことです。

　夢の思い出しは毎晩おこなわず、3日やったら2日休むのがペースとして適

当です。夢見の記録（ドリームワーク）をやりすぎると、日中に精神疲労を起こしかねません。

この方法で夢を思い出せなかったら、別の方法を試すのも手です。

たとえば、私はオーストラリアのアボリジニのやり方に倣い、黒鳥の姉妹（シスタースワン）に呼びかけてドリームタイムに入る手助けをしてもらっています。1羽の黒鳥を視覚化し、あなたの世界へ案内してくださいと呼びかけるのです。問題を解決するのに、ある動物の技能が欲しいと思ったら、内なるパワーアニマルの力を借りましょう。天使に呼びかけて助力を請うのもいい方法です。

私が夢の思い出しに挑戦した当初は、とにかくひどいありさまでした。4人の子供にひとりの夫、ひとりの親に犬1匹を抱える我が家では絶えず誰かが私を揺さぶって起こしに来るので、熟睡なんてほとんどできません。心身ともに疲労困憊、眠れるだけで感謝いっぱい、夢を見ようと見まいとどうでもよくなろうというものです。

そんな私にも、ついに解決策が見つかりました。眠りに落ちる寸前にシスタースワンに協力を求め、朝のシャワーの時間に夢を思い出す手助けをしてくれるよう頼んだのです。誰にも邪魔されない場所は我が家にはほとんどありませんが、朝のシャワーの時間なら普通であればひとりでゆったりできるはずです（普通であればという点に注意されたし）。家の中では家族がばたばた走りまわり、お皿はガチャガチャ音を立て、シリアルは飛び散るし卵は焦げる。そんな外の様子には知らんぷりを決め込んで、熱いシャワーを浴びながらリラックスできる短い時間——ひとりきりの時間です。このときに前夜見た夢のかけらをつなぎ合わせ、完成したところで夢の印象をノートに書き留めるのです。

夢見を誘うお香やキャンドルの力を借りるのもウイッチの手法のひとつです。私は火を灯したキャンドルを寝室の三面鏡の前に置いていますが、その効果は驚くほどです。

宝石と水晶もドリームタイムの強化に使われます。蛍石（フローライト）はアカシックレコードを開いて情報を引き出すのを助けてくれるといわれており、雪黒曜石（スノーフレイク・オブシディアン）を枕の下に置けば、翌朝にはその効果にびっくりすることでしょう。乾燥ハーブを自分の手で縫いつけたサテンの枕は夢の思い出しに効果を発揮し、ラベンダー、ローズマリー、それにローズの花弁は安眠をもたらします。

ᘒᘒᘒ　夢を解釈する　ᘒᘒᘒ

　夢の解釈に、私は夢辞典を使いません。夢をつくっているのは自分自身だと常々思っており、そうであれば夢の意味を説き明かすのは自分しかいないと考えているためです。本に載っている解説はあまりにも型どおりすぎて、応用しづらいというのもあります。

　夢の解釈には少し練習が必要です。大体において、潜在意識は暗号やシンボルを使って語りかけてくるので、こういったシンボルがどんな意味を持って自分に関わっているのかを学ばなくてはいけません。いよいよ夢の解釈をするとなったら、夢に出て来た人、色、出来事など、思い出したことを全て紙に書き込んでいってください。夢の解釈はいわば自分自身を相手にした単語の連想ゲームですので、あまり詳しい描写はいりません。

　たとえば、青い虎の夢を見たとします。「青」と「虎」という言葉の両方を書き、ほかにも「夜」とか「暑い」とか、思い出したことを書き出したら、その言葉を見て最初に思い浮かんだことを横に添えていきます。多くの夢はつなぎ合わせるのが難しい難解なパズルなのです。

　まったく覚えのない状況を夢に見たら、顕在意識が抱えている問題に関わる現実の演者を潜在意識が気に入らず、あなたに代わって架空のドラマをつくり上げている可能性があります。登場人物をじっくり調べてみたら、変装した自分がその中に見つかるかもしれませんよ！

　処方薬に関する注意もここでひと言。何人かの知り合いが、処方されたコデイン（鎮痛剤）を服用すると決まって血の夢を見るそうです。夢の思い出しを習得したあなたに忠告しますが、市販の風邪薬や処方薬はドリーミングに強い影響を与えます。どんなものでも薬を服用している状態では夢の思い出しや^{ドリームスケーピング}夢操作はおこなわないほうがいいでしょう。

夢操作とは
<small>ドリームスケーピング</small>

　ドリームスケーピングは基本的に夢を見ている状態で夢を操る能力のことで、スティーブン・キングたち数人の現代作家が一般社会に持ち込んだ実体験です。

　もしも顕在意識で解決策が見つからない問題を抱えているなら、眠る前にプログラミングを施しておくと夢の中で難題が解決され、いちばんいい代替案が提示されます。同じように、あなたが知りたいと思っている情報を何らかの理由で隠している人がいるなら、ドリームスケーピングを通じて知ることもできます。

　最終的にこの能力で、夢を見ていると自覚しながら夢を見ている場合に、夢の情景を操って自分が望む展開に変えられるようになります。

　タロットカードとルーンはドリームワークに優れた効果を発揮します。個人的な発見ですが、ルーンはドリームタイムにいる間に無意識への扉を開けるすばらしい鍵として働くようです。

まとめ

　メンタルプログラミング、瞑想、視覚化、ドリーミング——心身のバランスがとれた健やかな生活を送ることと同じく、どれもが魔術や儀式をおこなう上で欠かせない要素です。

　技能別に研究ノートをまとめてしまうと、ノートが分散して結構なストレスになりますから、3穴バインダーノートで項目ごとに区切って使うと便利ですよ。魔術に関するほかの訓練法と同じく、おりに触れてノートを見直し、自分の成長を確認しましょう。特に夢に関することは、あとあとになってから大局的な意味を持つようになるかもしれません。

第9章
聖なる場所をつくる

聖所の条件

　聖所や聖なる空間に関する記事を今までに多数読んだり書いたりしてきたのですが、どれも聖所にはどんな道具を備えるかといったようなことばかりで、場所の選び方についてはほとんど触れられていないのが現状です。魔術をおこなう場であれ、交信に使うだけの場であれ、不安なく過ごせる場所を選ばなくてはいけません。何かが起きたときに自分以外に頼る相手がいないソロのウイッチには、聖所が安心できる場であることがとてつもなく重要なのです。

　たとえば、儀式の最中に何かが物理的なしるしとして顕れたとき。ソロのウイッチのまわりには弱々しく笑いかけてくる人も、あなたと同じ気持ちよと言ってくる人も、気持ちを共有できる相手は誰もいません。物知り顔でうなずいて、後日改めてそのことについて論じてくれる女司祭長も司祭長もいないのです。

　「限界を生み出しているのは、限界の話をしている君自身だ」とは、リチャード・バックの小説にある言葉です。私たちは自分で精神的な境界線を引いて、起きていいこと悪いこと、経験していいことだめなことを区別し、現実に存在していいことも各人で決めています。

　私にとってはペンシルベニア州ゲティスバーグの街と周辺地域の話がその良い例です。ゲティスバーグには戦没者が眠る歴史的な墓地があります。昔から車で1時間もかからない場所に住んでいたので、学校行事やガールスカウトの活動、家族旅行などで何度も足を運んでいますし、ハネムーン・アドベンチャーでも行ったほど、私にはなじみ深い場所です。

　私にとって、ここは来るたびに新しい発見をする場所です。3年以上前に最後に訪れたときは、実に得難い経験をしました。理由は簡単、私自身の能力が

変化することで感知できる存在を分ける境界線もまた変化し、幽霊を視ること、エネルギーの存在を肌で感じることができるようになったからです。今の私にゲティスバーグは昔とはまったく違う場所に見えています。

　映画が与える影響はとかく強いもので、特にホラー映画のワンシーンなどは強烈なインパクトとともに心の奥底にしまいこまれてしまいます。家でひとりきりで儀式をおこなっているとき、不意にそんな記憶を呼び起こすような超自然的な出来事に出くわしたら、腰を抜かすことは請け合いです。魔術を失敗させないためにも、聖所は安心して身をゆだねられる環境でなくてはいけません。

　聖所や聖なる空間は祭壇を立てて儀式をおこなうだけ、あるいは単に宇宙との交信をおこなうだけの場所ではありません。術者自身、宇宙に偏在する大いなる力、または、人間の意識に刻まれた凄惨な出来事（戦場など）からつくり出されるパワーセンターなのです。聖所は敬意を捧げる場所であると同時に、敬意を払われる場所でもあります――作業場として使われていても、瞑想用の聖域であっても、そこに変わりはありません。クラフトは制限のない世界です。そんな世界に身を置く以上、何が起きてもおかしくはないのですから、そのことをきちんと理解してクラフトと向き合ってください。そうすれば、あなたが身につけた経験と教訓がきっと無限に向かって手を伸ばすでしょう。

　たとえば、私の親友はウイッチではありませんが、形而上学と宗教に関することならあらゆる題材を勉強している人間です。ある日、その彼女が藪から棒にこんなことを言い出しました。「私が死んだら、私の場所に座って私と話をして。コーヒーテーブルの正面が私のパワーセンターだから。あそこが私の定位置なの。ほかに方法が見つからなくても、あそこからなら私にコンタクトできるからね」もちろん、私はその言葉を信じています。

物理的空間

　物理的な聖域には周囲を壁で囲まれた閉鎖空間と、自然に囲まれた野外環境の2種があります。両方とも前提条件として他者から干渉されない場所であることが必須ですが、これは単に邪魔が入ると焦点が合わせられなくなり、失敗

の原因になりうるからです。魔術、儀式、瞑想を成功させる上で注意力の保持
は不可欠で、散漫になって集中できないことは失敗に通じます。

　同居人がいて、干渉を受けない場所をまだ確保できていない人は、将来的に
問題が起きる前にこの件について話し合っておきましょう。いざ魔術を執りお
こなわんというときに、何か「面白い」ことをやっていると勘違いして邪魔し
に来られるのは本当に迷惑です。

　同居人がクラフトに関心のない大人の場合、聖なる空間とそこに置いてある
ものは大事だからそっとしておいてほしいという頼みごとが深刻な論争に発展
する可能性がありますので気をつけましょう。

　干渉を受けない場所をどれだけ確保し、どんな道具を揃えるかは自由に決め
ていいことですが、その選択が聖所の大きさと使い方の両方に直結します。常
設にするか、そのつど組み立てる仮設とするかが決まるのもこの時点です。ク
ラフトに対して本気で取り組むようになれば、実践する権利もそれだけ大事に
するようになりますから、その点も考慮しないといけないでしょう。

〜〜〜　屋内の聖所　〜〜〜

　ウイッチには作業をし、神を祀るための場所が必要です。なので、そのための
場所を選んで聖なる空間としてデザインし、材料を揃えて物理的に設置し、浄
化と聖別を施すという下準備がウイッチとして初めて手がける大仕事になるで
しょう。聖なる空間は献身の誓いを捧げるときまでに用意をすませ、きちんと
使えるようにしておいてください。

　独り暮しをしていて屋内に聖所を構えている場合は、お客さんが来たときは
部屋の扉を閉めるだけで面倒を避けられるのでいいのですが、クラフトの世界
に強く没入するようになると、何でもかんでも鍵をかけて隠してしまうことが
嫌になってきます。それは、自身が信仰し、取り組んでいることに対する崇敬
の念や、自分がこれまで成し遂げてきたことに対する誇りがわき上がってくる
ためで、ごく自然な成り行きといえます。

　クラフトの外の世界への対処法は本書の後半で本格的に論じてはいるものの、

これから聖所をつくろうという今このときにも、真剣に考えておく必要がある問題です。私が思うに、自分が選んだ信仰のシステムをきちんと理解しておらず、生半可な知識しか身についていない状態では、クラフトへの入信を外の人の前で話題にすべきではないでしょう。

最近ではお遊びでクラフトをたしなむようなお気軽ウイッチが増えていますが、2、3年でこの世界から去っていく人たちがほとんどです。大した知識もないのにひけらかして痛い目に遭ったり、他人にひどい迷惑をかけたりして挫折を味わうのがちょうどその時期なのですね。

普遍的な祝祭を奉じる選択をしたのはいいけれど、まわりの理解が得られそうにないと思っている人には仮設式の聖所をおすすめします。皆が寝静まったあとにセットし、朝になる前に片付けてしまう方法です。

ただ、仮設だと魔術具を開けた場所に放置しておくまじないができないという難点はあります。でも、新米のウイッチにはまず無縁な術ですので、作業場や聖所を仮設方式にしても特に問題はないと思います。

スペースの問題と家族がいる関係で、私は初代の聖所に仮設式を選びました。裁縫台を祭壇に仕立て、邪魔の入らない真夜中を待ってベッドの上に広げたものです。同居人の目を盗んでおこなえと言っているわけではありません。心底から真剣に取り組んでいるなら、どんな障害があろうと必ず道が見つかります。それをどうか知っておいてほしいのです。

自分だけの聖所をつくることは計画と行動によるシンフォニーを奏でることです。あなたが持つ正のエネルギーは宇宙のエネルギーと溶け合ってこの場所を美しい調べで満たし、あなたを癒やす安息所としてくれるでしょう——そしていつかはあなただけでなく、ほかの人も癒やす場所になるでしょう。

聖なる空間をデザインする

屋内での作業には（リラクセーションにも）、生活圏にある静かで人の行き来のない場所を選びます。ひと部屋丸々、自分の好きなように使ってもかまわない空き部屋があれば最高ですが、誰もがそんな幸運にあずかれるわけもなく、

ほとんどの人がかぎられた空間で工夫をしないといけません。自由に動きまわれるだけの広さがあるか、癒やしやビジョンクエストをおこなうのであれば寝そべる場所があるかに留意して、聖なる空間に使う場所を選びましょう。

　あらゆることに創造性を発揮するのがソロのウイッチの特性とはいえ、聖なる空間を築くために高いお金を払って環境を整える必要はありません。戸棚、部屋の隅、屋根裏や地下室（こういう場所にいると聞こえてくる「ガタリ」という謎の物音が気にならなければ）で充分です。

　場所選びが終わっても、考えるべきことはまだまだあります。たとえば、魔術に使う道具や材料、本、ファイルの収納場所です。こういった品は緊急で必要になったときに走って取りに行かなくてもすむように、聖なる空間のすぐ手近に揃えておきたいものです。「そなえよつねに」はおなじみガールスカウトのモットーですが、ウイッチの座右の銘としてもぴったりでしょう！

　儀式や祝祭の準備のたびに家の中で大荷物を大移動させるのは、時間とエネルギーの無駄でしかありません。それに、魔術的努力を試みている最中に忘れ物に気付いて気を散らすことは女神もお許しになりません。ライターか何か、必要な道具を鍵のかかっている地下室に置いてきて、さらに悪いことにその鍵は今いる寝室を出て台所に移動し、冷蔵庫上の収納のてっぺんの棚から取ってこなければならない……なんてことが気になり出したら、焦点に穴が空いてしまうのは間違いありませんからね！（ライターを忘れる人が多いようなので、ここで役に立つ知恵をひとつ。祭壇の下にテープで貼りつけておくと便利です）

　植物も聖なる空間にはぜひ備えておきたいアイテムです。棚に置いたり、天上から吊るしたりするといいでしょう。

　次は照明です。キャンドルの光では暗すぎますか。ワット数の低い電球のほうがいいでしょうか。何の質問かとお思いでしょうが、キャンドルの明かりがあったとしても、あまり暗いと体がすくんで動けなくなってしまう人もいるので、そのための確認です。暗闇が怖くても恥ずかしく思う必要はありません。明かりが暗すぎるせいで、リビングの隅に置いてある帽子かけが儀式の最中に恐ろしい悪魔の姿に変貌してしまっては大変です。戸棚から何かが飛び出してくるんじゃないか、ベッドの下から手が伸びてきて足をつかまれたらどうしようと不安に思っている人は、低ワットの電球で対処しましょう！

　そのほか、大きな円柱型（ピラー）キャンドルを部屋のあちこちに立てたり、風防付き
ランプを壁にかけるかテーブルに置く、安定感のある床置き用の燭台に 1 メー
トル超の先細（テーパー）キャンドルを据える方法もあります。キャンドルやランプに何個
も火をつけるなら、消火器や水の入ったバケツを手もとに用意しておきましょ
う。倒したり、近寄りすぎて髪の毛に燃え移ったりする危険があります。

　持ち運びできるついたては屋内でも屋外でも目隠しに使えるので、購入する
なり自作するなりして利用してみましょう。いちいち片付けずにそのままにし
ておきたいけれど、魔術を解さない人からは隠しておきたい、という場合に便
利です。裏表でデザインを変えれば、魔術的意匠を施した面を聖所に向け、逆
側を部屋やパティオの雰囲気に合わせた使い方ができます。

　また、窓にブラインドがついているなら、工夫ひとつで日常的な部屋の雰囲
気を一気に魔術的なものに変えることができます。内側にデザインを施して普
段は巻き上げておけば、引き下ろすだけで外からの視線を遮れるし、聖なる空
間もつくり出せるというわけです。

　聖なる空間をつくり出すひとつのステップとして、部屋を塗り直してもいい
でしょう。全面を優しい色合いで塗るもよし、思いきり派手にするもよし。ス
テンシルで模様をプリントし、日常と魔の空間を分ける境界線をつくるのもお
すすめです。我が家の台所とダイニングの壁には黒猫が並んでいます。リビン
グ用に狼の図柄もつくったのですが、こちらの完成は──いつかそのうちに！

　では、ノートを出して、魔術のためのあなただけの空間をデザインしていき
ましょう。どんな部屋にしたいかアイディアを書き出し、大きくリフォームし
たい点、棚や収納、ブラインド、照明など、アイディアを形にするために欲し
いものは何でもリストに加えていってください。今はまだ「そのとおり」であ
る必要はありません。あなたの空間はあなたと一緒に成長し、あなたの変化に
合わせて一緒に変化するものですから。

　エネルギーは生成された場に残留するため（浴室で宇宙との交信をおこなっ
たら、宇宙と結びついた痕跡が浴室に残るでしょう）、術がけを繰り返すことで
あなたの聖なる場所は正のエネルギーを帯びていき、やがては特別なアイテム
がなくともそのエネルギーを利用できるようになります。

✑✑✑　屋外の聖所　✑✑✑

　天候が許せばという条件付きになりますが、屋外での活動が好きな人には完全にひとりきりになれる場所を外に見つけることをおすすめします。とはいえ、魔術に理解のあるご近所に恵まれているとはかぎりませんから、言うほど簡単なことではありません。そこで、外から見えないように庭木や灌木、塀で囲った庭をつくってみるのはどうでしょう。ツタは網状のフェンスに這わせれば目隠しになりますし、噴水やベンチを置いたり、端っこにハーブ園をつくったりもできますよ。

　現在、我が家では屋外用の聖域づくりが進行中です。石のベンチを置き、噴水と自然風の小さな池をつくったら、家族だけでゆったり過ごせるように壁で囲って暖炉を構えた場所を設け、祝祭やまじないなどの作業に使う予定です。

　デザインを起こして形にし、維持するというふたつの点で、屋外に聖域をつくることは数年がかりの大変な作業です。ささやかな規模で始め、季節ごとに段々拡張していきましょう。きちんと整備しようと思ったらとんでもなくお金がかかる上、調べ物もたくさんしなくてはいけません。植物の魔術的特性について調べるのはもちろんのこと、土地の性質、手入れに必要な道具、そこの気候に合った植物などについても勉強します。植物園やカントリーマーケットに足繁く通うことは当然必要な作業ですし、図書館にも何度か足を運ばなくてはいけません。

　屋外の場所を一時的に聖域として使うなら、面倒なことはいっさいありません。近所の公園や森などに散歩に行くだけでいいのです。こういった場所は宇宙との交信をおこなっている間に無防備になっているあなたを喜んで守ってくれますが、その場合、守ってくれるよう先に頼んでおかないといけませんよ。

✑✑✑　力の心臓部：祭壇　✑✑✑

人の姿形はそれぞれ皆違っているのですから、祭壇もやはり自分だけの個性

を発揮したものにするべきでしょう。ひと口に祭壇といってもいろいろ種類があり、卓上型、壁祭壇、二叉杖 (訳注：二または三叉の杖。縦型祭壇や歩行杖、男神の象徴など、多様な使い方がされる) の3種が主流です。祭壇の機能は以下のとおり：

1. 術者の力の集約を助けます。なので、祭壇には不必要な物を置かず、はっきりとした使用目的がある物だけを載せるようにしましょう。祭壇を使用していないときは神々への崇敬の念を表すために飾りつけてもかまいませんが、散らかしてはいけません。

2. 職人が使うような本格的な作業台に。作業台として使うなら、道具やタリスマンを作成するときに不便を感じないだけの広さがあるものにしましょう。

3. 肉体がその場になくとも、宇宙と信仰とを称える場となります。

卓上祭壇

　卓上祭壇の物理的構造はどんなものでもかまいません。コーヒーテーブル、化粧台、コンクリートブロックに渡した2枚の板、机、パソコンデスク、ウイッチたちは何でも使っています。木工が得意なら、手づくりもいいでしょう。

　祭壇は常設にしても持ち運びできるものにしてもいいですし、使いやすければ大きさにも決まりはありません。今は省スペーステーブルというのも売られています。天板の両端を折り畳むと幅60cmまで小さくなり、ほとんどに車輪がついているので移動が楽な上、場所を取らずに収納できます。

　魔術作業台としての用途を考えている人は、祭壇の上は不便なく使えるだけの広さがあるようにしておきましょう。作業中に手もとを照らしておくため、両側にキャンドルやランプを置く場所が充分に取れることも必要です。

　祭壇を常設にするなら、いちいち動かさずにすむよう、ランプやキャンドルは置いたままにしておきたいですね。いつ何時、誰が助けを求めてくるかわかりませんもの。

　祭壇には魔術的シンボルやデザインを刻んだり、ウッドバーニング用の電熱ペンで焼きつけ、さまざまな色で彩色したりしてもすてきです。

　北または東の方角に祭壇の向きを合わせているウイッチもいますが、絶対に

守らなくてはいけないルールではありません。祭壇の周囲に魔法円を構築すると術者は違う次元に入るので、東西南北は物質世界における基準点でしかなくなります。

壁祭壇

　我が家には作業用の卓上祭壇と壁祭壇のふたつがあります。作業用は私が個人で使っているもので、壁祭壇は家族全員で楽しむためにあるものです。

　壁祭壇は普通、棚や壁をくり抜いてつくったような飾り棚やアルコーブを利用してつくります。我が家では扉から窓までの壁一面を使って祭壇にしています。ステンシルで模様をプリントし、いろいろなもの（ほうき、絡み合う男神と女神の絵を入れた額、ブドウのつるを編み込んでペンタクルの形にした大きなリースなど）をかけているほか、二重ガラスの棚を２段取りつけ、宝石や石、自然からの贈り物、ベル、ウイッチとハイ・プリースティスの姿をかたどった白鑞の小像を飾っています。

　庭で集めたもの、ハイキングで拾ってきたもの、クラフトの祭日でお互いに買ってきた贈り物など、祭壇に飾ってあるのはどれも家族にとって大切な品ばかりです。

　リビングにも小さな祭壇があって、そこに石を積んでつくったピラミッドを置いてあるのですが、大人たちは部屋に出入りするたびにそのピラミッドを触っていきます。暖炉の上にもキャンドルやランプ、絵画、自然からの採集品、仮面などが飾られ、ここも祭壇のように使われています。

　壁祭壇は手間をかけずにつくれますから、手芸用品店に行って飾り木棚を探してみましょう。未塗装の白木のものが買えますので、部屋に合うように自分で好きに仕上げることができます。

二叉杖（または縦型祭壇）

　通例、住んでいる地域に多く生えている木を材料としてつくります。地域に生えている木の魔術的特性を調べ、いちばんいいと思うものを選びましょう。

　我が家のスタングは、偶然のおかげで５代前から受け継がれた由緒正しきピッチフォークです。家族のもとに戻ってきたのは幸運のなせるわざでしかないと

いう一品で、その経緯についてお話しましょう。私たち家族は、会ったことの
ない大叔父のものだった家を購入し、住むことになりました。地下室を掃除し
ていると 1 本のピッチフォークが見つかりました。どういういわれのものか調
べてみると、その昔、華やかに飾られ、金色に塗られ、曾々祖父と一緒に何年
も収穫祭のパレードの先頭を飾っていたピッチフォークだったことがわかった
のです――余談ながら、この曾々祖父という人は収穫祭の週末の間に野原にテ
ントを張り、街の人たちのホロスコープをつくって運勢を見ていたそうです。

　祭壇としてスタングを使うときは、魔法円の入り口を守るように、円の外の
地面に垂直に立てます。次の祝祭の季節に合わせてスタングに装飾する人は多
く、男神を表すとしてスタングの使用を 1 本に限定するトラディションもあり
ます。1 本のキャンドルを「2 本の角の間」に置くか、ピッチフォークの真ん
中の歯に刺し、その下に仮面や花輪、トラディションによっては交差した矢を
配置します。2 本のスタングまたはピッチフォークで男神と女神が表されます。

　儀式目的に限定し、スタングの足下に小さなテーブルを置いて、お皿に載せ
たケーキを供えてもかまいません。

祭壇用品

　祭壇に置く道具とその配置は季節や祝祭、その他、必要に応じて交換します。
特別な道具や飾り付けはほかから集めてきたり、自分で手づくりしたりして年
単位で揃えていきましょう。その過程で、儀式に使う道具がそれぞれ決まって
いきますし、捨てるもの、人にあげるものも出てくるでしょう。

　まずは祭壇布を選びましょう。祭壇の上をすっかり覆えるほどの大きさがあ
れば、色や模様は問いません。私は黒一色のベルベットやサテン地からブラン
ドもののシーツまで、何でも祭壇布にしてしまいます！　いろいろな作業のこ
とを考えると、黒や青、深緑のような色無地が無難です。季節の祝祭や儀式用
には、気分を盛り上げるような色柄物を私は使っています。

　祭壇布の上には作業用のカバーをかけることをおすすめします。これはひと
まわり小さなものを選び、いろいろな作業や儀式をおこなうのだから、汚れて
もいいものだということを忘れないようにしましょう。ハーブおよびインクの
調合、その他魔術道具の作成は祭壇布を汚す作業です。大金を注ぎ込んだすて

きな祭壇布を「おっと！」のひと言で台なしにしたくはありませんよね。

　キャンドルホルダーは溶けた蠟をこぼさないだけの大きさがあり、祭壇に体がぶつかっても簡単に倒れることがないよう座りのしっかりとしたものを選びましょう。もしもお気に入りのキャンドルホルダーが溶けた蠟をこぼしまくるものだとしても、キャンドルスカート（小さなリングを連ねた小物で、キャンドルにはかせて垂れた蠟を受け止めます）を購入すれば手放さずにすみますよ。

　私が照明器具に常用しているのは白いピラーキャンドルか風防付きランプですが、祝祭のときにはピラーキャンドルの色を季節に合ったものに変えて使っています。ピラーキャンドルは高価なものが多いので、燃やすときは手もとに大きなテーブルスプーンを置いておき、芯が埋まらないよう溜まった蠟をすくい出すようにするとかなり長持ちさせることができます。キャンドルの色、使用法については、あとの章（第17章）でもっと詳しく紹介しています。

　照明関連で最近流行っているのがオイルキャンドルです。形のすてきな透明ガラスの器に灯心を差し込んだもので、古代の寺院で捧げられた灯明に似ています。この小さなランプは照明として使えるだけでなく魔術的効果も併せ持っていることから、伝統を重んじるウイッチが多く愛用しています。オイルはさまざまな色から選べ、この明かりで魔術的な作業をすると、著しい効果が得られるでしょう。

　ほとんどのウイッチの祭壇には神（あるいは神々）を表すオブジェが、本人の内に住まうパワーアニマルの絵や像と一緒に飾ってあります。祭壇に祀る神の姿は像や絵画のような肖像にかぎらず、特定の色彩を帯びたキャンドルや宝石でも表すことができます。

　祭壇にはお香立て、聖水、カップか聖杯（チャリス）、ペンタクルの置き場所もつくっておきましょう。ペンタクルは祭壇中央が定位置ですが、マットの上で作業する場合は奥のほうに置いてください。

　また、祭壇には同じデザインで白と黒の色違いの品を揃えておくといいでしょう。片方が追い返しを、もう片方が引き寄せを司り、万物のバランスを表すのに使うのですが、この宇宙の法則をキャンドルで表現するウイッチもいます。

　では、ノートを出し、新しいページの最上段に「私の祭壇」と書き、以下の質問に回答していってください：

　１．祭壇の形式をどうするか。自作か、購入か、家にあるものを利用するか。
　２．祭壇の置き場所をどこにするか。家の中か、外か。どの部屋か、または
　　　隅か、など。
　３．祭壇布には何を使うか。
　４．祭壇使用時の照明は。
　５．祭壇に置く道具は。何を飾って神々の肖像とするか。

　いろいろなものを自作しようと考えているなら、必要だと思う品をリストに
書き出すことから始めましょう。

　補足：大金を注ぎ込んで頑張らなくとも、すてきな祭壇はつくれます。地元の
　　　　フリーマーケットやガレッジセールに足を運び、生地屋のアウトレッ
　　　　トなどを探してみましょう。クラフトで物を言うのはお金ではありま
　　　　せん。権力や支持を手に入れたくとも、クラフトではお金に何の力も
　　　　ないことを覚えておいてください。

～　まとめ　～

　実用性や装飾性の面で、魔術に彩られた生活をよりよいものにしてくれる品々
については語ることが多く、本が一冊書けるほどです。道具を自作したり探し
たりして用意すること、聖なる空間を自分好みにデザインすることなどはやは
りクラフトの醍醐味といえるでしょう。
　しかし、空間づくりがいくら楽しくても、趣味の部屋をつくっているような
遊び感覚で捉えてはいけません。聖所は癒やしとつながりというふたつの目的
を持つ、正の思考を育むための空間ですから、負の思考の持ち込みは厳禁です。
その点への理解がない人がこの場に足を踏み入れることがないよう気をつけて
ください。

第10章
魔術戸棚をいっぱいに

保管場所を選ぼう

　魔術道具や小物の管理をおろそかにすると、どんな魔術もうまくいかないもの。負のエネルギーをため込んだ人間が道具に触れると魔術具としての性能が低下してしまい、ひどいときは機能をすっかり失って再び浄化と聖別を施さなければならなくなります。信頼する友人だから、小さな子供だから……そんな事情に関係なく、術具は相手の感情とエネルギー（どちらも本質は波動です）を吸い取ってしまうのです。我が家には小さな子供たちがいます。いたずらをしないように（子供たちは私の宝物が大好きなのです）、私は鍵をかけられる魔術用品専用の戸棚を用意して、術具を全部そこにしまっています。人も動物も、魔術の道具を見れば本能的に触りたくなるということを覚えておきましょう。その中にこめられた正のエネルギーに、磁石のように惹きつけられてしまうのですね。

　必要なものがすぐ取り出せるような、魔術道具と小物を全部収納できる場所をつくりましょう。白木のものや紙を圧縮してつくった軽量なプレスボード素材なら、かなり安い値段で手に入れることができます。

　私の魔術戸棚は私より背が高く、上半分が両開き戸、下半分がひきだしになっています。本来なら衣装戸棚として寝室に置かれるものを利用しました。

　目的のものを探して引っかきまわしているうちに、中身がぐちゃぐちゃになってしまいますから、箱に収納することはおすすめしません。どうしても使うなら衣類用の大きなものを用意し、中身を書いた札をそれぞれの箱に貼っておきましょう。中身を入れ替えたら、札もそのつど書き換えます。

๑๑ ๑　戸棚に詰めよう　๑ ๑๑

　魔術に関する品を買ったり、交換したり、「ちょっとすてきな感じ」に自分で
つくったり。ウイッチクラフトのいちばんの楽しさはそういうところにあるも
のです。でも、そういった品々の価値も意味もわからずに、ただ集めているよ
うではいけません。魔術をおこなうのは道具でも小物でもありません。思念に
形を与える力は魔術道具にはないからです。いみじくもニューヨークの著名な
る魔女、マリオン・ワインスタインが「ウイッチこそが魔法なり」と言うとお
り、魔術道具と小物類はあなたの能力を高めこそすれ、つくり出すことはない
のです。

　その好例が水晶です。魔術的性質を持つこの石の神秘を解き明かした人類は
ほとんどいません。古代の言い伝えを信じるならば、この宝石はまだまだ底知
れぬ力を秘めており、魔術的用途ですらその能力を活かし切れていないのが現
状です。この水晶の力を十二分に引き出すためには、術者が水晶とつながる方
法を学ばなくてはいけません。

　つながった水晶には術者自身のエネルギーが通い、術者の一部になります。戸
棚にぽつんと置きっぱなしにされた水晶の力だけでは、お隣のお嬢さんを癒や
すことはできません。水晶と術者のエネルギーがきちんと通い合うようにする
には、術者の力が必要なのです。

　トラディションやパンテオンによっては特別な道具を必要としているところ
もありますが、新世代のウイッチの間ではキャンドル、棒杖（ワンド）、チャリス、ペン
タクル、お香がほぼ標準的な道具として使われています。

　道具、小物類に関するガイドラインは簡潔ながら、ないがしろにしてはいけ
ないことばかりです：

1．使用する道具と小物は（装飾品であっても）前もって浄化と聖別をすま
　　せておくこと。自作したもの、人からもらったもの、購入したもの全て
　　が対象で、例外はありません。
2．道具および小物類は魔術もしくは祭礼以外の目的で使用しないこと。

3.　他人の道具や小物類に触れるときは必ず持ち主の許可を得ること。同様
　　に、自分のエネルギーに相乗効果をもたらす相手だという絶対的な確信
　　がないかぎり、自分の術具に他人の指一本触れさせてはいけません。タ
　　ロットカードなど、質問者のエネルギーを必要とする占術具だけは例外
　　ですが、それでもやはり特別に指定された浄化法があります。

　ヘルスケア関係の職業では汚染を防いで清潔さを維持することが最優先事項
とされるのはいうまでもありませんね。道具や小物類も同様で、術具のエネル
ギーを汚染から守らなくてはならないのです。

　魔術はお遊びではありません。あなたが使う術具もやはりあなたの一部であ
り、長く使っているうちにエネルギーがたまっていきます。ある程度の時間が
経ったあとで術具に触ってみると手に訴えてくるチリチリとした感触があるの
で、それがわかるはずです。

　私の水晶玉には〈歌う娘〉という名前がついています。術具が歌うように振
動することに初めて気づかせてくれたのが彼女だったのです。触覚によるこう
いった認識はある日突然訪れるものではなく、いつの間にか手もとを見ずにタ
イピングできるようになっているのと同じように、時間とともに培われていく
ものです。使用頻度や用途、素材といった理由で、際立って強い振動を示すも
のも出てくるでしょう。

　人からもらったり、購入したりして新しく迎え入れた魔術道具には必ず浄化
と聖別を施してください。浄化を施すことで陰の気の残滓を取り除き、聖別を
施すことで男神や女神、パンテオンに属するほかの神から引き出される正のエ
ネルギーを付与し、術具に明確な目的を与えます。この技法は次章で詳しく解
説します。

　魔術戸棚の管理で気をつけたいのは在庫切れが起きないようにすることと、財
布が空っぽになるほど高価な品を購入（または注文）しないようにすることで
す。散財せずとも、コレクションは工夫次第でいくらでも充実させることがで
きます。自分で乾燥させたハーブとか、交流のある兄弟姉妹から贈られた羽根。
そういう何の変哲もないものが、1ヶ月の肉なしスパゲッティ生活で捻出した
75ドルで手に入れた長さたったの10cmで握り心地のしっくりこないワンドより、

よほど強力だったりするものです。

　儀式に使う道具をつくるときに大切なのは、エネルギーと思考を作業に集中させること。それにより、魔術の半分は完成していると、ネイティブアメリカンは考えます。私の見解もそれに近しいものです。

標準的な魔術道具

ワンド［Wand］

　対象とする場所、物体、人物、次元に対して術者のエネルギーを投射する道具です。木製か、術者のエネルギーの流出を防ぐために革を巻いて絶縁した銅でつくられます（銅はすぐれた伝導体なのです）。

　木製のワンドをつくる場合、材料にはお住まいの地域に自生している木を使いましょう。地域に生えている樹木の魔術的特性を調べて、最適なものを選んでください。土地に根ざした木を使うことで、あなたのエネルギーはあなたを取り巻く土地のエネルギーと一致します。土地のエネルギーパターンが持つ周波数は場所によって違い、地域に自生する木でワンドを作成すれば、あなたが暮らしている土地と調和し続けることができるでしょう。

　生きている木から枝をもらうときは、無闇に切ってくるような行為は避けてください。木によって剪定時期が違うので、まずはそこを調べることから始めます。わからなければ、地元の種苗店などに電話で訊いてみてください。オークやメイプルを始め、秋に剪定をおこなう種は多いので、祝祭に合わせてワンド用の木を採取するなら、ハロウィーンかサウィンにおこなうといいでしょう。ただし、モモやリンゴといった果樹の剪定はもっと寒くなってから、私が住んでいる土地では葉が全て落ちてからおこなわれます。ワンドに使用する木を特別な時期に採取する習慣は往時の古代宗教に端を発し、信徒は果樹のワンドをユールの真夜中に切り出していました。ペンシルベニアのパウワウでも、癒やしに使うワンドはクリスマスの夜に採取したものにかぎるとされています。

　ワンドの材料を伐採するときは木に許可を求めるか、枝をもらう理由をきちんと木に説明してください。長さは30cmから45cmほど、なるべくまっすぐで、

扱いやすい重さのものが理想です。枝を物理的に切断したら、必ずオーラも切断し、木の根もとにお礼の品を置いていってください。

　私のワンドはどれも水晶で先端を飾っていますが、松かさや男根像に似た瘤が先端飾りになっているものも見たことがあります。いちばんよく使うのはマイケル・G・スミスの著書『Crystal Power』を参考に父と協力してつくったものです。また別の１本、サクラの木からつくられたと聞いているワンドにも〈ヘビー・ザッパー〉という名前をつけて大切にしています。これは、私にとって誰よりも特別なウイッチからの贈り物ですし、ウイッチからウイッチへと受け継がれてきた由緒あるワンドでもあります。それだけでも特別な逸品なのですけれど、このワンドは空中で衝突して絶命したハヤブサとカラスの羽根で飾られているんですよ。

　革と銅を組み合わせたワンドは魔術と癒やし全般に、ザッパーは物ごとを素早く動かしたいときに使っています。古より、ワンドにはコミュニケーションと仕事上の問題を助ける力があるとされてきました。ですから、ビジネスやコミュニケーションに関わる状況で、アサメイとワンドのどちらを使おうか迷っているときは、ワンドを選ぶといいでしょう。

ほうき［Broom (Bossume, Bossom, Besom)］

　装飾、魔術、儀式に使用されるほうきには負のエネルギーを掃き出す効果があり、「ほうき跳び」は婚姻の儀や５月祭／ベルテーンの祝祭、子供の行事にも取り入れられます。基本的に女性のウイッチを象徴し、ドリームタイムに旅をするときの乗り物をも表します。

　ほうきは精霊などの霊的存在が一時的に宿る器にできるため、自分のほうきに名前をつけて命なき使い魔のように扱うウイッチは多いです。知り合いの前で「ああ、エスメラルダのことはそっとしておいてあげてね。この子、触られるのが嫌いだから」と言ってみましょう。皆さんとてもびっくりされますが、そのあとでにっこり笑ってみせれば、からかわれたんだなと思ってくれる……はずです！　冗談はさておき、玄関や裏口に吊るしておけば、害悪から家を守ってくれますよ。

　クラフトの兄弟姉妹、あるいは結婚するカップルに何か贈ろうと考えている

のなら、銀の紐を柄に結びつけてまじないをかけ、綺麗に飾りつけたほうきは
おすすめです。すてきな贈り物をもらったと、何年も語り種になりますよ！

　ほうきはカヴンの魔法円で出入り口に置かれるほか、アストラル旅行を通じ
て友人にメッセージを送ったり、詳細な指示を与えて外に出しておくことで周
辺に住む妖精と仲良くなったりすることができます。メッセージが受け取られ
たか確認するには、ほうきに霧吹きをかけましょう。

聖杯 ［Chalice］
<small>チャリス</small>

　チャリスは感情と豊饒の象徴です。献身の儀、参入の儀、女神と男神を称え
る祝祭の儀式、その他いくつかのまじないで使用されます。

　自分用にひとつ、神のためにひとつというように、複数個のチャリスを使う
場合もあります。通例、脚が長く、食器として安全に使用できるものを選びま
す。チャリスに使う器はどんなものでもかまいません。ちなみに、私が参入の
儀で使用したチャリスは地元のスーパーのガラス食器売り場で買ってきたもの
です。

　代を重ねた現在は、地元の陶器屋に行って素地と釉薬を購入し、自分で火に
入れてつくった一点物を使っています。素焼きを新月、本焼きを満月におこな
い、仕上げにはビーズと羽根を通した革紐をあしらいました。

　チャリスには水だけでなく、ワインやリンゴ酒、ハチミツ酒などが注がれる
こともあります。そういった洗練された液体で満たされることを考慮して、創
意工夫を凝らしたあなただけのチャリスをつくってみましょう。

　チャリスの歴史は古く、民の繁栄と引き替えに王が我が身を神に捧げた時代
にまでさかのぼります。クラフトの儀式では杯が女性を、アサメイが男性を表
します。ですから、アサメイを杯に差し込むとき、あなたは象徴的に男神と女
神の神聖なる結びつきを経験しているのです！

ペンタクル ［Pentacle］

　ペンタクルは力を持つシンボル、特に五芒星を刻んだ平たい円盤で、儀式魔
<small>ペンタグラム</small>
術発祥の術具です。基本的には霊的存在の召喚と庇護に使用します。物質を象
徴することから金運のまじないにも利用されます。ネイティブアメリカンのメ

ディスンシールドやメディスンホイールと同じで、角の方位が重要な元素と生命力をそれぞれ表しています。

　私の最初のペンタクルはウッドバーニングの道具でペンタグラムの焼き目をつけた木製の円盤です。ペンタクルには庇護のルーン、魔術アルファベットでつづった言葉、幾何学記号など、ほかの印章を一緒に刻むことができます。

　現在は晶洞石を薄く切り出した板にペンタクルを記したものを使用しています。印章は蠟で記すので、足すも消すも自由自在です。でも、書くとき、こそげ落とすときはジオード片が割れないよう力の加減に注意しなくてはなりません。

　五芒星の中心に宝石類を置けば、力を注ぎ込むこともできます。宝石類のチャージにかぎらず、治癒に使う魔術人形（第17章参照）の作成にも利用できます。祭壇に置いたペンタクルは、五芒星の天地が常に正しい方向を向くようにしてください。

アサメイ／剣［Athame/Sword］

　アサメイは集めたエネルギーに命令を与え、力を操作する術具です。知性、筋の通った思考、計算を表します。現実界のナイフでは用をなさない次元でエネルギーに方向性を与えることに使用し、普通、切れ味の鈍い両刃のナイフを用いるため、物質界では切断の用途を満たすことはありません。私のナイフは一般的に使われる黒柄のものではありませんが、非の打ち所のない働きを見せてくれます。ナイフではなく、ソードを使っているウイッチもいます。

　基本的に術者自身の流儀や好みの問題でしかありませんので、ワンドとアサメイの使い分けに厳密な規則はありません。

　ナイフは調理用であっても危害を加えるおそれがあるものと思っているので、私自身はあまりアサメイを使いません。

　ナイフ、ソード、法律に関する注意を少々。こういった術具を車に積んでいたり、携帯したりしているところが警察に見つかれば、ほぼ確実に武器を隠し持っていると思われます。いくら反論しようとも、警察官の目にナイフとソードは儀式用具とは映らないのですから争っても無駄です。没収されたら返ってこないでしょう。フェスティバルやサバトなどで外に儀式用ナイフを持ち出す

と、貴重な品が二度と戻ってこない危険があるので、ほとんどのウイッチは家に置いていきます。

ボーリーン［Bolline］

　ボーリーンは物質界で物体の切断に使用する術具です。ナイフの柄は湾曲しており、白色のものが多いです。ハーブやワンド用の枝、植物の採取、キャンドルへの刻印、紐の切断など、いろいろな場面で使いますが、魔術に関わる作業に限定されます。夕食の席や、台所でセロファンの包装を開けたりするのに使ってはいけません。こう言うと、自分のナイフを使って調理することが珍しくないキッチンウィッチからは反論をいただくかもしれませんね。

　家族に出す料理にも魔法がこめられてしかるべき、とキッチンウィッチは考えます。ですから、あるウイッチのお宅に伺って食事どきに台所で神聖なナイフが振るわれるのを目撃し、真夜中にはその同じナイフでアストラル界への入り口が開かれるのを目の当たりにしたら、確かに心不全を起こしそうな事態ですけれど、そのウイッチにとっては何ひとつおかしくないことなので、どうか気を確かに持ってください。

香炉［Incense Burner］

　香炉は魔術に関わる作業をおこなう場所の浄化に使います。年に一度、香炉で家中を浄化し、魔術的に大掃除する機会を持つことをおすすめします。我が家では季節の変化を祝う一環として春と秋の2回、ほかにも幽霊や生き霊のような招かれざる客を迎えたときにおこなっています。香炉には幾種類か、お香にはたくさんの種類があります。

　お香には変性意識状態（トランス状態）に達するのを助けてくれる効果があります。また、魔術のことをよく知らない一般人は、リーディングで訪れたウイッチの家にお香の匂いが漂っていないとがっかりされるようです（残念なことに、これが冗談ではないのです）。

　購入できるお香の種類には円錐型、スティック型、キューブ型、未加工のものがあります。私が好んで使うのは未加工香、粉末香とも呼ばれるものです。私が知るウイッチは、炭の粉を固めてつくられたチャコールブロックやチャコール

ディスクに未加工香を載せて使っている人が多いですね。最近では、チャコールを使わなくても直接火をつけられ、お香より燃える匂いがきつくもない未加工香も売られています。

　粉末香を使えば、混ぜ合わせたりハーブを加えたりすることで自分好みのお香がつくれます。数をこなすうちに、すくい取る量の加減ひとつで燃焼時間を思いどおりに調節できるようになるでしょう。私が燃焼時間を細かく決める理由は、夫の精神の歩行者（ペイガン名）にお香のアレルギーがあり、あまり長い時間お香を燃やしているとひどい頭痛を起こしてしまうためです。自身に何らかの制約があっても常に対処法はあることを覚えておきましょう。

　簡単なまじないはコーンやスティック型のお香を丸々 1 個使わなくとも作用するのですけれど、キャンドルと同じように私はいちいち新品を用意して、使いかけのものは大体埋めるかゴミ箱に捨てて処分しています。ですから、私は経済的な粉末香を重宝しているのです。

大釜 ［Cauldron］

　大釜は女神を象徴し、変容を起こす術具です。大釜について考えるということは、炎の中からよみがえる伝説の不死鳥に思いを馳せることになります。

　儀式においては関心の焦点となり、オイルや抽出物をつくる容器となるほか、水鏡や蒸気に浮かぶ映像、水中に滴った蠟の形を読み取る「スクライング」をおこなう際には占術具としても使用されます。

　熱に耐える（加えて、沸騰を維持する）必要があるため、鋳鉄製が普通ですが、これには実用性ばかりでなく古代宗教の時代からの伝統の意味もあります。大昔、中世の産婆たちは大釜で出産に使うお湯を沸かし、また、亡骸を清めるハーブ水も大釜でつくりました。病気を治す薬や媚薬を含め、誕生から死ぬときまで、大釜はあらゆることに使用されていたのです。人は自分たちの遺伝的ルーツを融合したがるものですが、そのつながりをつくるひとつの環は大釜から得られるでしょう。

　こんなことを言うと、「いや、全員が遺伝的につながっているわけがないよ！」と反論をいただきそうですね。でも、科学は躍起になってその説を否定しようとしていますよ。最近の DNA コードの研究では、人種を問わず全ての女性に

遺伝暗号上のつながりがあることがはっきりと示されています。女性が持つあるDNAのリンクをたどると、行き着く先は人類の揺籃の地アフリカ。地球で最初の女性がここにいたと考えられているのです。

⟡⟡⟡　ウイッチの戸棚に入っているもの　⟡⟡⟡

　魔術戸棚に収められているものは人によってさまざまです。いろいろと集めているうちに、魔術の成功に欠かせないもの、成功率を高めるものが自然とわかるようになります。以下に挙げたのは、現在、我が家の戸棚に入っているもののリストです。戸棚には常に同じものが収まっているわけではなく、季節、次に迎える祝祭、私の技量の上達次第で順次変わります。

祭壇布［Altar Cloths］

アミュレット［Amulets］

アサメイ［Athame］

かご［Baskets］

ビーズ［Beads］（宝飾品やタリスマン／アミュレット作成用）

ベル［Bell］

ボーリーン［Bolline］

影の書［Book of Shadows］

ボウル［Bowls］（塩、水、オイルなどの容器）

キャンドル［Candles］（蜜蝋を含め、あらゆる色とタイプを揃えています。私が愛用している手づくりのテーパーキャンドルは、どなたでも自作できるものです）

キャンドルホルダー［Candle holders］（数種類）

ケープと衣装［Capes and costumes］

大釜［Cauldron］

チャリス［Chalices］（陶製とガラス製をひとつずつ）

方位磁針［Compass］

トウモロコシ［Corn］（乾燥したものと粉末状のもの）

水晶と宝石［Crystals and gems］

水晶玉［Crystal ball］

デカンタ［Decanter］（ワインとハチミツ酒に使います）

占術具［Divination tools］（タロット、ルーン以外にも多種多様に）

土［Earth］

羽根［Feathers］（あらゆる色）

フェルト［Felt］（あらゆる色）

ネジ蓋式ガラス鐘[しょう]［Glass bell jars］

糊［Glues］（いろいろな種類）

ハーブ、乾燥植物、スパイス［Herbs, dried plants, and spices］

聖水［Holy water］

聖油［Holy oil］

お香、煉瓦、香炉、耐火皿［Incense, bricks, burners, and fire resistant plate］

インク［India ink］（羊皮紙に書き記すまじないで使います）

ライター［Lighters］

魔法鏡［Magick mirror］（ハトホルの鏡）

魔力を持った宝石類［Magickal jewelry］

乳棒と乳鉢［Mortar and pestle］

音楽やサブリミナルのテープ／CD［Musical and subliminal tapes or CDs*］

オイル［Oils］（キャンドルへの塗布（ドレッシング）など、用途はさまざま）

羊皮紙［Parchment paper］

振り子[ペンデュラム]［Pendulum］

ペン［Pens］（水性）

ペンタクル［Pentacles］

ペンタグラム［Pentagrams］

水差し［Pitchers］

---

* 補足：音楽プレーヤーなどの電子機器の電気エネルギーが魔法円で高められるエネルギーを破壊するので、音楽をかけるときはプレイヤーを魔法円の外に置かなくてはならないと考えるトラディションは多いですが、私はそんなふうに感じたことはありません。現に、ウォークマンで音楽を聴きながら、驚くほどのエネルギーを引き出したことがあります。

ポケットナイフ［Pocket knife］

ポプリポット［Potpourri pot］

小袋［Pouches］

羽根ペン［Quill pens］

なめしていない皮革、宝飾用留め具など［Rawhide, jewelry clasps, etc］

米［Rice］

ロープ［Rope］（子供用魔法円をつくる長さ 5 フィートのもの）

ルーン［Runes］

天秤［Scales］

ハサミ［Scissors］

海塩［Sea salt］

種［Seeds］

彫像［Statues］

ステンシルと筆［Stencils and brushes］

糸［String］

タリスマン［Talismans］

タロットカード［Tarot cards］（デッキ数種類）

煙草［Tobacco］

ワンド［Wands］

木箱［Wooden boxes］

木のさじ［Wooden spoons］

道具の研究

　魔術戸棚にはただ闇雲に詰め込むのではなく、道具や小物類がどういう原理に基づくものか、術者や術者がおこなう魔術、宇宙全体とどう関わるものか、絶えず研究し続けることを心がけなくてはなりません。集めた品々を戸棚に収納するときに知識も一緒に身につけておけば、能力を最大限に引き出した使用法が可能になります。たとえば、キャンドル、宝石、水晶、色彩、ハーブ、そ

してタロットなどの占術具は実用性と同時に高度な魔術特性を併せ持っており、使い方次第でいかようにも効果を引き出せます。そして、こういった品々の一部または全てに関し今生で手に入れた知識は、間違いなく来世にも引き継がれることになります。

道具や必需品を見つけるには

　住んでいる場所と予算によっては、魔術の品と各種必需品には手に入れにくいものがあります。そんなときはカタログを利用して買い物上手になりましょう。クラフトの同士の話を参考に、どの店が最適価格で売り、品質とカスタマーサービスがよいのはどの店か、情報を仕入れるのです。

　見つけた品には魔術にすばらしい力を発揮する逸品である可能性があります。難しい問題を扱っているときなど、私はよく古道具屋に足を運んだり、自然の中を散策したり、蚤の市やガレージセールをのぞきに行ったりします。神や天使（私が天使の存在を信じている話はまたのちほど）、あるいは宇宙全体に向けて少し力をお貸しくださいと祈ってから出かけていくと、頭を悩ませている今の状況にぴったりの品をいつも見つけられるのです（見かけるだけのことも）。

　過去に、バランスが乱れに乱れていると感じる時期がありました。やることなすこと何もかもがめちゃくちゃで収拾がつかず、打開策を求めてあがいていたそんなおりに、夫の発案で近隣の街にある史跡を訪ねていきました。日中に繁華街をぶらぶらしてリサイクルショップや安物雑貨店を見てまわり、最後に寄った店で5ドルで売られていた装飾用の古い天秤を見つけたのです。ひと目でこれは私のものだとわかりました。私は天秤を購入して家に持ち帰ると浄化と聖別を施し、バランスの儀式をデザインしました。以来、正式に祭壇を整えるときはいつもこの天秤を置き、この肉体はさまざまなバランスの上で成り立っていることを胸に刻んでいます。

ꙮꙮ　道具と小物の収納法　ꙮꙮ

　魔術の品を収納する容器や包装材も無視できません。ハーブ、お香、聖水、オイルの保管には木箱、ガラス瓶（古いガラス鐘の類はとても便利です）、陶器が最適です。プラスティック瓶は「持ち歩き」に使うには便利なのですが、私にはどうしても「スカスカ」した、孔だらけの素材に見えてしまうので、家で保管に使うときはあまりおすすめしません。

　水晶、ワンド、ルーン、宝石、占術具、その他外部のエネルギーから守りたい品を包むなら、天然繊維の布（綿や絹）と同じく革袋は最適です。魔術の品を包む布地は黒または青、できれば不透明のものを使いましょう。

ꙮꙮ　魔術品と出かけよう　ꙮꙮ

　魔術民への道は 1 日にしてならず。とはいえ、どんな分野にも上達の早い人はいるものです。道具や小物類の持ち運びは慣れるまで手間取りがちですから、多くの人がやっているように、新たな現実を生きていくシンボル、あるいは庇護のアミュレットとして宝石類をひとつ選んで身につけるところから始めるといいでしょう。

　手持ちの品では「不充分」に感じたら、ちょっと街にくり出して、あちこちの店に魔術用品を仕入れに行きましょう。自分がウイッチだということをひた隠していても、大親友やクラフトの家族のひとりくらいにはこっそり打ち明けているもの。知識を人の役に立てたいと思っているなら、そんな人たちから突然の頼まれごとがあったときのためにも常日ごろから準備をしておきましょう。

　もう何年も前、魔術の品を詰め込んできた私のハンドバッグがいよいよ魔法のダンプカーめいてきたときに、そろそろどうにかしないといけないということで思いついた方法があります。魔術用と仕事用でふたつのブリーフケースを使い分けるというものでした。プラスティックの箱、特に仕切りと取っ手のついたファイル収納ボックスだと一度にたくさんのものが運べてとても便利です。

　車の座席の間に置いて、天板を書き物机の代わりできる箱もおすすめです。小さなポータブルデスクやトートバッグ、バックパック、ウェストポーチなども試してみましたが、いちばん使い勝手がよかったのは、宝石と水晶を全て運ぶために急遽買い求めた、厚手のクッションが入ったピストルケースでした。こういった入れ物は人目を引きませんし、持ち主である私たちも身軽なビジネス・ヤッピーにしか見えないという利点があります。

　携行しておきたい小物であれば、皮や布の小袋をシャツの下やズボンの折り返し、下着などにピンで留めておきましょう。小袋を首から提げてもいいのですが、目につくようであれば、女性ならガーターに縫いつけてしまうのも手です。ハンドバッグを持ち込めない場所に行く場合、肌身離さず身につけておきたい場合にはかなり便利な方法です。ガーターは何色でもかまいませんが、赤のガーターは「ウイッチクイーン」しか身につけることが許されない色ですので、避けた方がいいでしょう。

　ウイッチクイーンとは、カヴンの巣分け（この言い方を嫌がる人もいます）に三度成功したハイ・プリースティスは女王と見なされ、赤いガーターを身につける特権が与えられるのです（トラディションによっては青い絹の裏地をつけた緑色の革製とするところもあります。巣分けしたカヴンの数は銀のバックルで表します）。ハイヴはカヴンが大きくなりすぎたとき、団員の幾人かが所属カヴンの教えを引き継いだ組織を新たに立ち上げたいと望んだときにおこなわれ、伝統として新しいカヴンは1年と1日の間は母体との接触を避け、期日を過ぎたら儀式や祝祭を合同でおこないます。古代イングランドとレッドガーター騎士団（イングランドでは〈最も高貴なるレッドガーター勲章〉の名で知られます）について歴史書をひもといてごらんなさい。きっととても面白いことがわかりますよ。

　人真似が嫌なら、ジッパーで仕切られた革製のベルトを試してみましょう。キャンバス地で仕切りつきのアーミーベルト、ウェストポーチは自然散策に重宝しますし、タロット・デッキや1、2個の宝石を持ち歩くのに打ってつけです。自分で仕立て直すなり縫いつけるなりして、コートやケープに必要なものをしまう隠しポケットをつくるのもいいでしょう。

リストをつくる

　道具と小物類の出入りがあればいちいち記録をつけておきましょう。そうすると、１年も前に人にあげたり交換したりして失くなったものを探すことがなくなりますし、必要が生じたけれど何を使えばいいかわからなくなったときにも役に立ちます。

　そして何といっても重宝するのが、買い物リストをつくるときです。底を突きかけているものをメモしておけば、定期の買い出しでついでに補充できますからね。ハーブやキャンドルのような品は消耗が早いですし、なんやかんやで私は宝石類をすぐ人にあげてしまうので、ムーンストーン、ローズクォーツ、水晶などは気がつけばなくなっています。

　クリップボードを用意して、在庫一覧と補充が必要な品の一覧を別々につくり、戸棚の内側にかけておくといいでしょう。

まとめ

　まずはどんな魔術の品を扱いたいかをじっくり考えましょう。自分で手に入れられるものでしょうか。木工や陶器、ビーズ細工など、クラフトショップにはあなたの手で魔術の品に変えることのできるすてきな品が何でも揃っています。これにウッドバーニング用具や絵の具、染料があれば、自分好みのものが何でもつくれます。不器用で仕上がりに自信がなくても大丈夫。ガラスケースに入れて居間に飾るわけでなく、自分で使うものをつくるのですから、多少の失敗を気にする必要なんてありません。

　魔術用品を収集したり、交換や採取で手に入れたり、自分でつくったりすれば、魔術に大切な焦点と能力を鍛えることにもなります。

第11章
浄化、聖別、チャージ

　聖なる空間のデザインが終わり、道具も揃え始めたとなれば、次は空間と道具の浄化、聖別、魔力注入（「力の付与」とも呼ばれます）の準備です。

　この作業をおこなう理由には、基本的に以下の3つが挙げられます：

　1．物品や場所に付着した陰の気の残留物を除去する。
　2．術者の正のエネルギーを宇宙のエネルギーと融合させ、神性を宿す。
　3．正の目的のもとに、このエネルギーを物や場所に注ぎ込む。

　儀式には、術者が自分の技量に自信を持ち、落ち着いて術がけに取り組めるようになるという効果もあります。儀式を介することで焦点を思うままに結べるようになるからです。

　クラフトの深奥を目指す旅は、空間と道具の浄化、聖別、エンパワメントの習得をもって準備段階を終え、献身の儀を済ませたのち、さまざまな分野で研究を進めることになります。本章ではその長い旅路で踏み出す重要な一歩について学んでいきます。

元素

　魔術や儀式に関する書物には、「風火水地の四大元素」がよく登場します。これは自然が振るう魔法の中で最も強力な力を司る要素です。自然が司る力を使役してもっと大きな魔術をおこなう方法もありますが、今はそれぞれの元素が魔法円で司る位置、浄化と聖別における働きについて集中して学びましょう。

147

風：　　方角：東。知性、コミュニケーション、知識、集中力／「知る」力と理解する力／死者の秘密を明かす／天使とのコンタクト／テレパシー、記憶、英知／鷹（たか）、ワタリガラス、鷲（わし）／予言／動き、カルマ、スピードを表す。

火：　　方角：南。エネルギー、清め、勇気、不屈の意志力、創造性／ハイヤーセルフ／成功と改良／芸術と変容／ライオン、フェニックス、竜／忠誠心と力を意味。

水：　　方角：西。直感、情動、内なる自分、流れる動き、不屈の力とあらゆるものを浄化する力／共感と愛／反射／人生を運ぶ潮流／イルカ、白鳥、蟹（かに）／夢とドリームタイムに関連。

地：　　方角：北。神秘と成長、豊饒、物質的豊かさ、自然とその恵みが結びついた力／誕生と癒やし／ビジネス、産業、所有／熊、牡鹿、狼／環境保護と自然。

　ウイッチの聖なるシンボルであるペンタクルは4つの角が四大元素を、頂点が第5の元素である霊を表します。この元素は「アーカーシャ」とも呼ばれ、その限界は時空を超えたところに存在します。

　カヴンによってはペンタクルを服の外に出すことをよしとせず、参入者は聖なるシンボルを心臓の近くに身につけるように教えられます。理由は極めて実際的――ひとつにはペンタクルにしかるべきときに使うエネルギーを貯蓄するため、そして、ペンタクルの真の意味をわかっていない外部の人間の影響を受け、シンボルが陰の気を生成することを防ぐためです。

（本章を読み進む前に、以下の瞑想をおこなうことをおすすめします）

　四大元素を表す小物をそれぞれ用意し、方位磁石（コンパス）を設置します。屋内でもかまいませんが、天気がよければ屋外に出ておこないましょう。

　邪魔の入らない場所を見つけ、音楽をかけるなり照明を薄暗くするなりして準備をします。ノートと筆記用具もそばに置いておきましょう。

第8章を参考に、瞑想の基本ステップを進めてください。

コンパスで磁北を定め、そちらを向きます。椅子を使っているなら、椅子をそちらに向けましょう。数分間目を閉じて、現在向いている方角に対して抱いている印象をまとめたら、ノートに書き留めてください。

では、地と北を表す小物を手に持って目を閉じたら、地と北の方角に対するイメージをどんどんふくらませていきましょう。あなた自身と、そして宇宙と、どのような関連を持つ元素でしょうか。イメージがまとまったら、ノートに書き留めてください。

次はもう一段階上の瞑想に進みます。地の元素を象徴する正なる存在を心の中につくり出していきます。その存在は男でしょうか、女でしょうか。人間でしょうか、動物でしょうか。その全てでしょうか。細かいところまで描写したら、その存在に対するあなた自身の心象も記してください。

終わったら、残る元素に該当する方角を向いて同じことをおこない、感じたこと、考えたことを書いていきます。

霊の元素アーカーシャの瞑想では、天から降りてきた黄金の光があなたをいっぱいに満たすイメージに焦点を結び、終わったら同じように情報を書き留めてください。

瞑想を終了する前に、魔術道具と空間の浄化および聖別に使用する4つのアイテムを決めましょう。地なら塩、土、米、挽き割りトウモロコシ粉など、風ならほうき、扇子、羽根、お香、自分自身の吐息といったものが挙げられます。水の元素は聖水（次項で学びます）や、近場で特別な神様が祀られている湖や泉の水、雪（状態次第で）で表すことができ、火で思い浮かぶのはキャンドルの炎、オイルランプ、ガーデントーチといったところでしょうか。

ジッパーをかけてチャクラを閉じたら、書き出したものを読み返しましょう。これは元素について疑問が浮かんだときにも読み返し、絶えず情報を更新するようにしてください。

༞ 聖水のつくり方 ༞

　部屋を浄化したり、癒やしの効果を促進したりするほか、魔術に関わる作業で多岐にわたって活躍するのが聖水です。ここに紹介する調合法はウイッチの間でよく使われているもので、つくった聖水は小瓶などの小さなガラス容器に入れて保管します。プラスティックはガラスに比べるといくらか多孔質ですし、製造工程が大地母神にとって有害なので避けた方がいいでしょう。

　指示には注意深く従ってください。項末にまじない／調合用ワークシートを付記しました。これから頻繁に必要になりますから、できればノート用に調合法の写しをつくってください。内容をしっかり頭に入れるためにも、手書きをおすすめします。

　ローズウォーター（お好みで）、小さじ 1 杯
　海塩またはコーシャーソルト、大さじ 3 杯
　湧水※、小さなボウルに 1 杯
　清潔なガラス容器、 1 個
　新品のコンパクトミラー、 1 個
　保存瓶（小）、 1 個

※**補足**：湧水は入手が難しいので市販の天然水を使用してもかまいません。
　　　　　市販品はあまり信用できないという人は、信頼の置けるメーカーを
　　　　　探しましょう。大きなガラス瓶（特大サイズのジャム瓶ぐらい）を
　　　　　持ってちょっとしたハイキングに出かけ、自然の流水や「よい釣り
　　　　　場」として有名な「生きた」水域からたっぷり汲んでくるのもおす
　　　　　すめです。

ボウルとガラス容器を熱湯で洗浄、殺菌します。
準備中は絶対に邪魔が入らないよう気をつけてください。

時間帯：満月の相の真夜中。

場所：月明かりの野外、または月光が射し込む窓辺。

作業用敷布を広げ、材料を全て載せます。

日中のストレスを和らげるため、5、6回深呼吸をしてください。

魔法円をつくってください。女神の位置（宇宙を抱くように両腕を外に伸ばし、てのひらを上向けた形）に両腕を伸ばし、以下の文句を唱えます：

> *真夜中の衣に隠されて*
> *呼び求めるは 古 の力*
> *レディとロードよ、ここに来たりて*
> *私が注ぐこの水に祝福を与えたまえ*

このとき、大地母神と天空父神のエネルギーの動きを足下と頭の周辺に感じるでしょう。自分のエネルギーが臍の辺りで広がり、神性存在と結びつくのを感じてください。ゆっくりでいいです。急ぐ必要はありません。

ローズウォーターを湧水に加え、水の入ったボウルを手に取ったら月光に掲げてこう唱えます：

> *我が手に神々のエッセンスはあり。これにより浄化と聖別を施し神性を*
> *与えたこの水を、私は正しき行為のみに使用し、我がまじないの一助とす*
> *る。*

水に注がれる月女神の脈動するエネルギーを感じ、天より降り注ぐ銀光が水とあなたを満たすイメージを思い描きます。そのまま体が「火照って」くるのを感じてください。

水を置き、塩の器を取って月に掲げ、両腕を伝わってくる力を感じながら以下の文句を唱えます：

> *我が手に大地母神のエッセンスはあり、生きとし生けるものは母なる大地*

の恵みにより養われる。これにより聖別を施し神性を与えたこの塩を、私
は正しき行為のみに使用し、我がまじないの一助とする。

　水と同じく、月女神のエネルギーが塩に付与されるイメージを思い描きます。
　塩を置いてボウルの水を少量注ぎ、時計まわりに 3 回かき混ぜます。この工
程を全部で 3 回繰り返してください。
　左手（受ける側）にボウルを、右手（送る側）に鏡を持ち、鏡を使って月光
をボウルに反射させます。数秒間おこなったら、以下の文句を唱えます：

　　この液体は純化され、ロードとレディに捧げられる。いかなるときにお
　　いても、いかなる空間においても、この液体が陰の気に冒されることはな
　　い。

　ボウルと鏡を置き、てのひらを下向けて組んだ両手をボウルの水面から 3 cm
ほどの高さで（触れないように）かざします。
　肉体の波動を呼び起こし、第 3 の眼のチャクラが開いて紫の光が輝くイメー
ジを思い描きます。水面にかざした両手で三角形を作り、そこから光を注ぎ込
みます。水が色を変えて輝くところをイメージしましょう。頭から発した力と
エネルギーが両腕を下りていき、足から上がってきたエネルギーと同時に手か
ら出ていきます。エネルギーが薄れ出す気配を感じたら、手をゆっくりと下ろ
して以下の文句を唱えます：

　　我が意のままに
　　かくあれかし
　　万物の自由意志のもと
　　何者にも害をなすことなく
　　この調合は完成した！

　大地と結びついて過剰なエネルギーを放出するグラウンディングをおこない
ます。これにはふたつの方法があり、ひとつは地面に接触させた両手から大地

母神にエネルギーを吸い取ってもらう方法。もうひとつは、残ったエネルギーが自分を包み込む力場を形成するイメージをつくり、ここからゆっくりと抜け出す方法です。あなたという核を失ったエネルギー空間が崩壊し、地面に吸収されていく様子を視覚化してください。

　これであなたは初めての「力の行使」を経験しました。水を保存容器に移し、聖なる空間の浄化と聖別をおこなうときまで保管しておいてください。道具は必ず自分の手で決まった場所に片付け、次に必要になったときに困らないようにしましょう。

まじない／調合用ワークシート

まじない／調合の種類：＿＿＿＿＿＿＿＿＿＿＿＿＿＿＿＿＿＿＿

作成日と時刻：＿＿＿＿＿＿＿＿＿＿＿＿＿＿＿＿＿＿＿＿＿＿＿＿

参考資料：＿＿＿＿＿＿＿＿＿＿＿＿＿＿＿＿＿＿＿＿＿＿＿＿＿＿
＿＿＿＿＿＿＿＿＿＿＿＿＿＿＿＿＿＿＿＿＿＿＿＿＿＿＿＿＿＿＿

ホロスコープ（月相、天体同士のアスペクトなど)：＿＿＿＿＿＿＿＿
＿＿＿＿＿＿＿＿＿＿＿＿＿＿＿＿＿＿＿＿＿＿＿＿＿＿＿＿＿＿＿

目的：＿＿＿＿＿＿＿＿＿＿＿＿＿＿＿＿＿＿＿＿＿＿＿＿＿＿＿＿＿
＿＿＿＿＿＿＿＿＿＿＿＿＿＿＿＿＿＿＿＿＿＿＿＿＿＿＿＿＿＿＿＿
＿＿＿＿＿＿＿＿＿＿＿＿＿＿＿＿＿＿＿＿＿＿＿＿＿＿＿＿＿＿＿＿
＿＿＿＿＿＿＿＿＿＿＿＿＿＿＿＿＿＿＿＿＿＿＿＿＿＿＿＿＿＿＿＿

材料／必要な道具：
＿＿＿＿＿＿＿＿＿＿＿＿＿＿＿＿＿＿＿＿＿＿＿＿＿＿＿＿＿＿＿＿
＿＿＿＿＿＿＿＿＿＿＿＿＿＿＿＿＿＿＿＿＿＿＿＿＿＿＿＿＿＿＿＿
＿＿＿＿＿＿＿＿＿＿＿＿＿＿＿＿＿＿＿＿＿＿＿＿＿＿＿＿＿＿＿＿
＿＿＿＿＿＿＿＿＿＿＿＿＿＿＿＿＿＿＿＿＿＿＿＿＿＿＿＿＿＿＿＿
＿＿＿＿＿＿＿＿＿＿＿＿＿＿＿＿＿＿＿＿＿＿＿＿＿＿＿＿＿＿＿＿
＿＿＿＿＿＿＿＿＿＿＿＿＿＿＿＿＿＿＿＿＿＿＿＿＿＿＿＿＿＿＿＿
＿＿＿＿＿＿＿＿＿＿＿＿＿＿＿＿＿＿＿＿＿＿＿＿＿＿＿＿＿＿＿＿
＿＿＿＿＿＿＿＿＿＿＿＿＿＿＿＿＿＿＿＿＿＿＿＿＿＿＿＿＿＿＿＿
＿＿＿＿＿＿＿＿＿＿＿＿＿＿＿＿＿＿＿＿＿＿＿＿＿＿＿＿＿＿＿＿
＿＿＿＿＿＿＿＿＿＿＿＿＿＿＿＿＿＿＿＿＿＿＿＿＿＿＿＿＿＿＿＿

必要な場所：＿＿＿＿＿＿＿＿＿＿＿＿＿＿＿＿＿＿＿＿＿＿＿＿＿＿

使用時の日時やホロスコープ：＿＿＿＿＿＿＿＿＿＿＿＿＿＿＿＿＿＿＿＿

結果（まじない／調合が成功した場合、効果が現れるまでにかかった時間、調合の有効期限、特筆すべき結果なども）：

＿＿＿＿＿＿＿＿＿＿＿＿＿＿＿＿＿＿＿＿＿＿＿＿＿＿＿＿＿＿＿＿＿＿＿＿

＿＿＿＿＿＿＿＿＿＿＿＿＿＿＿＿＿＿＿＿＿＿＿＿＿＿＿＿＿＿＿＿＿＿＿＿

＿＿＿＿＿＿＿＿＿＿＿＿＿＿＿＿＿＿＿＿＿＿＿＿＿＿＿＿＿＿＿＿＿＿＿＿

＿＿＿＿＿＿＿＿＿＿＿＿＿＿＿＿＿＿＿＿＿＿＿＿＿＿＿＿＿＿＿＿＿＿＿＿

＿＿＿＿＿＿＿＿＿＿＿＿＿＿＿＿＿＿＿＿＿＿＿＿＿＿＿＿＿＿＿＿＿＿＿＿

＿＿＿＿＿＿＿＿＿＿＿＿＿＿＿＿＿＿＿＿＿＿＿＿＿＿＿＿＿＿＿＿＿＿＿＿

準備／使用時に召喚する神々：

＿＿＿＿＿＿＿＿＿＿＿＿＿＿＿＿＿＿＿＿＿＿＿＿＿＿＿＿＿＿＿＿＿＿＿＿

＿＿＿＿＿＿＿＿＿＿＿＿＿＿＿＿＿＿＿＿＿＿＿＿＿＿＿＿＿＿＿＿＿＿＿＿

＿＿＿＿＿＿＿＿＿＿＿＿＿＿＿＿＿＿＿＿＿＿＿＿＿＿＿＿＿＿＿＿＿＿＿＿

準備／使用の詳しい手順：

＿＿＿＿＿＿＿＿＿＿＿＿＿＿＿＿＿＿＿＿＿＿＿＿＿＿＿＿＿＿＿＿＿＿＿＿

＿＿＿＿＿＿＿＿＿＿＿＿＿＿＿＿＿＿＿＿＿＿＿＿＿＿＿＿＿＿＿＿＿＿＿＿

＿＿＿＿＿＿＿＿＿＿＿＿＿＿＿＿＿＿＿＿＿＿＿＿＿＿＿＿＿＿＿＿＿＿＿＿

＿＿＿＿＿＿＿＿＿＿＿＿＿＿＿＿＿＿＿＿＿＿＿＿＿＿＿＿＿＿＿＿＿＿＿＿

＿＿＿＿＿＿＿＿＿＿＿＿＿＿＿＿＿＿＿＿＿＿＿＿＿＿＿＿＿＿＿＿＿＿＿＿

＿＿＿＿＿＿＿＿＿＿＿＿＿＿＿＿＿＿＿＿＿＿＿＿＿＿＿＿＿＿＿＿＿＿＿＿

＿＿＿＿＿＿＿＿＿＿＿＿＿＿＿＿＿＿＿＿＿＿＿＿＿＿＿＿＿＿＿＿＿＿＿＿

＿＿＿＿＿＿＿＿＿＿＿＿＿＿＿＿＿＿＿＿＿＿＿＿＿＿＿＿＿＿＿＿＿＿＿＿

⟅⟆⟆　道具の浄化と聖別　⟅⟆⟆

　聖なる空間に浄化と聖別を施す儀式をおこなう準備が整ったら、魔術道具にも浄化、聖別、エンパワメントを施しましょう。

　この儀式のために、以下の道具を用意してください：

　ほうき、1本
　照明用キャンドル、2本
　聖水を注いだチャリス、1個
　ライター、1個
　銀色のキャンドル、1本
　バースデーキャンドル、1本
　直径4インチ（約10cm）のペンタクル、1個
　土を盛った小さなボウル、1個
　元素を表すキャンドル、4本（赤、青、茶、黄）
　お香（セージ）

　この儀式ではワンドを使用しませんが、浄化、聖別、エンパワメントは使用前にすませておきましょう。また、チャリスとペンタクルの浄化、聖別、エンパワメントはこの儀式における道具の浄化の工程でおこなってください。

　必要な品を準備したら（キャンドルホルダーも忘れずに）祭壇に並べ、使用するときまで黒い布をかけておきます。黒い布には用具を保護する効果があるほか、埃がかかるのを防いでもくれます。

　次に、儀式をおこなう日時を決めます。天文暦を参考にしてもいいし、単純に次の新月を選ぶのでもかまいません。新月は新たな計画、新たな人生行路の始まりを表す月相ですから、私はこの時期を選んでいます。

　魔術をおこなう上で全てに言えることですが、儀式の最中は邪魔が入らないように気をつけましょう。儀式の日取りを決めたら、その日、儀式に取りかかる前に窓や壁を洗ったり、床にモップや掃除機をかけたりして、献身の場に使

う聖なる空間を徹底的に磨き上げてください。

　儀式の最中に大慌てで本書をめくらなくてもすむように、儀式の30分前には手順を最初から最後まですっかり頭の中に入れておき、用具の再確認もすませておきましょう。覚えきれないようならペーパークリップを必要なページに挟み、照明の下で目立つ色を使って必要な行にハイライトをつけておけば、焦点を崩すことなく儀式を遂行できます。

　魔術と儀式には密接なつながりがあり、その役割を互換できるほか、片方の成功がもう片方の成功にかかっていることも珍しくありません。しかし、強い意志と精神の力があれば、頭の中だけで再現した儀式でも成功させることができるようになるでしょう。ただ、その域に達するには、かなりの時間と練習を積み重ねないといけません。

　さて、以上の準備が終わったら浴室へ行き、シャワーを浴びるなりバスオイルを入れた湯船でゆったりと湯浴みするなりして汚れを落としてください。私は巨大な滝に物理的な残滓（ざんし）を全て洗い流してもらうイメージを描きながら、儀式の前にシャワーで身を清める方法を好んでいます。湯上がりにはゆったりとした服をまといます——バスローブでも、空衣（スカイクラッド）（全裸）でも、好きに選びましょう。

　準備がほぼ整ったら、元素を表すキャンドルを該当する方角に1本ずつ置いていきます。東には黄または金色、南には赤またはオレンジ色、西には青または紫色、北には茶または緑色、祭壇には銀のキャンドルを置きます。

　儀式に必要な品が全て揃っているか繰り返し確認してください。浄化と聖別をおこなう道具は必ず祭壇／作業台の上に出しておきましょう。

　邪魔が入る心配はないか、今一度確認してください。必要であれば、祭壇の周囲にロープや紐で9フィート（約2.7m）か5フィート（約1.5m）の円をめぐらせ、魔法円の目印としましょう。

　祭壇の前に立ち、深呼吸をします。ライターかバースデーキャンドル（簡単に手に入るので）を種火として照明用のキャンドルに火をつけます。

　部屋を時計まわりにめぐり、元素を表すキャンドルに火をつけていきます。

　ほうきを持ち、以下の文句を繰り返しながら円の内側を時計まわりに掃いて

いきます：

> *ひと掃き、ひと掃き、この場を清め*
> *風の力でこの空間を浄めよう*

　目を閉じて、円の内部を動く風の元素を感じます。祭壇に戻って銀色のキャンドルを取り、左側に置いた照明用キャンドルから火をつけたら、円の内側を時計まわりに歩いて以下の文句を唱えます：

> *光を灯し、この場を照らし*
> *火の力でこの空間を浄めよう*

　円の内側に現れ、円周に沿って流れる火のエネルギーに意識を集中させます。祭壇に戻って聖水が入ったチャリスを取り、右手の指で水を振り撒きながら円の内側を時計まわりに歩いて以下の文句を唱えます：

> *流れる水で、この場を洗い*
> *水の力でこの空間を浄めよう*

　円の内側を時計まわりに流れる水の元素を感じます。祭壇に戻って土を盛ったボウルを取り、土を撒きながら円に沿って時計まわりにめぐり、以下の文句を唱えます：

> *土よ、土よ、この場を歩き*
> *地の力でこの空間を浄めよう*

　地の元素が大地母神の恵みを円内にもたらすのを感じます。土の入ったボウルを祭壇に戻し、円の中心に戻ったら、女神の位置に腕を伸ばし、以下の文句を唱えます：

霊よ、霊よ、この場を満たせ
神なる力でこの空間を聖別せよ！

女神と男神の力が身の内と聖なる空間に入ってくるのを感じ、以下の文句を唱えます：

宇宙に遍在するエネルギーよ、永^{とこ}えにこの場所を満たし、祝福を与えたまえ。

聖水をつくったときと同じように、肉体から湧き上がったエネルギーが宇宙と一体化するのを感じてください。エネルギーが薄れ始めたら祭壇に戻り、両手を祭壇に載せて以下の文句を唱えます：

この祭壇は光を司るロードとレディに捧げられた。我がためによく仕えたまえ。

道具や宝石類の浄化、聖別をおこなわない場合、この場に臨んでくれた男神と女神、そして四大元素に感謝を述べて儀式を終わらせてかまいません。終了後は高めたエネルギーを逃がすため、両手を床につけてエネルギーが大地母神に吸い取られる、あるいはエネルギー場が崩壊して大地母神に吸い込まれるイメージを思い描いてグラウンディングをおこなってください。グラウンディングが終わったら右手を頭上に掲げ、反時計まわりに部屋をめぐり、以下の文句を唱えます：

円陣は開かれた
されど決して壊れることなかれ！

この儀式で魔術用品の浄化と聖別をおこなう場合は次の段階に進んでください。

祭壇の前に立ち、最初に聖別を施すアイテムを手に取ったら、スポットライ

トのようにこのアイテムを照らす天から降り注ぐ黄金の光を想像します。アイテムを香の煙にくぐらせ、以下の文句を唱えます：

　　　正しき目的のため、この＿＿＿＿に浄化と聖別を施さん。いかなるときにおいても、いかなる空間においても、陰の気は必ずや取り除かれる。

　この操作を残る 3 つの元素でも繰り返します。炎の中に通し、水を振りかけ、最後に地の元素を振りかけるか触れさせます。

　そして、アイテムをペンタクルに載せてください。聖水のときと同じように、アイテムから 3 cm ほど離れたところで手をかざしたのち、手で三角形を作ります。指で囲った空間に銀の光球が現れ、どんどん輝きを増していくイメージを思い描きます。体から湧き上がるエネルギーを両手からそっと押し出し、輝く銀球の中へと注ぎ込んでください。頭の中で光球をアイテムの上に下ろし、光で包み込んでしまいます。エネルギーが薄れ始めたら、次の文句を唱えます：

　　　ロードとレディの御意志により、この＿＿＿＿に力を与える。おふたりの祝福が内外にて常に輝きますように。

　　　万物の自由意志により
　　　何者にも害をなすことなく
　　　我が意のままに
　　　かくあれかし！

　前出の手順に従い、儀式を終了させます。神々と四大元素への感謝、グラウンディングをお忘れなく。

　終わったら場を掃除し、使用した用具類をきちんと片付けてください。残った土と聖水は屋外で地面に空け、次の文句を唱えます：

　　　あなたたちの力添えに感謝いたします。

　全てのものをあるべき場所に片付け、残った水と土をしかるべき方法で処理したら、台所に行ってのんびり腹ごしらえをして、記録をつけましょう。炭水化物は余分なエネルギーのグラウンディングに効果的です。

　以上は、クラフトへの入信時に献身の祭式で 2 度おこなううちの最初の儀式です。この最初の儀式であなたが魔術に用いる空間と道具を、そして 2 度目の儀式であなた自身をロードとレディ、それに人類への奉仕に捧げます。
　二度目の献身の儀は焦らず、ひと休みしてから取りかかりましょう。これこそが人生をかけて歩んでいきたい道だと自信を持って言い切れるか、いっさいの迷いがなくなるまで 1 ヶ月でも 2 ヶ月でも時間をかけてください。その判断はほかの誰でもない、あなた自身にしか下せないものなのですから。

　魔術に関する正確な記録の取り方は次章で扱っていますが、ここでは儀式用の記録シートを別に用意しました。このままコピーするか、自分で使いやすい形にしてノートに書き写しましょう。

儀式記録シート

儀式の種類：＿＿＿＿＿＿＿＿＿＿＿＿＿＿＿＿＿＿＿＿＿＿＿＿＿＿

日時：＿＿＿＿＿＿＿＿＿＿＿＿＿＿＿＿＿＿＿＿＿＿＿＿＿＿＿＿＿＿

利用したい月相、または天体の照応：＿＿＿＿＿＿＿＿＿＿＿＿＿＿＿＿
＿＿＿＿＿＿＿＿＿＿＿＿＿＿＿＿＿＿＿＿＿＿＿＿＿＿＿＿＿＿＿＿＿

天候：＿＿＿＿＿＿＿＿＿＿＿＿＿＿＿＿＿＿＿＿＿＿＿＿＿＿＿＿＿＿

体調：＿＿＿＿＿＿＿＿＿＿＿＿＿＿＿＿＿＿＿＿＿＿＿＿＿＿＿＿＿＿

儀式の目的：＿＿＿＿＿＿＿＿＿＿＿＿＿＿＿＿＿＿＿＿＿＿＿＿＿＿＿
＿＿＿＿＿＿＿＿＿＿＿＿＿＿＿＿＿＿＿＿＿＿＿＿＿＿＿＿＿＿＿＿＿
＿＿＿＿＿＿＿＿＿＿＿＿＿＿＿＿＿＿＿＿＿＿＿＿＿＿＿＿＿＿＿＿＿
＿＿＿＿＿＿＿＿＿＿＿＿＿＿＿＿＿＿＿＿＿＿＿＿＿＿＿＿＿＿＿＿＿

必要な道具類：
＿＿＿＿＿＿＿＿＿＿＿＿＿＿＿＿＿＿＿＿＿＿＿＿＿＿＿＿＿＿＿＿＿
＿＿＿＿＿＿＿＿＿＿＿＿＿＿＿＿＿＿＿＿＿＿＿＿＿＿＿＿＿＿＿＿＿
＿＿＿＿＿＿＿＿＿＿＿＿＿＿＿＿＿＿＿＿＿＿＿＿＿＿＿＿＿＿＿＿＿
＿＿＿＿＿＿＿＿＿＿＿＿＿＿＿＿＿＿＿＿＿＿＿＿＿＿＿＿＿＿＿＿＿
＿＿＿＿＿＿＿＿＿＿＿＿＿＿＿＿＿＿＿＿＿＿＿＿＿＿＿＿＿＿＿＿＿
＿＿＿＿＿＿＿＿＿＿＿＿＿＿＿＿＿＿＿＿＿＿＿＿＿＿＿＿＿＿＿＿＿
＿＿＿＿＿＿＿＿＿＿＿＿＿＿＿＿＿＿＿＿＿＿＿＿＿＿＿＿＿＿＿＿＿
＿＿＿＿＿＿＿＿＿＿＿＿＿＿＿＿＿＿＿＿＿＿＿＿＿＿＿＿＿＿＿＿＿
＿＿＿＿＿＿＿＿＿＿＿＿＿＿＿＿＿＿＿＿＿＿＿＿＿＿＿＿＿＿＿＿＿
＿＿＿＿＿＿＿＿＿＿＿＿＿＿＿＿＿＿＿＿＿＿＿＿＿＿＿＿＿＿＿＿＿

召喚する神々：＿＿＿＿＿＿＿＿＿＿＿＿＿＿＿＿＿＿＿＿＿＿＿＿＿＿

_____

_____

儀式にかかるおよその時間：_____

儀式の結果：

_____

_____

_____

_____

_____

_____

_____

儀式の構成：

_____

_____

_____

_____

_____

_____

_____

_____

_____

_____

_____

_____

_____

_____

～⌇⌇⌇　まとめ　⌇⌇⌇～

　魔術を実践する上で、浄化と聖別は絶対に習得しなければならない技法です。何かを自分のものにすることでそれを強力なものにし、宇宙に遍在する正しき力に結びつけることで道具も場所も清浄を保ち、庇護を得ることができます。

　目には見えず、善ではないものが宇宙には存在します。病原菌は肉眼では見えないけれど、人を殺すことができます。非物質的であっても同じように危険なものが存在するのです。世界の狭間へ行く方法を学ぶとき、あなたはこの先に危険が潜んでいることなど何も知らない小さな子供も同然になります。あなたは無邪気ではあっても愚鈍ではないのですから、未知のものから身を守る術を学ばなくてはならないのです。

　浄化と聖別はたいていの魔術民が使っている身を守る手段です。また、あなたの内なる宇宙に遍在する正しき力を使って調和に至る道を開くことで、幸福と健康に恵まれた、実り多き生き方を手に入れることができるでしょう。

第12章
芸術的な魔術記録法

～ 文字の力 ～

　魔術に真剣に取り組んでいるウイッチ、とりわけソロのウイッチならば、魔術に関する活動はどんなものであっても逐一正確な記録を取ることを何より心がけなければなりません。いかなる瞬間であろうと思い出せる完璧な記憶力の持ち主でもないかぎり、メモも記録も写真だってきちんと残しておく必要があります。

　自身の歩みやクラフト研究の旅を記録に残すことは、成長の様子を見守ることにほかなりません。文字を書くという行為に対して私のように情熱を傾けている人間がそれほど多くないのは知っていますが、正確な記録を残すことの必要性についてはぜひご理解いただきたいところです。

　文字に書くという作業は過去の出来事を記憶する力を向上させるほか、あったことを整理し、当時考えていたことをはっきりさせる助けともなります。それに、このような手順を踏んだのでこの結果を導き出せた、などと、こと細かに書き記しておけば、自分の発見や成功を他人に伝えるときにも役立ちます。

　また、失敗したそのときは、当事者という近すぎる立場のせいで物ごとを大局的に見られないものです。しかし、そんな場合でもメモを取り、記録に残すことで、どこで道を間違い、過ちを犯したのかを明らかにすることができます。問題点がどこにあり、結果を変えるためには何をすればいいか、そして、極めて重要だけれど当時は見えていなかった物ごとをより深く理解するためにも、一歩引いた視点から記録を見つめてみましょう。

　ちなみに、文字書き魔の私は日々の出来事を「日常」、「魔術」といったテーマで分け、それぞれにノートを用意してこまめに記録をつけています。

⤳⤳ 個人的な日記 ⤳⤳

　魔術とはほぼ無関係ではありますが、私は日記／週間記をつけて日常の記録を取ってあります。時間を置いて読み返してみると、ごく平凡な日常とウイッチとして過ごす時間、別物だったふたつの生活がいつの間にかかなりの範囲で融合していることに気づきます。魔術に関することばかりでなく、日常に起きるありふれた変化についても記録しておくと、あとあと重宝するでしょう。

　私が愛用している日記帳は大判のハードカバーで、8 年前に事務用品店で購入したものです。日付、時刻、天気（驚くことに、これがなかなか役に立つのです）を書き込んでから、その日あった家族の出来事、世界のニュース、さまざまな問題に対する個人的な考えをつづるほか、『私は他人の言葉に耳を傾けます……考えなしに「うん、何も問題はないよ」と答えません……私は聡明で寛大なウイッチです……私は強大な力があります……私の心と頭には英知が宿っています……』というふうに、段落ごとにアファメーションも盛り込みます。

　12月31日は日記を読み返し、スピリチュアル的な進歩、精神的な進歩、物質的な進歩の 3 点をテーマに 1 年を振り返る日です。1 年の出来事にじっくりと思いをめぐらせたら前年の12月31日のページを開き、去年立てた来年度の目標（つまり今年です）を見直します。

　達成できた目標を確認したら、今日の日付でチェックを入れます。もはや意味をなさなくなったものや達成できなかったものもありますから、果たせなかったけれど引き続き目標として据えたいものを選び、来年度の新しい目標と一緒に今年の12月31日のページに書き写します。

　最後に、この 1 年で成し遂げたこと、できなかったことについての考えや感想を書き込みます。すごいことをやったと自分で驚く年もあれば、及第点に達していない分野があって精進が必要だと思う年もあります。

　この日記のおかげで我が家では家族のつまらない言い争いを始め、「いつやったっけ？」と思うことや「あの件にはどれだけの時間がかかり、いつごろのことだったか」という疑問がたくさん解決してきました。魔術とは関係なく、どのご家庭でも誰かがこういう日記をつけておくといいですね。

　また、日記で日常の記録をつけておくと、現実世界とのつながりをしっかり保つことにもなるので、私は10月31日（ウイッチの新年）ではなく12月31日を1年を振り返る日としています。自分はスピリチュアルで魔術的な世界の住人だから現実世界とは関係ないなんて顔をしていると、現実に手痛いしっぺ返しを食らいかねませんもの。

　魔術と霊の世界はすばらしい場所ですが、あなたは目的があってこの現実世界にいるということをどうか忘れないでください。日常をおろそかにしていると、自分の正しい姿を見失ってしまいます。魔術とは無関係の友人と一緒に夜遊びに行きましょう。サッカー観戦やボーリング場など、クラフトのクの字も話題に出ないような場所に出かけましょう。やりたいとかやりたくないとかではなく、こうやって日常とのバランスを取ることが重要なのです。

ᘓᘓᘓ 夢日記 ᘓᘓᘓ

　これまで勉強してきたことは全て一冊のバインダーに綴じられ、夢と瞑想のエクササイズも別々に分けずにまとめてあることと思います。この調子で研究や実験がどんどん進んだら、遠からぬうちにノートがとんでもないことになってしまうでしょう。そんな事態を避けるためにも、本章を読み終えたらバインダーを買い足してテーマごとに整理してみましょう。

　夢の記録管理についてはすでに学びましたが、一冊にまとめたい、将来的に夢辞典のように利用するためにテーマ別に分冊したいというときは、ルーズリーフのノートが便利です。夢日記をルーズリーフでつけておけば、寝室のすぐ手が届くところにいつでも置いておけます。初めから分冊していると収拾がつかなくなってしまいますから、何もすることがなくて暇な日を利用して夢のメモのまとめ作業をおこないましょう。必要になるときがすぐ来るかもしれませんからね！

　私は数ヶ月置いてから夢日記を読み返すようにしています。時間を置いて距離を取ると、人生を違う視点から――全体像を見つめられるようになり、さらに大きな意味を孕んでいる夢に気づけるのです。

♫♫♫　『影の書』　♫♫♫

　ウイッチが記録を管理する上で、最も重要なのがかの有名な『影の書』です。古今東西あらゆるウイッチは『影の書』を所持していたのか——この点については議論が分かれるところなのですが、古代宗教を奉じていたウイッチの多くは字が読めなかったのだから、文字で記録を残せたはずがないという意見があります。おそらく、中世ヨーロッパのある時期におけるウイッチについてなら、そのとおりなのでしょう。でも、私はこれがまったくの正解だとは思いません。

　第1に、ルーンのような魔術アルファベットの存在があります。書こうと思えばルーン文字で本を一冊書き上げることはできるでしょう。第2に、カヴンの訓練の一環として読み書きを学んでいた可能性があります。そもそも何もかもが秘密だったのですから、古代のウイッチたちに読み書きができたか、私たちに知るすべがあるでしょうか。読み書きは強力な利点だと古代のウイッチたちは考えたのではないでしょうか。

　もう一歩踏み込んで考えてみましょう。迫害が原因で、知識が邪（よこしま）な手に落ちることを恐れたウイッチたちは、参入者に読み書きを教えなくなったのかもしれません。そして、呪文や調合法を覚えるために何の変哲もない絵が描かれるようになったのではないでしょうか。

　また、カヴンには正確な記録をつけられるだけの教養がある人物がいて、彼ら幹部の手で全ての記録が取られていたとも聞きます。カヴンの取り決めの大部分を仕切る〈黒衣の男〉（男神の化身とされるハイ・プリースト）が、守り伝えなくてはならない伝統や儀式のやり方を書き記し、ほかの者がビジネスとコミュニティに関する実務面を担当したそうです。本当のところは誰にもわかりませんけどね。

　ウイッチとして何より大事にしなくてはならないのは魔術に関する記録です。この本を読みながらつけているそのノートは将来的に扱いづらくなるほどに肥え太り、索引をつけても調べ物に10分はかかるようになりますから、今はまだノートの大きさや冊数については考えないほうがいいでしょう。

　私は自分の『影の書』が肥大してページを繰るにも苦労するようになったと

き、ひとまわり小さなバインダーを何個か買い足していくつかの項目を独立させました。今は儀式、タロット、ルーン、夢、手書き文字の分析などにそれぞれのバインダーが割り当てられています。複数回にまたがる実験をおこなったときは、終了後に集めたデータを自前の製本機で別々の小冊子にまとめ、ラベルを貼って整理しています。

『影の書』に収める具体的な内容

　『影の書』はあなたが使用する魔術の実践書ですから、正確な記録を収めるべきです。占星術や四大元素、ハーブ、水晶などの研究情報や事実、データを収録する以外にも、気の利いた金言や自分の洞察を含めてもいいし、ウェブウィーヴィングで得た情報を書き込んでいくのもいいでしょう。

　自分ではつくったり育てたりできないものを調達する店舗や通信販売のリストも便利ですね。アファメーションもここに書き込みましょう。自分が実践するまじないや儀式、その結果は言うに及ばずです。

　私が普段使っている『影の書』は厚さ8cm弱のバインダーに収めてあります。2部構成で両方にA～Zのタブをつけ、前半には研究情報、引用、図表などを収録し、後半を儀式、まじない、癒やしのアイテム、調合法や基礎的な内容などの「術」に関する情報専用にしています。

　以前、まじないや実践的な知識を収めた『影の書』とは別に『光の書』をつくろうとしたことがあるのですが、残念なことに本を扱う手間が倍になっただけで終わってしまいました。

　魔術においてはとにかく正確な記録をつけることを心がけなければいけません。100年後、あなたの『影の書』がファミリー・トラッドに代々伝わる家宝になってないともかぎらないのですから！

まとめ

　これであなたのノートは『影の書』になりました。扉にはしきたりとして、書に収めた知識を守り、神々に捧げる本への祝福（ブック・ブレシング）を記します。まずは文章をじっ

くり練ってからノートに書き込んでください。

　最初に選んだノートが使いづらいと思ったら、使いやすいものをすぐに買い直してノートの内容を全部書き写しましょう。

　もちろん、パソコンで記録していくのもいいでしょう。ハードドライブがあっても、私は安全のためにコピーを 2 枚つくり、1 枚を貸金庫に預けてあります。同様に安全の意味で、自分の『影の書』が置いてある場所は常に把握しておきましょう。緊急時にはベッドの下に潜り込んでいる余裕も、クローゼットを掘り返している時間もないのですから。

　以下に私が使っている『影の書』の前半部分の基本的な概略を載せます。ごらんのとおり、魔術の全分野を網羅したものではありません。ときには『影の書』に代わり、長年にわたって収集してきた膨大な量の蔵書が活躍することもありますからね。しかし、ここに挙げた豊富な題材の一覧を見れば、今後の研究における資料集めの参考にできるでしょう。まずは私の『影の書』の内容一覧を参考に、それから自分でも研究したい分野を見つけ、ノートにリストをつくりましょう。その知識をどこで入手できるかを考えて、研究計画を立ててください。

　Ⅰ．ブック・ブレシング

　Ⅱ．お気に入りの引用と魔術の規則

　Ⅲ．索引

　Ⅳ．魔術知識

　　（魔術）アルファベット研究　　　　幽霊、死者への話しかけ

　　アストラル投射研究　　　　　　　　男神／女神研究

　　占星術上の照応　　　　　　　　　　筆跡心理学（グラフォロジー）

　　アトランティス・ワンドについて　　ハーブ魔術研究

　　バイロケーション研究　　　　　　　魔術照応表

　　生体自己制御研究（バイオフィードバック）　魔術の定義

　　キャンドル魔術研究　　　　　　　　月魔術研究

　　チャクラ研究　　　　　　　　　　　超越存在研究

　　方位研究　　　　　　　　　　　　　霊的防御研究（サイキック・プロテクション）

色彩魔術研究　　　　　　　　感受性研究

水晶魔術研究　　　　　　　　シャーマニズム研究

占い研究　　　　　　　　　　スペルキャスティング研究

ダウジング研究　　　　　　　シンボルと印章の研究

ドルイド研究　　　　　　　　タロット研究

大地魔術研究　　　　　　　　テレパシー研究

エジプト魔術研究　　　　　　時間の研究

元素表　　　　　　　　　　　ビジョンクエスト研究

（人間）感情研究　　　　　　ウェブワーキング・ガイド

倫理　　　　　　　　　　　　女性の精神性研究

宝石研究

第3部

ウイッチクラフトの
実践術

Performing Shadows

第13章

儀式のデザインと実践

儀式の何が大事なの？

　儀式をデザイン（作成）し、実行し、完成させるという一連の行為はつまり、さまざまな手順と思念とを組み合わせながら、ひとつの魔術的試みを完遂させることにほかなりません。儀式は自分が何を求めているのかという判断を下すことから始まり、望む目的を達成したところで完了します。

　儀式とは、精神と肉体エネルギーの焦点を合わせるためのツールであり、個人でも複数人でもおこなえるもの。ここに嘘はないのですが、これでは上辺だけで、本質を捉えているとはいえません。術者のエネルギーを神々や宇宙意識のエネルギーと融合させる装置、これが儀式の本当の役割なのです。

　儀式には2種類あり、神または神々を祀るためのものと、特定の魔術がけをおこなうことを目的にデザインされたものとに分けられます。神を祀るための儀式は 祭 儀 （セレブレーション）と呼ばれ、祭日に併せておこなわれますが、特別決まりがあるわけではないので好きにおこなってかまいません。特定の対象を癒やす、一家に財をもたらすなどの魔術をおこなうためにつくられた儀式は術がけの儀式（ワーキング・リチュアル）と呼びます。

　両方の性質を併せ持つ 自己献身の儀 （セルフデディケーション・リチュアル）は、唯一どちらにも分類されません。神々に自分自身を捧げる祭儀であると同時に、新たな生き方を受け入れることで自分自身とまわりを取り巻く環境をより良いものへと変化させる術がけの儀式でもあるからです。

　季節、意図、トラディション、参加する人数など、条件によって儀式の形式はさまざまです。ソロのウイッチとなる道を選んだあなたは、まずは自分ひとりでおこなう儀式の作成から始め、他者と協同でおこなう少人数形式の儀式の

書き方も追々覚えていきましょう。

　本章は様々な用途に使用できる儀式の作成法に大部分を割き、献身の儀については最後に触れるという構成になっています。術がけの儀式は後半のまじないに関する章でもっと詳しく扱っています。

ソロのウイッチ用の基本的な儀式の流れ

　A．儀式の準備

　　　1．目的の決定

　　　2．儀式の作成

　　　3．必要な道具を揃える

　　　4．場の準備

　　　5．肉体の準備

　B．魔法円を開く

　　　1．北の測定

　　　2．両界をつなぐ扉をつくる

　　　3．見張り塔／四大元素を呼び出す

　C．神々の召喚

　　　1．神と同調する

　　　2．神々を召喚する

　D．目的の宣言

　E．術がけの実行、または祭礼

　　　1．術がけ

　　　　ａ．手でおこなう準備、または目に見える作業を終わらせる

　　　　ｂ．力／エネルギーを高める

　　　　ｃ．力／エネルギーの焦点を結ぶ

　　　　ｄ．力／エネルギーのグラウンディングをおこなう

　　　2．祭礼

　　　　ａ．手でおこなう準備、または目に見える作業を終わらせる

　　　　ｂ．ケーキとワインを捧げる

　　　　ｃ．残ったケーキとワインを食べる

F．瞑想

G．神々に感謝を捧げる

H．魔法円を閉じる

　　１．精神的、言語的に魔法円を閉じる

　　２．物理的に魔法円を閉じる

　　３．清掃

　　　　ａ．ごみ捨て

　　　　ｂ．皿とグラスを洗う

　　　　ｃ．儀式に使った道具などを片付ける

　以上の流れはカヴンでおこなわれる儀式の流れとほぼ変わりはありません。では、個人でおこなう儀式と集団でおこなう儀式はどこが違うのでしょうか。

　トラディションやカヴンにはそれぞれ流儀があります。オフィサーとも呼ばれる役職を例に見ていきましょう。オフィサーはカヴンの階級のひとつで、東西南北の方位を司ります。階級上の職務はもちろん、さまざまな儀式においても特定の務めを果たすことがあります。

　通例、東を司るオフィサーは、儀式をおこなう場の準備や、必要な道具が全て運び込まれ、持ち出されているかの確認を受け持ちます。ほかにも、北の方角の測定、魔法円の基盤となる円を描く、両界をつなぐ扉をつくることも彼らの仕事となることが多いようです。

　全てのオフィサーは参入の儀式に参加します。また、カヴンを脱退したオフィサーやレディ（カヴンのハイ・プリースティスのことです）がいた場合、後任を決める最終投票を残るオフィサーたちでおこなうことがあります。

　ロード（カヴンではハイ・プリーストをこう呼ぶことがあります）が東のオフィサーの役割を担ったり、兼任せずに東のオフィサーを別に立て、レディとともに公平な立場で式に参加したりと、その辺りの事情はトラディションやカヴンによって異なります。

　また、 聖 日 （ハイ・ホーリーデー）を始めとする祝祭で、オフィサーそれぞれに儀式の内外で責務が任じられる場合もあります。

　オフィサーに性別上の取り決めはありませんが、方位／オフィサーごとに性

別が決まっているところ、団員の技量や適性次第で変動するところと、こちらもやはりカヴンによるといえるでしょう。

「誰々を選ぶつもりだけれど、まだ本人にその準備ができていなくて……」という悩みを抱えているカヴンもあるように、役職に欠員が生じると後任をめぐって大論争が巻き起こるのは珍しくありません。この問題がどうしてそんなに重要なのでしょうか。

なぜならば、ハイ・プリースト、ハイ・プリースティスがオフィサーたちと連係してバランスと調和を守れなければ、カヴン全体の崩壊をやすやすと招いてしまうからです。崩壊は、カヴンを一から築いていくよりもずっと早く進んでいくでしょう。

魔法円の四方位を司る精霊の呼び出し法もトラディションによりけりです。クォーターの呼び出し、神との同調、神／精霊たちの召喚をレディひとりの役目とするところもあれば、自分専用のナイフを所持したオフィサーたちがそれぞれ担当する方位のクォーターを呼び出すところもあります。クォーターを呼び出した者は責任者として魔法円をめぐる元素エネルギーを絶えず感じ取り、コントロールできないこの力を監視しなければなりません。ケーキとワインの奉納はハイ・プリースティスとハイ・プリーストのふたりがともにおこないます。前述した祭礼の項目中（E-2）にグラウンディングが含まれていないことにお気づきでしょうか。ケーキに含まれる炭水化物を摂取すれば、それだけで魔法円のグラウンディングを完了させられるからなのですが、グラウンディングを別におこなうかはレディの判断に任せられます。

カヴンと違い、ソロの儀式は徹頭徹尾、術者自身が全ての責任を負わなければなりません。魔術、儀式の実践に際してはどんなものであっても手順を全て頭の中に入れ、いかなる事態にも対応できるようにしておくこと、どんな結果も全て自分の行動によるものだと理解していること——私が使った責任という言葉には、そのような意味がこめられています。楽しい時間を台なしにしたとしても、つまらなくしたのはほかならぬ自分自身だということは心得ておいてください。

自分のやり方が間違っているのではないかという不安を和らげるためにも、カヴンでおこなう儀式とソロの儀式とでは違いがあることを知っておくとよいで

しょう。ソロのウイッチは魔術も儀式も好きにおこなってかまわないのですが、異性のパートナーを必要とする大典礼（グレート・ライト）と、一般的には大典礼と同じカテゴリに分類される性魔術だけはそのかぎりではありません。とはいえ、ソロのウイッチが大典礼をおこなう確率はほぼゼロといっていいでしょうし、魔術を学び始めたばかりのソロは肉体を使った性魔術に普通は手を出さないものです。性魔術には能力（身につけなければいけません）と魔術のパートナー（見つけなければいけません——信頼できる相手を）が必要です。

ᏝᏝᏝ　儀式の基本形　ᏝᏝᏝ

儀式の準備

　まず、祭礼にするか術がけの儀式にするかを決めるため、儀式をおこなう明確な目的を設定します。今の時点では、占星術に従って望む力を利用できる日を割り出し（第16章を参照のこと）、儀式の日取りを決めましょう。

　次に決めるのは儀式の形式です。儀式で祀る神々を選んだら、伝統的な祭礼について徹底的に勉強しておく必要があります。術がけの儀式なら、どんな技法を使うかじっくり考えておいてください。

　儀式で唱える文句についてもいろいろと考えなくてはいけません。ダンスや音楽、足踏みなど、儀式に取り入れたい要素はあるでしょうか。私は儀式の順序は厳密には決めておらず、ある程度流れに任せているのですが、それなりの枠組みというものは決めてあります。しくじりでもしたらせっかくの雰囲気が台なしになってしまいますし、特に献身の儀で失敗したくはありませんからね。

　では、ノートを出し、以下に挙げた儀式の準備に必要な手順を書き写してください：

　儀式の種類
　儀式の目的
　　A．儀式の準備
　　B．魔法円を開く

C．神々の召喚

D．目的の宣言

E．術がけの実行／祭礼

F．瞑想

G．神々への感謝

H．魔法円を閉じる

カテゴリごとにデータを書き込みますから、余白は充分に空けておきましょう。

　身につける宝石類、衣服など、もしあれば儀式に必要な用具、小道具類も決めておく必要があります。

　服を着るか着ないかは、自分の判断で選んでください。かのジェラルド・ガードナーが裸で儀式をおこなっていたことは有名ですが、彼は元来の裸体主義者<ruby>裸体主義者<rt>ナチュリスト</rt></ruby>で、クラフトの実践者として声を上げる以前からの個人的嗜好を魔術にも取り入れたにすぎません。60年代から70年代初めに多くのカヴンがこの方針を採用していたのも、自由恋愛が世を席巻していた時代背景を考えると自然の流れといえるでしょう。私たち新世代のウイッチは、少し上の年代に比べると多少窮屈な時代に生きているのかもしれません。とはいえ、地域を問わず全国の聖職者から睨まれている状況にあっても我らが先達が堂々と裸を通していたかというと、それはあり得ないというのが通説のようです。私個人は、服装は部族や氏族、地域を含め、時代と社会が決めるものと考えています。

　現在では服装の規定はカヴンによって異なり、 空 衣 <ruby>空 衣<rt>スカイクラッド</rt></ruby>（全裸）を採用しているところ、団員が自分でデザインした奇抜な衣装を身につけるところ、カヴンの上位階級者が指定する──足もとまですっぽり覆う黒いローブなど──ところと、方針はさまざまです。

　服を着ておこなう場合は、体を締めつけず、袖が膨らんでいないものを選びましょう。ぴったりした服だと両腕を女神の位置（宇宙を抱くように両腕を外に伸ばし、てのひらを上向けた形）に取ったときに窮屈ですし、袖が膨らんでいるとキャンドルの火が燃え移ってしまうかもしれませんからね！

　ほかにも半衣、すなわち太腿の半ばまでの丈、あるいは正面や側面が開いているか切れ込みが入っているローブもありますから、儀式ごとに衣装を替えるのもいいでしょう。

　ローブは色も重要です。気分に合わせた色、よく似合う色、儀式に対する気持ちを反映した色など、いろいろと選んでみてください。

　ローブは自作でも既製品でも自由ですが、裁縫があまり得意ではない人にも、生地もデザインも自分好みに、装飾もステンシルも思いのままに加えられ、自分だけの特注品が手に入る手づくりをおすすめします。布地屋に行けばどんなデザインの型紙でも手に入ります。気に入るものがすぐに見つからなかったら、ハロウィーンやクリスマス用の衣装のコーナーを探してみましょう。

　ミシンの扱いが不安な人には、洗っても糸がほどけないニット生地が便利です（洗濯機はとんでもないときに牙をむく恐ろしい悪魔ですからね）。生地を半分に折り、折り目の中央に頭を通す穴を空ければ完成です。頭がつかえるだろうと思って着てみたら、腰まですとんと落ちてしまったなんて事態を避けるためにも、寸法はきちんと測っておきましょう。生地は高価なものですから、取り返しのつかない失敗をしないよう、はさみを入れるときは再三の確認を忘れずに。

　宝石類はあらかじめ浄化と聖別を施しておき、ひとつひとつが自分にとって象徴的な意味を持つものを身につけます。ソロのウイッチの間では、自分で選んだ宝石を献身の儀で自分に贈るという習慣が人気です。

　皆さんもこれに倣（なら）い、私欲からではなく、魔術に本気で取り組んでいることを証す品として、自分に宝石をひとつ贈ってみてはどうでしょう（私はやりました）。贈り物にする宝石は先に浄化と聖別を施し、黒いベルベットに載せるか箱に入れて祭壇に置いておきます。献身の儀が終わったら、引き続き儀式をおこなって宝石に力の付与をし、魔術具として完成させてください。

　儀式に使う主な術具類は以下のとおり：

　照明用キャンドル、2本

　銀色のキャンドル、2本

　四大元素を表すキャンドル、4本

アサメイまたはワンド、1本

ほうき

ペンタクル

チャリス

皿

ケーキ

飲み物

ベル

赤いキャンドル、1本

献身の贈り物、1個

祭壇に置く四大元素を表すアイテム、4個

ローブ

魔法円をつくるための紐

マットまたはラグ（儀式で瞑想をおこなう場合、横たわったりひざまずいた
　りするときに使用）、1枚

　あらかじめ用意してある聖なる空間を使用する場合は、できるだけ徹底的に
掃除をし、祭壇の設置もすませておきます。屋外などほかの場所を使うことに
なった場合も、同じようにその場所の準備をきちんとすませてください。儀式
の計画を立てるときはこういう事態も考慮しておかなければいけません。

　最後に、儀式の前夜は心身の準備に使います。シャワーや熱い風呂で体を清
め、チャクラを開く瞑想を数分間おこなってください。私はドナルド・マイケ
ル・クレイグの著書『Modern Magick（現代の魔術）』に収められている「下
位の祓いの儀式」を併用し、穢れを祓っています。

魔法円を開く

　コンパスで北の方位を測定し、両界をつなぐ扉の準備が整ったら、魔法円に入
れます。魔法円の入り方にも流儀があり、魔法円に直角に置いたほうきを渡っ
て円陣内に入り、内側から回収する方法、ナイフを使って扉の開閉をおこない、
円内にそのまま歩いて入る方法などがあります。

　前もって用意した聖なる空間を使用する場合は、ほうきが正のエネルギーに満ちた光の痕跡を残すイメージを思い描きながら魔法円を時計まわりに掃き清めていき、１周したら祭壇に戻ってください。

　次に、魔法円を力で満たし（チャージといいます）、魔法円の四方位を守護する見張り塔を呼び出します。「魔法円の構築」とも呼ばれる手順です。浄化と聖別の儀式でやったように、四大元素全ての力を使って魔法円にチャージする。または、この段階は飛ばして（常設の聖所だと特に多いですね）ワンド／アサメイで魔法円を描くだけというように、儀式の目的、トラディションによって実にさまざまなやり方があります。

　術がけで呼び出すクォーターは見張り塔でなくともかまいません。いかなる次元においても何かを呼び出している気配のないウイッチもいますし、四方位に呼び出すのは見張り塔ではなく天使、あるいは四大元素というウイッチもいます。クォーターは魔法円にいる間にあなたを護ってくれる守護者です。あなたの好きに選んでください。

　以下のような文句を唱え、東から順にクォーターを呼び出します：

　　　汝、東の塔の守護者よ。我は汝を召喚し、目覚めさせる者。この儀式の場に臨み、この円陣を守りたまえ。

　以下のように、それぞれの方角が象徴するものについての描写を追加するのもいいでしょう：

　　　風の力よ、両界を旅する私を冷涼なる汝のエッセンスをもって取り巻きたまえ。

　東での召喚が終わったら南、西、北の順に同じ手順を続けていきます。各クォーターの位置では空中にペンタグラムを描き、言葉で守護者を召喚します。ペンタグラムは燃え盛る青い炎でイメージしましょう。全クォーターの呼び出しが終わったら魔法円の中央を向き、自分が今、両界の狭間にいることを宣言しますが、その一例として、私が読んだ中で最も心が震えた一文をスターホー

クの著書、『聖魔女術──スパイラル・ダンス』から以下に引用します：

　　　魔法円は構築され、我らが立つのは両界の狭間。ここは時間に縛られぬ
　　場所。夜と昼、誕生と死、喜びと悲しみがひとつとなって出合う場所。

　本書では一貫して自分の儀式は自分の言葉で書くことを強くおすすめしてい
ますけれど、両界の狭間についてこれほど端的に真実を表している一文はほか
にないと思います。私の儀式ではこの一文が必ず唱えられます。
　クォーターの呼び出しを終えたら、辺りで何かの気配が大きくなるように感
じるでしょうが、恐れることはありません。神々を召喚し、同調するときが来
たのです。

神々の召喚と同調

　私は術がけに力を貸してくれる神と必ず同調をおこないます。ソロのウイッ
チは自分自身がプリースト／プリースティスの役割を担いますので、儀式では
自分のエネルギーを男神／女神のエネルギーと融合することになります。神々
との同調を果たしたら、神々の召喚、または魔法円への降臨の呼びかけをおこ
なってください。
　召喚の文句としては：

　　　私、＿＿＿＿はイシスと同調する。

　または：

　　　私は……と完全なる同調を果たす。

　プリースティスによってはこんな文句も：

　　　私、＿＿＿＿は（神の名前）の化身なり。

　これは本質的にソロの実践者にとっての真実を捉えた言葉といえます。このあとに以下のような文言を続けるのもいいでしょう：

　　　今宵、このとき、私は（神の名前）が司る古き力に呼びかける。

　献身の儀式であれば、私はこの時点で女神の訓言（チャージ）（本書の序文に掲載）を読み上げます。

　神々との同調を果たしたら、それぞれの神を表す祭壇上のキャンドルに火を灯します。男神と女神の両神と同調したのであれば、金と銀のキャンドルに火をつけてください。召喚が終わったら祭式の始まりを告げる合図にベルを鳴らし、神のエネルギーを魔法円の内に呼び込みます。

目的の宣言

　次に、これは神を称える祭礼なのか、術がけのための助力を請う儀式なのかを明確にするため、目的の宣言をおこないます。

　祭礼の場合はケーキとワインの祝福をおこないます。ワインの代わりにリンゴ酒、エール、フルーツジュース、湧水を使ってもかまいません。神との出会いにエネルギーの焦点を合わせ、男神と女神の和合をイメージしながらアサメイを杯にゆっくりと差し込みます。この工程が終わったら、神々に捧げた供物の残りを食べます。キリスト教の礼拝でおこなう聖餐のようなものとお考えください。

　以下のような文句を唱えます：

　　　偉大なるディアーナ、子供たちの守護者にしてアラディアの母なる方よ。あなたの庇護を受け、立派に成長した私をごらんください。今宵、この場で、私はあなたに感謝を申し上げます。

サウィンの祭日に死者の霊と交流するときはこんな文句を：

　　　サウィンの祝賀を明日に迎え、ベールの向こうに去っていった者たちを

今宵ここに歓迎しよう……。

　術がけの儀式では魔術人形の最後の数針やハーブの調合、魔術に関わる書き物をこの工程で終わらせます。まじないや術がけの性質によりますが、その後、力を高め、焦点を合わせ、グラウンディングをおこないます。術がけの儀式では目的の宣言は具体的におこなってください：

　　今宵のこの場は、肺炎と診断されたマーサ・ジョーンズに健康をもたらすため……。

　目的を宣言したら、ベルを3回鳴らします。

　以上の例の中には深刻な目的のものもありました。クラフトも、クラフトの力を用いることも、楽しいだけの遊びではないからです。あなたには力と能力（どちらも全ての人間が持っているものです）があります。そして、相手が自分に術がけを許しているのであれば、その力を振るって生命に働きかけ、バランスの崩れを直すことができるのです。この点についてはあとのほう（第18章）でもっと詳しく扱っています。

瞑想

　次に瞑想をおこないます。時間の長さは好き好きでかまいません。スピリチュアルな気づきをもっと強力にしたいというような形のない贈り物を神々に願っている場合、瞑想状態での視覚化を通じてその望みを叶えるエネルギーを受け取れます。

　これは私の経験談ですが、以前、瞑想状態にあったときに口が勝手に大きく開き、頭がのけぞったかと思うと、希求した贈り物で体内が満たされたという驚くような体験がありました。

　チャクラを閉じて瞑想を終えたら10から1まで数え、深呼吸をして目を開き、完全に目が覚めたことを自分に教えてください。

　以下は、献身の儀で唱えるべき文句の一例です。これを参考に適宜変更を加え、自分に合った文言をつくりましょう。

　　今宵、この場に私は魔法円を構築し、レディとかの方の伴侶、そしてウィッチクラフトの教えと技に、己の精神、肉体、霊魂を捧げる儀式をおこないます。

　　今日より私は神なるものと自分自身を心より敬います。私の心には『完全なる愛と完全なる信頼』、ふたつの完璧なる言葉が刻まれています。

　　私が選んだ道を、神を、そして自分自身を敬うことを誓います。

ワンド／アサメイを取って次のように唱えます：

　　今生のかぎり、今生を超えて、クラフトのイデオロギーを心と頭に刻むことを誓います。

ワンドの先端を足もとに向けて：

　　私の両足に祝福あれ。永遠にして神聖なる光に照らされた道を絶えず歩いていきますように。

膝を指して：

　　私の両膝に祝福あれ。哀願ではなく感謝を捧げるため、祭壇の前でひざまずく私を支えますように。

鼠蹊部を指して：

　　私の子宮／陰茎に祝福あれ。人類の精髄はここでつくられ、生み出される。世界の子供たちを導き守る、よき教師となることを誓います。

胸を指して：

> 　私の心臓に祝福あれ。乱れることなく脈を打ち、真実のみを送り出しますように。私の愛情の温もりが銀河の果てまで広がりますように。

唇を指して：

> 　私の唇に祝福あれ。真実と、精神と魂の純潔について語るこの口に。英知が流れ出、全人類に恩恵をもたらしますように。

第3の眼の辺りを指して：

> 　アストラルの目に祝福あれ。神の真実をもって命のベールを見透かしますように。

ベルを7回鳴らします。白い紐を取り、ナイフの柄を握った手にしっかり巻きつけ、以下のように唱えます：

> 　私、（自分の本名）は宇宙の中の一存在として、自らの自由意志と精神に基づき、クラフトの教えと技に常に寄り添って生きることを心から誓います。同胞たる人類に、学んだ秘密によって決して害を及ぼさぬことを、信仰や力を誇示しないことを宣言します。今日この日より私は（魔術名）として新たな命を与えられ、この誓いを守り、重んじ、大切に心に留めておくことを約束します。

紐を解いて祭壇に置き、ベルを9回鳴らします。
チャリスを左手に持ち、右手に持ったデカンタの中身を注ぎ入れます。献身の贈り物をゴブレットに浸し、身につけます。チャリスを両手で掲げ：

> 　女神のものなるこの肉体にワインを取り込み、我が誓いに封をします……

永遠に。

ワインを半分飲み、半量になったゴブレットを男神と女神に向かって掲げ：

感謝の捧げ物としてこのワインを納めたまえ。

皿を掲げ：

穀物は女神の恵みなり。これを食べることでロードの犠牲と新生が表される。伴侶のものなるこの肉体に取り込み、我が誓いに永遠の封を施します！

神々への感謝

〈あらゆる全て〉のエネルギーは神々を通して顕れ、あなたに力を貸してくれるので、神々に感謝を捧げることは大切です。華美でも大仰でもない簡単な言葉でかまいませんが、感謝の気持ちだけは絶対に忘れないでください。

祭壇の前に立ったら、以下のような言葉を唱えましょう：

私、（魔術名）はこの儀式を司ってくださったロードとレディに感謝いたします。光の中をともに、そして永遠に歩んでいけますように。

魔法円を閉じる

最後は魔法円を閉じる工程です。私が普段おこなうときは、ワンド（前述のとおり、私はあまりアサメイを使いません）を頭上に掲げ、腕を反時計まわりにまわしながら部屋を1周しています：

この円陣は開かれるとも、壊れることなく円陣は残る。

同時に、魔法円が開放されるイメージで視覚化をおこないます。消すべきキャンドルを忘れずに消し（吹き消してはいけません）、土に埋める準備をしてくだ

さい。

場の清掃

　あとは片付けをして終わりましょう。儀式の間に何も口にしていなかったら、どうぞ冷蔵庫に走っていって腹ごしらえをしてください。術がけの儀式で残ったエネルギーを排出するため、炭水化物をたっぷり取るといいでしょう。供物に使ったケーキとワインが残っていたら、ワインは屋外で土の上に空け、ケーキは動物や妖精たちのために置いておいてください。お皿とカップを洗ったら、道具もきちんと片付けましょう。エネルギーが排出し切れていないように感じたら、術具に注ぎ込んで強化に使うこともできます。

他人がつくった儀式を使っていいの？

　他者がつくって実践している儀式をあなたがおこなっても、もちろん何の問題もありません。さまざまなパンテオンや神々を祀る儀式が載っている本がたくさん売られていますから、むしろ積極的に読むことをおすすめします。クラフト系の会報でも、新しい儀式は誰でも実践できるような形式で詳しく紹介されています。

　自分の頭を使って考え出した儀式を自分の肉体がおこなうということは、心身の距離をうんと近づけることです。ですから、他人がつくった儀式をおこなうことの是非について私が言えるのは、自分に合わないと思ったらやめなさい、のひと言に尽きます。もっとも、ほとんどの儀式は集団でおこなうようにつくられているので、ソロであるあなたが実践するにはどのみち自分の手でいくらか修正を加えることになりますけどね。

献身の儀

　この最初にして最後の段階に進む前に、自分がこれからしようとしているこ

とについて真剣に考えてみてください。今まで信じてきたほとんどのものをきれいさっぱり洗い流し、クラフトの研究で培ったものだけを残していくことになります。後ろめたさや罪深さを覚えることなく、古（いにしえ）の男神と女神を心の底から称えることができますか。誰かに押しつけていた自分の問題も行動の責任も、これからは全て自分ひとりで負わなくてはなりません。受け取った知識は分別を持って活用し、ほかの命を傷つけることに絶対に使ってはいけません。それだけの覚悟はできていますか。どうか、よく考えて賢い選択をしてください。あなたはもはや人生の傍観者ではなくなったのですから。

　では、ノートを出して、献身の儀の計画を練っていきましょう：

1．儀式の日取り。
2．儀式をおこなう時間帯。
3．儀式をおこなうのに適切な月相。
4．儀式で利用したい月相、または天体の照応。
5．儀式の目的。
6．儀式を正式におこなうために必要な道具類。
7．儀式で呼び出す守護者。
8．儀式で召喚と同調を望む神々。

　ノートの次ページを儀式の計画表として使い、儀式ではどんな文句を唱え、実際にどう動くか、式の流れを詳細に書いていってください。

　儀式が終了して張り詰めていた力が抜けたら、多幸感に満たされていることでしょう。献身の儀のあとは皆がそうなりますし、ちょっとどころか数日間はずっと幸せな気分に浸っていられるはずです！　その高揚感で、誰かに儀式の話をしたくなるかもしれません。どうしても黙っていられなくなったら、本当に信頼できる友人をひとりだけ選んで打ち明けてもかまいませんが、献身のことはあなたと神々だけの秘密にして、ほかの誰の耳にも入らないようにしたほうがいいと私は思います。あなたは献身者として、大きな大きな一歩を踏み出しました。英知と知識の世界に足を踏み入れるのは勇気がいることです。あなたはそれを成し遂げたのですから、大いに祝ってください。

〰 おすすめ書一覧 〰

- Lynn V. Andrews, *Teachings Around the Sacred Wheel.* Harper & Row Publishing.
- Scott Cunningham, *Wicca: A Guide for the Solitary Practitioner.* Llewellyn Publications.
  （スコット・カニンガム、『魔女の教科書』、パンローリング社）
- Janet and Stewart Farrar, *Eight Sabbats for Witches.* Phoenix Publishing.
  （ファーラー夫妻、『サバトの秘儀』、国書刊行会）
- Ed Fitch, *Magickal Rites from the Crystal Well.* Llewellyn Publications.
- Ed Fitch, *The Rites of Odin.* Llewellyn Publications.
- Herman Slater, editor, *A Book of Pagan Rituals.* Samuel Weiser, Inc.
- Starhawk, *The Spiral Dance.* Harper & Row.
  （スターホーク、『聖魔女術——スパイラル・ダンス』、国書刊行会）
- Barbara G. Walker, *Women's Rituals.* Harper & Row Publishing（現 Harper & Collins）.

第14章
ウェブウィーヴィング

　本から得られる知識にはかぎりがあります。80年代初頭、書籍の年間売り上げは90億ドルを超えていましたが、残念ながら、そのうち魔術を扱った分野の割合は微々たるものでした。

　90年代現在のアメリカの出版社数は2500超、年間で刊行される書籍は6万冊超と推定されます。手に入る範囲の本を読んだとして、平均的な魔術民が1ヶ月に読む啓蒙書の類は3冊かそれ以上というところでしょう。

　研究の性質上、魔術民は本を一度に大量購入するもので、たとえばタロットを研究している人などは1回に5冊も買っておきながら、その2週間後にまた何冊か買い足すことはよくあります。この傾向は「入門編」を卒業し、見つけられるかぎりの上級者向け書籍を読破しようと意気込んでいる時期に多く見られます。

　私が今までに身につけた知識は全方位からまんべんなく学んだものです——33％を本から、33％を応用と実験から、そして33％をウェブウィーヴィング（人脈づくりを意味する魔女用語です）から。残りの1％は——そうですね、個別に拾い上げたこの99％をまとめて関連付けてくれる存在がそこかしこにいて、私を導いてくれるおかげでしょうか！

　本や記事がきっかけとなってスピリチュアルな成長を遂げることは多々ありますが、やはり人間同士が差し向かい、自分の考えや技法を教え合う以上に勉強になることはありません。本が相手では一方通行のやり取りしかできませんから、一段上を目指そうと思えば血の通った人間との交流から学ぼうとするのは当然の帰結といえましょう！

　ソロのウイッチはたったひとりで魔術の実践をおこなうものです。しかし、電話のない洞窟や、外部と連絡の取れない修道院に住んでいるならいざ知らず、

魔術民である以前にひとりの人間として、同族との交流を無視できるわけがありません。

　ソロにとって情報を他人と共有することは禁忌ではなく、漏らしてはいけない秘密も知識もありません。組織に縛られる魔術民とは違い、誓いを破る心配がない点はソロの強みです。いつか、誰かとの交流の中で「ごめんなさい。誓いを破ることになるから、その質問には答えられません」と言われることがあったら、その人が戒律に縛られているのだと納得して無理強いせずに引き下がり、話題を変えてあげてくださいね。

　逆に、「秘密を知っている」ことをひけらかす人たちがいたら、ご注意を。賭けてもいいですが、その人たちはよく理解もせずにその言葉を使い、意味ありげに見せているだけですから。

　大勢とネットワークをつくることに尻込みする人が多いのは、たとえ郵便だけの関係でも、知らない人と付き合うのは危険そうだと考えるからです。そんな危険を回避するため、慣れない環境に身を投じるときに実践すべき注意事項をここで学んでおきましょう。

～～♪　ウェブウィーヴィングの手引き　♪～～

（訳注：本章は90年代当時のアメリカの通信事情に基づいて執筆されたものです）

私書箱を利用する

　小さな街や田舎にお住まいであれば、近くの街や職場がある都市に私書箱を借りることをおすすめします。米国郵政公社の私書箱を利用する際は、運転免許証や有権者カードといった「公的な」身分証明書を発行しておく必要があります。

　名前と住所を書く欄には本名と現住所を書き込まないといけませんが、宛先として別名義を登録することもできますから、公開している魔術名がある場合はその名前を登録しましょう。家族や雇用の関係で本名を使いたくないという人は多いもので、正しい名前と住所が登録されているかぎり別名でも郵便法で

は問題なく、きちんと配達してくれます。

　魔術関係の手紙を自宅に配達してもらうことは避けたほうがいいでしょう。ウイッチになって間もないのであればなおさらです。世の中は情が厚く親切な人であふれている──と、胸を張って言いたいところですが、あいにく、私もあなたもそこまで世間知らずではありません。ウイッチやペイガンを始めとした魔術民は基本的に親切で、思いやりのある人たちです。でも、社会というものの御多分に洩れず、この世界にももぐりの成りすましや、あなたをカモにして遊びの標的にしてやろうと狙っている部外者がいるので、そういう連中に対する注意が必要になります。

　同じ理由で、自宅の電話番号や職場の住所を教えてはいけません。ネットワークというブドウの蔓（つる）にできた腐った実に出くわしたときに、うかつな行動のせいで慎重に築き上げてきた生活に踏み込まれることになったらたまったものではありませんからね。

　数年来の私のウェブウィーヴィング経験で起きた問題と呼べる問題は４件しかありません。ウェブウィーヴィングで困ったことが起きたら、まずは原因を特定してください。あなたの行動や発言が原因なら、そこを正します。手紙でいわれのない攻撃をしてくる人がいたら、もう手紙のやり取りをしない旨を丁重に伝え、受け取った手紙を全部送り返します。また送ってきたら、その手紙を郵便局に送って受け取り拒絶にしてもらいます。封筒だろうとはがきだろうといっさい目を通さず、開封せずに処置してください。

　ときおり、あなたの住所が「ちゃんとした」宗教の信仰者が個人で展開しているメーリング・キャンペーン名簿に載り、くだくだしくも狂信的な内容の手紙が届くことがありますが、そんなときは逆に言い負かしてやろうとは思わず、ただ──捨ててください。こういう人たちは何かを教えてもらいたくて手紙を出しているのではなく、ただストレスのはけ口にあなたを使っているだけなのです。

　超能力で攻撃されることは極めて稀ではありますけれど、可能性がないわけではありません。超自然的手段による攻撃を受けていると感じたら、ウェブウィーヴィングで交流している友人で自分より経験を積んでいる人を頼りましょう。実際、私は頼りましたが、恥ずかしいとは思っていません。ウイッチの不

始末はウイッチが始末するものですからね。

　郵便局のほかにもフランチャイズで事業展開している私書箱サービスがあり、こちらは 1 個当たりの料金こそ高いのですが、郵便局に頼らなくともここだけで事足りるほど、手厚いサービスを受けられるのが魅力です。

　こちらでは部屋番号がついて私書箱とわからない形で利用でき、無期限で郵便物を保管してくれ、24 時間いつでも郵便物を取りに行くことができます。それに、電話で郵便物の有無や、特定の郵便物が届いているか確認することもできますので、空っぽの私書箱のために無駄足を踏むこともなくなります。

　予算と時間が許すかぎり、たくさんの人と文通しましょう。郵便料金が値上げすると文通相手も厳選されていくかもしれませんが、それでも大勢とつながりを持って強固な関係を築いておくことを強くおすすめします。

交流相手

　ウェブウィーヴィングの交流相手はおおよそ次の 3 種に分けられます：

1. 交流相手が欲しいだけで、スピリチュアルな成長についてはほとんど関心のない人。こういう人たちとの交流は私たちを一般社会につなぎ止め、関わりが切れないようにしてくれるので、余裕があればやり取りを続けたい相手です。

2. 特定の技能に興味があり、お互いに知らない技法について知識を分け合いたいと思っている人。この人たちが好む話題は占いやテレパシー、よく知られているクラフトのトラディションが多いでしょう。しかし、私の見たところ、こちらから特別に頼まないかぎり、まじないの交換に積極的ではなさそうです。儀式のほうはそうではないのですけれど。

3. ほかの魔術民がどんな「修練」をしているのか興味がある人。ここで警告というほどでもない注意をひとつ：私たちは誰もが教師であり、生徒です。「どうしても先生が必要です！　助けてください」という訴えをそこかしこで見聞きしますが、人か、本か、それとも単なる無駄話かはわかりませんけれど、教師というものは自分が教師となる準備ができたときに自然と現れるものですから、わざわざ広告を出してまで求める必要

はないのだということを覚えておきましょう。

　クラフトでは偶然の力が大きな役割を果たします。気負いや悩みのない順調な日々を送っていると偶然の一致が演出され、いろいろなことが何もかも完璧なタイミングで起きるのです。何かひとつのことにぐずぐずと囚われていると、いつまで経っても物ごとが展開することは望めません。知識と知恵は受け入れて理解する準備が整わなければ得られないものと心得ましょう。

　もし、教師を探しているという手紙を20人に書いて送ったら、相手はあなたのことを世間知らずと思ってカモにしようとするか（よくあるのです）、私たちは常にまわりから何かを学べ、宇宙が教師となって導いてくれることをまだ知らないのだなと思うことでしょう。

　仮に手遅れだとしても、気を悪くしないでください。私も通った道です。でも私は幸運でした。無知な私が学びの道を正しく歩けるようになるまで根気よく付き合ってくれる奇特な方にふたりも恵まれたからです。頭のイカレた人もいましたけれど。

　忍耐を持ち続けることは大変です。特に、ウイッチクラフトのように驚異と力に満ちたことを学んでいるときは。座右の銘として忍耐を心に刻み、我慢強く振る舞うことを心がけましょう。

　形而上学的な知識と専門用語をひけらかす人、資格や業績などをずらずらと並べる人にはご注意を。安全のために照会先を明らかにするのはいいことですが（あなたの身もとを保証し、連絡が来てもかまわないという人をひとりふたり書き出しておくといいですよ）、詳しい経歴まで教える必要などないからです。今まではどこどこに所属して何をやっていただとか、肩書きを新しいものから20も並べて解説を入れたところで、読む側にしてみれば内容などまったく頭に入ってきませんからね。

　こういう人は——自分の肩書きについて、あなたのワンドほどもある長いリストを送ってくる人は——自己中心的な振る舞いをしがちです。律儀に相手をしたりせず、行間を読むか、送られてきた個人データを流し読むだけに留め、嫌だと思ったらその直感に素直に従いましょう。首をひねるような内容だったら返事を出さないこと。丁寧な「お断り」状もいりません。感性を基盤とした友

人との強固なつながりに山のような肩書きの出番はなく、出番がなければ必要もない、ただそれだけの話です。

　ほかにも、結婚／性交渉の相手探しが目的で、それを隠さずに手紙を寄越してくる人がいます。もちろん、クラフトがきっかけですてきな縁に恵まれたという例もありますけれど、私はクラフトをお手軽な結婚相談所とは思っていません。出逢いを募集する公告はたいてい「個人」広告欄に載っていますが、何しろ文面が直球ですので、クラフト系の雑誌ではこういった広告自体を掲載しないというところもあります。

　私のところに来るその手の手紙は、必ずどこかに「あなたは自画像と似ていますか？」と書いてあるので、すぐにそれとわかります。

　その質問の答えは……（ドラムロールをお願いします）：いいえ、似ていないから自画像にしているんです。心理学の専攻者なら願望充足の表れだと言うでしょう。もし私が自画像にそっくりだったら、今ごろは仕事もせずに左団扇の生活を送っていましたね！

　真面目な話をしますと、こんな感じで個人的な質問をいくつかされることがあると思います。興味があるなら返事は慎重に。毛ほども関心がないなら、感じのよい手紙には返事を書いて丁寧にお断りしましょう。いかがわしい雑誌に送られた手紙が誤配されたのかと思うような内容であれば、そのままごみ箱にうっちゃってください。

ウイッチと実際に会う場合

　ウェブウィーヴィングで知り合った相手と会うことになったら、その人についてできるだけ下調べをおこないましょう。あなたのウェブウィーヴィング・リストに、その相手と個人的に会ったことがある人がいるでしょうか。本気で顔合わせするつもりなら、まずは会ったことがある人に電話をかけて、情報収集をしてみましょう。

　いよいよ会うとなったら、落ち合う場所はレストランや図書館、美術館でもいいですが、公共の場を選びます。出かけるときは家族か近しい友人に、どういう理由でどこに行くのかを伝えてください。

　クラフトの世界に入ってまだ日が浅い人は、相手がどんな人か想像をめぐら

さず、真っさらな状態で会いましょう。実際に会ってみると想像と全然違って
いたなんてことはよくありますし、特に初めての顔合わせとくれば期待の外れ
方も大きいでしょう。それに、自分よりもクラフト暦が長いからといって、相
手をアデプト級の腕前だと勝手に思い込まないように気をつけてください。世
間話もそこそこにクラフト暦の長さについて滔々と語り始めたら、私は怪しい
人だと思います。ガールスカウトを11年やっていたって、森で迷子にならない
わけではありませんからね。

　密室での会合や儀式に誘われても、参加者に会って信用の置ける人たちだと
いう判断ができないうちは参加を避けてください。地元のオカルトショップな
どに行けば、腕前や経験はそこそこの同好の士に出会い、良好な友人関係を築
くことができますが、顔見知りであっても用心は必要です——オカルトショッ
プに飾ってある水晶のそばで昨夜出会ったばかりの男（女の子でも）に、ベイ
カーの森で満月の儀式を開くからおいでよと誘われても、行ったことがないか
らいい機会だと思ってほいほいついていってはいけませんよ。

　つまりはひとりで逃げ出すことのできない状況をつくらないようにしてくだ
さい。身の安全にはくれぐれも注意して。アメリカでは毎年大勢が行方不明に
なっています——その仲間入りをしないように！

招かれ先での振る舞い方

　カヴンや集団での催しに参加したくなったら、お母様から教えられたマナー
を思い出して行儀良く振る舞いましょう。馬鹿にするつもりはないのですが、
びっくりされたらごめんなさい。でも、これはペイガンの雑誌でもよく取り上
げられている話題で、実際にマナーのなっていない人を目にするまでは真剣に
受け止めてもらえないことは残念です。

　ソロの魔術の実践法を教える本で書くことかと思うでしょうが、常日ごろか
らエチケットを意識している人ばかりなら、社会から引きこもって世間と交わ
らない人ばかりなら、ここでわざわざ釘を刺したりはしません。魔女団などを
訪ねることがあったら、まわりをよく見て同じように行動しましょう。ウイッ
チの会合に加わるなら、たとえ外部の者であってもそれなりの責任を負わなく
てはならないのです。

　訪問先では感じよく振る舞うことです。びっくりするようなことを見せられても、動揺を表に出さないでください。まわりには知らない人ばかりで、やっていることもよく理解できず、自分が場違いとしか思えない状況に立たされるのは確かに恐ろしく、誰にでも覚えのある経験です。でも、だからといってマナーが悪いことの言い訳にはなりません。誰かのお宅を訪ねるときはポテトチップを１袋とか、ペーパータオル１本、キャンドル数本でもかまわないので手土産を持参し、後片付けをして帰りましょう。また誘われるかどうかはあなたの振る舞い次第です。次はあなたの家が会合の場所に選ばれるかもしれません。

自己紹介文を考える

　広告や情報の募集に応じるにしろ、出版社の編集部に連絡するにしろ、初めて送る手紙には丁寧な自己紹介文を１ページにまとめて添えておきます。普通の手紙と同じように、手紙を書いた日付と返信先として自分の住所も書き加えましょう。読み飛ばす人もいるでしょうけれど、興味津々で目を通す人のために、その日の天候や占星術的位相、祝祭について記しておくのも面白いですよ。

　手紙には相手の住所も書いておきましょう。仮にあなたが私に手紙を送るとして、私の住所を省略せずに便箋に記しておくと、入れる封筒を間違えることがなくなりますから、私みたいな手紙狂には混乱防止に便利な工夫です。

　雑誌か何かで知った相手に手紙を送る場合は、どうかその旨を明記し、雑誌名、号数、発行日も添えて教えてあげてください。理由はともかく、自分の名前を刊行物に載せたということは、おそらくお金を払って広告を出しているはずです。どこで知ったかを伝えることで、広告が無駄ではなかったことが伝えられます。

　手紙を書くときは含みのない文章を何より心がけてください。芝居がかった言いまわしは別の機会に取っておき、必要最低限にまとめた個人情報を冒頭に記します。今までに私が受け取った面白い手紙の話をしますと、「私とあなたは同じですね。私は妖術師なんです」という一文には、失礼ながら大いに笑わせていただきました。だって、この人は私のこともクラフトのことも何も知らないのに知ったかぶっていることが、これだけでわかってしまいますもの。

　第１の間違いとして、私は女性であり、男性ではありません。第２に、クラ

フトにウォーロックは存在しません。男性のウイッチは単純に男性のウイッチ
と呼びます（訳注：ウォーロックは「誓いを破る者」や「嘘つき」、「悪魔」を意味する古
英語「wærloga」に由来する語。中世、魔女（ウイッチ）の多くが女性とされたことから、邪術を使う男
性をウォーロックと呼ぶようになった。しかし、本来「ウイッチ」は男女両方を指す言葉で
ある。ウイッチクラフトにおいては、「カヴンの規則を破って追放された者」をウォーロック
と呼ぶ場合がある）。この人の知識はテレビで昔見たものそのままか、ほかの魔術
体系とごっちゃになったまま覚えてしまっているのでしょう。まあ、鼻をぴく
ぴくさせるだけでお皿が勝手に綺麗になったり、地下室で山と積まれた洗濯物
が収まるべき場所に収まってくれたりすればいいのになと思ったことは私にも
ありましたけどね！

　常に心がけておくべき範囲の礼儀として、自分の住所を書いて切手を貼った
封筒、つまり返信用封筒を同封しましょう。非営利組織などからの刊行物を通
してウェブウィーヴィングのつながりを多く築いている場合、知識を教えてほ
しいとか、困っているので助けてくださいといった手紙を送りつけ、かつ、返
信用封筒も同封されていないときたら、こんなに失礼なことはありません。手
紙を受け取る相手は家計から切手代を捻出しているかもしれないのです。

　同様に、あなただけが一方的に損することがあってもいけません。スピリ
チュアルな義務感から始めたことでも、お財布を圧迫し始めたら、つらいだけ
になってしまいます。

　あなたから知識を教えてほしいと頼み、相手が応じてくれたら、感謝の手紙
を必ず送ってください。さしたる労力も費やさず、ありがとうという簡単なひ
と言を伝えるだけでも、あなたに助けの手を差し伸べた人には大きな意味を持
ちます。相手側も手紙が無事に受け取られ、頼まれたことにきちんと応えられ
たのだなとわかりますからね。はがき1枚送るだけでも充分です。私はいつも
「目を通したら捨ててもかまいません」の一文を添えています。処理する手紙が
多い人なら返信の手間が省け、100回もキスしたくなるほど喜んでくれますよ！

　ペイガン・コミュニティの新聞、雑誌、会報の編集部は購読者のため、薄給
（もらっていればの話です）で大変な作業を長時間こなします。読者から送られ
てくる相談を読み、タイプライターに向かって2時間以上かけて返事をしたた
めたというのに何の音沙汰もなく、手紙が届いたかもわからないとなると、本

当にがっかりしてしまうのです。

　もうひとつ、私がイライラするのは、かろうじて読めるかという 1、2 行の走り書きが、洗濯機から出てきた昨日の買い物リストと思しき紙切れで届いたときです。ウイッチクラフトの会報誌などを創刊してきた私自身の経験から言いますと、編集者はプロなのですから、それなりの敬意を払うべきです。それに、そもそもの話として、字の判別もろくつかない手紙には返事を出そうにも出せるわけがないのです。

ウェブウィーヴィング・ファイル

　ウェブウィーヴィングの手を広げるつもりでいるなら、早いうちに整理法を確立しておくと便利です。個人や組織ごとにマニラフォルダーで分類して住所、日付、平時の連絡手段を収めておき、誕生日や興味ある話題、家族構成、好きな動物といった関連情報をあとから付け足していきます。こうしておくと、付き合いが深くなったときにとても役立つのです。誕生日や何かの記念日を覚えていてくれたら、とても嬉しいものですからね。

　会報などに広告を出していたら、受け取った手紙の数と応募者のタイプを書き留めておけば、掲載紙ごとの応募者の傾向と広告費の回収率を把握することができます。自分の住所には広告掲載紙に対応する番号を加えておきます。ルウェリン社の『New Worlds of Mind and Spirit』に広告を出している場合、自分の私書箱の番号に LNW と振れば、手紙が来たときにどの雑誌の広告を見て応募してきたのかがひと目でわかるでしょう。

　ウェブウィーヴィングは魔術民に多くのものをもたらし、世界を広げてくれます。ソロでもカヴンで活動していても違いはありません。手紙をやり取りしている相手は一種の拡大家族となり──あなたが必要とするときにそこにいる存在に、幸せに、希望に、そして何通もの封筒となって、この先ずっと何年もあなたに思いやりを届けてくれるのです。

　アメリカでは、オカルトショップなどでさまざまなワークショップや講座が開かれています。ためになるか、可もなく不可もないか、お金をドブに捨てるようなものか、正に玉石混淆です。お財布を開いて汗水垂らして稼いだお金を数える前に考えておくべきことをここでお教えしましょう。

地域で開かれるワークショップ

　コースを申し込む前に、できればその店に何度か足を運びましょう。地元の店ですから、そう大変なことではないと思います。店とオーナーの雰囲気を感じて、面白そうな講座か判断しましょう。

　店によっては無料で教室を開き、終了後にバスケットをまわして寄付金を集め、講師の謝礼に充てているところもあります。払える額でかまいません。1時間半の教室で学ぶことがたくさんあったら、お住まいの地域の物価にもよりますが、5ドルから10ドルが妥当な金額でしょう。

　1回で終わらない講座もありますから、緊縮財政で臨んでいる場合は、懐事情に合わせて選びましょう。詳細なスケジュールと講座内容を前もって告知している店、ほかの州や全国で活動している人を講師として招いている教室ではたいてい料金設定がされており、早期予約の上、前金を払うことになっています。

　受講内容の詳細な概要、講師のプロフィールで知りたいことがあれば、どんどん問い合わせてください。追加料金は発生するかの確認も大切です。受講をしつこく迫った挙げ句、授業の内容を「最後まで」知りたければ、出すものを出して「必要な教材」を購入しなければならない店もあるのでご注意を。こういった店では主催者が講座の前後最中に特定の商品や書籍を売りつけようとしてくるので、どうしても必要で次の給料日まで待てないというのでないかぎり、びた一文払ってはいけません。一度店を離れて購入を検討してみれば、おそらくその50ドルもする水晶はまったく不必要だとわかるでしょう。

　前払いで講座やワークショップを受講することを決めたら、大勢が集まる場所でのエチケットに気をつけてください。以前、夫のマインドウォーカーと一緒に参加したワークショップで、自分のつらい経験や問題ばかりを延々と話し続け、授業を丸々潰した人たちがふたりほどいました。こういうとき、講師が黙らせてくれるといいのですけれど、出張講演自体が初めてだったりするとそうもいきません。だからといって、この先生から大したことは学べないというわけではなく、この先生もまだまだ勉強中で——不運なことに、あなたが払った授業料で経験を積んでいるだけだと考えましょう。

　それから、もしも講師より自分のほうが知識があっても、もしくはあると思ったとしても、先生の話に口を挟んで蘊蓄を垂れてはいけません。ほかの生徒にしてみればいい迷惑ですし、あなたも先生扱いはされず馬鹿な人がいたと思われるだけで、いいことはありません。

　授業がつまらなくて時間の無駄だと思ったら、目線を変えてまわりを観察してみましょう。ほかの受講者の反応を見るだけでもかなりの勉強になります。お金の点では残念ですが（それでも次回に活かせるいい経験になります）、時間の無駄にはならないでしょう。

　講座が終わったら、店のオーナーや講師など、主催者側に感想を伝えましょう。アンケートを配布しているところが多いので、どうぞ活用してください！

　良かった点、悪かった点を書きますが、救いようもないほど悪かったり、非の打ち所のないほどすばらしかったりすることはあり得ませんから、どちらか一方に偏らないようにしましょう。主催者と講師はこのアンケートをもとに授業内容を見直すことで、改善点をはっきりさせることができるのです。

　講座終了直後に講師を捕まえて長々と話し込んではいけません。もっと掘り下げて論じたいことがあれば、電話なり手紙なりで話をする機会を持つようにしてください。お礼を言ってすぐにも帰りたいのに引き留められて、20分以上もべらべらしゃべり続けられては気の毒ですし、せっかくの午後（あるいは夜）を台なしにする行為でしかありません。

　また、離れた場所でのワークショップに参加する場合は、以下の点に気をつけておきましょう：

1．緊急時を含め、支出を全て賄えるだけの予算は確保できていますか。
2．トラブルが起きたとき、宿泊予定のホテルではクレジットカードや個人小切手が使えますか。
3．一緒に参加してくれそうな友人はいますか。負担を折半し、楽しさを共有してくれる友人がいるとすてきな旅になります。
4．不測の事態が起きて参加を中止しなければならなくなったら、返金してもらえますか。
5．儀式はおこなわれますか。特別な衣装は必要でしょうか。

6．つながりのある友人で家に泊めてくれそうな人、もしくは旅行中に少しでも会えそうな人は近くに住んでいますか。

7．文章を書くことや写真について専門技術があれば、ペイガンの会報編集部に連絡し、セミナーやワークショップの体験レポートを掲載しないか訊ねてみましょう。こういった催しに編集部が参加できない場合は多いので、あなたの技術は喜ばれるでしょう。

ウイッチクラフト教室で

　学習コースは6週間から12週間、あるいはそれ以上の期間にわたって規則的に開かれる教室で、専門の講師が雇われていてそれなりの情報を得ること（ここでしか学べないような技術や知識）が期待できます。開催場所は大体がメタフィジカル／オカルト書を扱う本屋、大学のキャンパス、公民館などですが、個人の家を会場とすることもあります。

　お金を払って購入する商品ですから、事前に講義要綱を請求して内容を確認しましょう。また、講師を知っているか、受講経験のある人に話を聞いて、どういう先生かも調べておきます。

　できれば先生と直接会って、人となりを好きになれるか、わかりやすい授業をしてくれそうか、確かめておけるといいですね。人でも物でも、興味を持てない対象に散財はしたくないものです。事情があって欠席する、あるいは退会しなくてはならなくなった場合、補講や払い戻しに関する規約はどうなっているでしょうか。書類にサインする前に、小さな文字で書かれている部分までしっかりと目を通してください。

　それから、教えてくださる先生方は神様ではありませんし、その教室に固執せずとも彼らにも教える場所はほかにもあり、馬鹿にされるために授業をしに来ているわけではないことを心に留めておいてください。敬意を払われたければ、まずは自分が他人に敬意を払わないといけません。

　いろいろな会場に足を運べば、そこにはすばらしい友情と豊かな知識が待っています。理性的に立ち振る舞い、楽しい時間を過ごしましょう！

⤳⤳ フェスティバルで ⤳⤳

　魔術に囲まれた世界に飛び込む準備ができたら、フェスティバルに行きましょう！　アメリカとカナダでは年間を通じてたくさんのフェスティバルが開催されています。たいてい、期間は3日から1週間。太陽の祭日（サバト）に合わせて開かれるものもあります。

　魔術雑誌や会報のメーリングリストに名前が載ると集会のお知らせが届くほか、刊行物に案内が掲載されます。

　ほとんどのフェスティバルでは人数制限があり、参加料を前払い（その場合、割引されます）としていますが、入場時に払うところもあります。残念ながら、料金はびっくりするほど高いのが普通なので（1日しか都合がつけられない人には実に申し訳ない話です）、散財しようという欲求はあっという間に消え失せてしまいます。料金が高く設定されているのは大勢が殺到して会場が混雑するのを避けるためなのは理解していますが、これでは家計や給料、旅費を考慮すると参加を諦めざるを得ない人が出てしまうのが現状です。大規模なフェスティバルの中には料金を捻出できないペイガンにスタッフとして働いてもらうことで参加を支援しているところもありますから、調べてみるといいでしょう。フェスティバルではたくさんの人手が必要です。

規則

　ここではフェスティバル参加時の規則と、前後最中に確認しておくべき点を見ていきます。

　宿泊施設の提供はありますか。あるなら、どんなところでしょう。キャンプ用品は使いますか。持っていく必要がある物は何でしょう。

　子供も参加できますか。託児施設は用意されていますか。あるなら、子供の安全のため、保護者が守らなくてはいけない規則はどうなっていますか。

　規定時間内であればフェスティバルが用意した託児施設で子供を預かってもらえるけれど、丸1日、もしくは夜間の利用ができない場合、保護者としての責任をきちんと果たせますか。もちろん、子供の保護者はあなたなのですから、

責任なんて改めて問うことではありません。しかし、しつけも面倒もろくに行き届いていない子供を（まだ本当に小さな子も）フェスティバル会場で野放しにしている親がびっくりするほど多いのが現状です。フェスティバルの参加者のほとんどは海のように広い心の持ち主で、子供の安全と幸せを優先して気を遣ってくれる人たちばかりです——フェスティバル会場は地元の遊園地とはまるきり違い、それこそ、その胸の内は女神のみぞ知るといった不逞の輩がうろついていてもおかしくない場所ですから。でも、だからといって、このフェスティバルでしか参加できない儀式に子供連れで押しかけることが許されることにはなりません。これは子供のいないオールドミスからの小言ではなく、子供にできること、できないことがよくわかっている4人の子持ちからの注意です。

　ペットは連れていけるでしょうか。可能なら、ペットをおとなしくさせておくための規則などはあるでしょうか。

　食料や調理器具などは？　食事は自前で用意しますか。服装の指定は。目的地が遠く離れている場合、現地の気候は大体どんな感じでしょうか。

　フェスティバルでは儀式がおこなわれ、お気に入りの魔術用衣装を着る機会があるかもしれません。裸での参加は許されているのでしょうか。許可されているなら、心の準備をしておいてください。子供を連れていくかどうかにも影響することです。

　私が初めて参加したメリーランドのフェスティバルでは、空衣（スカイクラッド）が認められていました。そのときに遭遇した、一生忘れられない事件の話をしましょう。マインドウォーカーと友人たちと一緒に会場に到着した私は、入場手続きをすませるとすぐに店屋街をぶらつき始めました。私と友人は売店をのぞいてキャッキャと騒ぎ、その後ろをマインドウォーカーと友人のボーイフレンドがついてきました。

　友人が何かを落とし、私が屈んで拾おうとしたときのことです。後ろでマインドウォーカーが笑い、「彼女が見るまで黙っていよう！」と言う声がかろうじて聞こえてきました。

　ところで、私はペンシルベニア州の出身です——このアメリカ僻地のトワイライトゾーンでは、人前で服を身につけることが必須であり、わざわざ論じるまでもない常識であることをお含みおきください。

　さて、このときの私は物を拾うため、地面に膝を突いた体勢です。ゆっくりと目を上げると、毛皮のチャップス（訳注：カウボーイやバイク乗りがズボンの上にはく尻の部分がないオーバーズボン）をはいた男性の足が目に入りました。まあまあ、仮装している人を見るのは初めてではないし、珍しくもありませんから、騒ぐほどじゃありません。立ち上がると、当然、眼球も一緒に上に向かって動いていきます。中腰になったところで、私の体はぴたりと動きを止めました。目玉が飛び出さなかったことが本当に不思議です。友人も気づき、鋭く息をのむ音が聞こえました。「男神だわ！」という呟きは、いったいどちらが漏らしたものでしょう。

　この青年の格好を何と表現すればいいのかわかりませんが、頭につけた見事な角飾りとチャップスの間は、とにかく一糸まとわぬ真っ裸だったのです！

　後ろの男ふたりは涙を流しながら腹を抱えて大笑い。私の顔はフロリダの夕日より真っ赤です。とんでもない事件でしたけれど——これが男神にまつわるお気に入りの記憶になったことは認めなくてはいけません。

　フェスティバル会場の多くには救護施設が設けられていますが、そこでどういうサービスが受けられるかなど、自分で確認することを忘れずに。

　ほかにも確認すべき点として、氷は手に入れられるか、冷蔵庫は利用できるか、シャワーはあるか、キャビンや宿舎はあるか、男女共用か（男女別は少ないです）などを見ておきましょう。

　会場の周辺地域も調べておきましょう。ニューヨークからテネシーまで重い荷物を引きずっていかなくてもすむよう、途中で食料を調達できる街が近傍にありますか。車で行くなら出発前にその州の地図を手に入れて、必ずルートの確認をしておきます。そちらに行ったら立ち寄りたい場所、会いたい友人がいる場所に印をつけましょう。フェスティバル会場に入る前には最寄りの街を車で走り、病院と薬局の場所を覚えておくといいでしょう。キャンプし慣れてない人や、フェスティバルがあまり肌に合わないとわかったときのため、代替としてどんな宿泊施設（評判のいいモーテル、ホテルなど）が利用できるでしょうか。フェスティバル会場をあとにする日は長旅に備えて英気を養いたいところですから、レストランも調べておくといいですね。最寄りのガソリンスタンド、そしてもちろん、ないことを祈りますが、車が故障したときのために自動

車修理工場の場所も押さえておきましょう。

　アルコール、ドラッグ、武器に関する規則には必ず目を通してください。通常想定される武器以外にも、アサメイやソードといった儀式用具の持ち込みについても確認する必要があります。恐竜を簡単にさばけるような刃物を、それも指穴が空いていてがっちり握り込めるような凶器を太腿にしっかりとくくりつけている人が会場を歩いていたら怖いですからね。

　少量であればアルコールを許しているところもありますが、残念ながらパーティを期待しているとがっかりすることになります。フェスティバルの参加者の多くは魔法で満たされているので、ドラッグやアルコールを欲しいとは思わないのです。

　煙草を吸う人はどうかマナーを心がけてください。フェスティバルの参加者には煙草を吸わない人が多いのです。落ちた灰はきちんと後始末し、吸い殻はポケットに収めてください。もしも地面に落としたら誰かが声をかけるでしょう。逆に煙草を吸わない人も、マナーの良い喫煙者まで悪く思わないでください。仮にその人が喫煙者だけどお酒は一滴も口にしたことがなく、あなたはその逆で非喫煙者の大酒飲みだったとしたらどうでしょう。趣味嗜好は人それぞれですからね。

　魔術民ではないパートナーや友人が同行する場合、車で家から100マイルも離れてしまう前に、規則についてきちんと説明しておいてください。魔術民ではないパートナー、伴侶、友人などが酔って暴れ、狼藉を働いたことで大問題になった例があるのです。

　北東部から来たあるカヴンのハイ・プリーストから聞いた、彼がフェスティバルで目撃したという2例の暴力事件の話を私は一生忘れないでしょう。決まりを教えてもらわなかったか、お酒で酔っ払ったのが原因だそうです。フェスティバルに10余年参加し続けて遭遇したたった2例ですから、普通であればそうそう起きることではないので不安がる必要はありませんが、同行者は考えて選びましょう。フェスティバルでは売り子が品物をそのままにして席を外しても、期間中誰も手を触れませんし、街の通りよりも安全な場所なのです。

　カヴンや協会のテントなどの外には多く幟や横断幕が掲げられています。こういった旗印はなくてもかまいませんが、ソロのウイッチでも自分だけの紋章

を持つことができますから、せっかくなので自分の旗をデザインして持参してみましょう。

店屋街

　大体のフェスティバルにはたくさんの売り子たちが商品をずらりと並べた店屋街があり、道具や衣装に始まり文献やボディペイントに至るまで、何でも購入することができます。魔術工芸をたしなむ人なら、出店してみましょう。キャンプ用品を利用して店を構え、名刺を持っていって交換したり、お客さんになってくれそうな人に渡したりするといいですよ。出店できなかったとしても、取引や人脈づくりの場として活用できます。

　店屋街はすばらしい場所です。日用品から魔術品に関することまで、皆質問には何でも答えてくれますし、どれも高品質で、街のデパートには売っていない品ばかりです。

　店屋街の欠点をふたつ挙げるとしたら、いくらお金があっても足りないことと、小さな会場に多いのですが、店主が売る品を制限しているフェスティバルがあることです。

　運営が店同士の競争を禁止しているフェスティバルもありますが、個人的には噴飯物の、ペイガンの健全な商取引を阻害する決まりだと思っています。あるフェスティバルで水晶を販売しようとした友人は、もっと低品質で高価な水晶を売っている女性がほかにいるからという理由で断念させられました。理不尽極まりない話です！

　また、革細工の店であふれ返っているけれど宝石細工店はゼロという状況を避けるため、運営側で取扱品によって店舗数が調整される場合がありますが、出店スペースがかぎられている以上、これはビジネスとして当然の処置ですし、通例、申し込み順に早い者勝ちで決まります。

　店屋街への出店を希望するなら、何ヶ月も前からスペースを申し込み、前金を払って（請求があった場合）、出店規則を徹底的に読み込んでおきましょう。

　出店者が夜の部の催しに参加するため、店屋街は夕食時に店仕舞いして翌日まで開かれないのが普通です。

メイン・サークル・イベント

　たいていのフェスティバルでは夜の部にメイン・サークルでのイベントがひとつ、または複数おこなわれ、トラディション、セクト、魔術の実践様式に関係なく、祭りの目玉として誰でも参加することができます。

　運営側が前もって企画し、期間の中日に予定が組まれるのがほとんどです。フェスティバルにはさまざまなトラディションのウイッチがやってきます。お誘いには可能なかぎり応じ、いろいろなトラディションの祭礼を体験してみましょう。

フェスティバル会場をあとにする

　帰る準備ができたら、使用したキャンプ地／寝床を来たときよりも綺麗に片付けていきましょう。フェスティバルの企画運営は大変な大仕事ですから、できれば運営スタッフに会って感謝を伝えてください。帰宅後に改めてお礼の手紙を書き、良かった点を伝えれば、貴重な参考意見として次回以降に反映されるでしょう。

　たくさんの人に出会い、波動レベルを引き上げ、長い間探し求めていた疑問に対する答えさえ見つかる。1週間は興奮が醒めやらず、会場に渦巻く強力な魔法エネルギーと交わったおかげで、たくさんのことができるようになる。フェスティバルとは、そんなすばらしい場所です。家に帰った直後だというのに、もう恋しくてならなくなるでしょう！

まとめ

　ウェブウィーヴィング、ワークショップ、フェスティバルに参加すれば、すばらしい経験をすることができます。参加する前にはきちんと下調べをし、しっかりと計画を立て、資料を全て確認して備え、何より礼儀正しい振る舞いを心がけましょう。

　ソロのウイッチは、ときに孤独を覚えるものです。友達付き合いができるだけでもかまわないけれど、手助けをしてくれるウイッチ仲間が欲しいと思うとき

がいつかくることでしょう。まわりを見まわし、こうも思うことでしょう。「皆、自分に足りないものに気付けばいいのに！」ええ、私のように。

第 15 章

占いvs.運勢判断

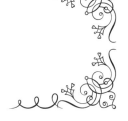

技能か、才能か？

　以前、ハリスバーグ一帯に放送される地元ラジオ局の番組に出演した霊能者が、占いは「特別な才能」であって技能ではないと言っていました。この女性はペンシルベニア州都に住む人たちに向かって、未来を見通す能力は選ばれた者だけに与えられた特権だとのたまったわけです。

　なんという寝言！　そのあとのアナウンサーの追加情報によると、この霊能者は地元のホテルで対面鑑定をおこなっており——相談料は50ドルとのこと。この人はお金をドブに捨てたい願望のある一般人に「救いの手を差し伸べられるのは私だけ」と思い込ませ、形ばかりの占いと少々の常識的なアドバイスを破格の高値で売りつけているとしか私には思えませんでした。

　いえ、サービスに対価を支払うのは当然です。でも、それが嘘で塗り固められていたとなれば話は別です。占いは誰でも身につけられる技能であって、「特別な才能」ではないと私は信じています。「私には才能があるの、すごいのよ、特別なの！」という態度を前面に押し出してこの技能をひけらかすなんて、とうてい我慢できないことなのです。

　宇宙からの情報が心に直接流れ込んでくる人、受け取りやすい人もいれば、何かを予見できたことは一度もないという人もいます。でも、情報が流れ込んでくる邪魔をするものが一度取り除かれてしまえば、どんな人でも集合的無意識に接触し、占いのやり方を学べるようになるのです——他者の運勢とまではいわなくとも、自分の運勢は読めるようになるでしょう。

ᘒᘒᘒ　運勢判断　ᘒᘒᘒ

　運勢判断と聞いて思い浮かぶのは何でしょう。黒く吊り上がった目をして、バングルやブレスレットをにぎやかに飾りつけ、愛想よく笑っている肉感的な女性。神秘性と茶目っ気を漂わせ、胸もとを大きく開いて最高の眺めを見せつけます。でも、その人となりをよくよく知れば、人生の判断を任せるにはまったく信頼のできない相手といったところでしょうか。

　今日、市場を稼ぎ場にして何も知らない顧客から大金を騙し取る詐欺やペテンのニュースがあとを絶ちません。私自身、ある女性からこんな話を持ちかけられた経験があります。「80ドルであなたのために蠟燭を燃やしたげるよ。うちの妹が可愛い手でこしらえた蠟燭に火をつけて、あたしが満月の下であなたのために祈ったげるよ！」馬鹿らしいったらありゃしません！

　家族の中のある女性があなたに呪いをかけている、解いてあげるから相当な金額を払えと言ってきた女性もいました。実の家族にも義理の家族にも、女は私ひとりしかいませんと淡々と答えると、その人はなおもあの手この手でしつこく追いすがってきました。

　とはいえ、本物の占い師だってまわりにはたくさんいるものです。多くのオカルトショップでは腕利きの占い師を置いています。当然、その中にも上手い下手があり、この占い師の腕前では満足のいく結果が出せないと店の経営者が判断すれば、もっと上手な人を紹介されることは珍しくありません。

　ニューエイジショップは流行に目ざとくもあります。ネイティブアメリカンの伝承から生まれたメディスンカードが流行ったときは、どこの店でも見かけたものです。蛇足ながら、私自身は使わないのですけれど、メディスンカードは大好きです。キリスト教をベースにした品を主に扱う店がタロットカードの代わりにメディスンカードを置くようになってきたのは面白いとしか言いようがありません。市販品がそれほど法外な値で売られることはありませんから、高額なものを見つけたら、どういう品なのか確認するといいでしょう。

　占いの技能を身につけようと思ったら、ほかの占い師に協力を仰ぐといいのですが、それは精神科医が自分を診断するときにほかの医師の力を借りなくては

いけないのと理由は同じ——バランスと、第三者の目による冷静な意見が必要
になるからです。別の占い師の力を借りる必要を感じることはそうそうないで
しょうけれど、自分自身を占うと感情が邪魔をして占い結果が濁ることが間々
ありますので、他人に占ってもらう機会を時々持つのはいいことなのです。ほ
かの占い師やウイッチと取り決めをして、お互いに相手を占うことにしてはど
うでしょう。

ﮩﮩ 占い ﮩﮩ

占いに使う道具はいろいろあり、以下に有名なものをいくつか紹介していま
す。

カード占い［Cartomancy］：カードを使って占いや運勢判断をおこないます。
タロット、ルーンカード、カルトゥーシュ（エジプトの文字体系）、トラン
プ、カルマカード、メディスンカード（シンボルには動物が使われていま
す）、過去生を占う新版のフェニックスデック、"スター＋ゲイト"（心理テ
ストに用いるカードデックで、魔術民も非魔術民も十二分に楽しめます）、
ケルティック・ツリー・オラクル（植物と樹木がシンボルの基本です）など。

水晶玉占い［Crystal gazing］：スクライングとも呼ばれ、この場合、水晶玉、
インクを混ぜた水で満たしたボウル、魔術鏡が使われます。

ダウジング［Dowsing］：振り子、二股の枝や金属棒を使った占いで、「は
い」か「いいえ」で答える質問に力を発揮します。ペンデュラムは釣り糸
に小さな重りをつけて自作してもいいし、水晶球が垂れたネックレスでも
代用できます。回答チャートを自分で好きにつくれる分、ダウジングは融
通の利くかなり面白い占い法です。

地占術 [Geomancy]：地面に表れた印を読み解く占い法。占星術と内部意識を結びつけた占星術的地占術は、無作為に打った点の数から法則化されたパターンを割り出し、占星術に基づいたチャートとの関連から解釈をおこないます。

筆跡心理学 [Graphology]：書体や筆跡の研究。ウェブウィーヴィングをおこなっていると非常に役立つ技能です。別の占いと組み合わせて使うのもいいでしょう。

数秘術 [Numerology]：数字や、その数字を計算して得られる数を使用する占い。誕生日から夢分析まで、何でも占えます。タロット占い師と占星術師は数秘術を併用することで、より複雑な占いをおこなうことがあります。

手相占い [Palmistry]：手の特徴を読み解く占い。

ルーン [Runes]：ゲルマン人、スカンジナビア人、ノルウェー人が用いた魔術アルファベットを刻んだ石や陶片を使った占い。多様な占いのほか、夢分析、まじない、タリスマン作成ですばらしい力を発揮します。

　紅茶の葉、易経も運勢を読む媒体として使われます。易経、つまり易占いは３枚のコイン、またはチップを投げ、表裏の出方によって線のパターンを確定する作業を６回繰り返し、卦と呼ばれるひとつのシンボルを求めるものです。求めた卦は易経に掲載されている構成表を参照して読み解きます。
　この操作は擲銭法と呼ばれ、アメリカや外国のコイン、オカルトショップで売っている八卦銭、ポーカーチップ、25セントまたは50セント硬貨大の木製円盤などが使用できます。標準的な八卦銭は四角い穴の空いた金属製が普通で、複雑な装飾のある面とそうでもない面に分かれています。易占いが最も得意とするのは仕事に関する分野です。また、信仰でタロットを禁じられているけれど、他文化の占い道具を使うことが許されている場合にも易占いはおすすめです。異国の占いはあまりにも異質なので、自分たちの信仰に害をなすものでは

ないという理由なのですが、このいささか突飛な推測はあくまでも一説である
ことをお含みおきください。

　ダイアン・フォーチュンの小説『The Sea Priestess（海の女司祭）』に登場
する炎によるスクライングも興味深い占い法です。水晶玉をのぞき込む代わり
に燃えさしから徴を読み取るもので、サウィンやユールのような冬の季節の祭
礼にぜひ取り入れたい占いです。同種に、特定のハーブやスパイスを入れた鍋
から立ち上る湯気を利用する大釜のスクライングもあります。

　ここで紹介した占術具のほとんどは魔術を実践する際にも利用でき、中でも
最も人気のあるタロットカードとルーンについては、項目を別に設けて章末で
紹介しています。ルーンのように、ある文化の中で発達してきた占術具を魔術
に使用するなら、それを擁する魔術体系についても概略を理解しておくべきで
す。

　ウイッチであるなら少なくとも 1 種類は占術具の使い方を学び、自分を含め
誰のための魔術であっても事前に占っておくことを心がけましょう。占術具か
ら魔術に関する助言をもらうことで、意図せずに黒魔術を使うことを避けられ
ます。

　例として、魔術を学び始めたころに私がおこなったまじないの話をしましょ
う。鹿狩りの季節が始まり、猟に出かける夫にかけたものです。我が家は前に
説明したとおりの大家族ですから、夫が持ち帰った獲物は壁に飾られるのでは
なく（もちろん、子供たちが喧嘩を始めて食べ物を投げ合うような事態が起き
たら別ですが）食卓に上ります。

　とにかく、私は森でいちばん大きな牡鹿に出会えるまじないを夫にかけまし
た。かなりの銃の名手である彼なら、仕留めて持ち帰ってくれるだろうと当て
込んだのです。

　間違いでした。夫は確かに大物に出会ったものの、おり悪しく用を足してい
る最中の遭遇だったため、手にしていたのは銃ではなかったのです。結局、そ
の年は手ぶらで帰ってくることになったのでした。

　このとき、私は何を間違っていたのでしょう？　ひとつ、何であれ占い媒体
を通してまじないの行く末を見通さなかったこと。占ってさえいれば、このま

じないではうまくいかないことに気づき、考え直せたでしょうに。ふたつ、彼なら仕留められるだろうと思い込んでいたこと。まじないには仮定が入り込む余地はありません。全てを細部まで綿密に計画しなくてはいけないのです。

　それに、自分がどういう理由で何をやろうとしているのかを詳しく指摘してくれる牡鹿のパワーアニマルにもコンタクトするべきでしたし、必要としているので犠牲になってほしいことを動物に伝え、命をもらう代わりに相手の命を称えるというある種の贈り物交換もやっておくべきでした。失敗からは学ぶことばかりです。

占術具にできること

　他者のためのリーディングをおこなう前に、占術具にできること、できないことを知っておきましょう。自分たちには見えないものが視えているのだから、占い師の目には何でも視えていると思われがちですが——そんなことはありませんし、その思い込みは占い師も本人も危険な立場に追いやりかねません。

　当然、ほかの占い師と比べても解釈の巧みな人がいます。運勢判断を得意とし、パイプの破損や家の購入といった諸事に関するタイミングを読むのに長けている人。スピリチュアル、精神的な問題を扱うのがうまく、人が失意の底から立ち上がるきっかけを見つけたり、キャリア設計の手伝いをしたり、過去生を読んで現在の状況を整理する力添えをしたりする人。得意分野は人それぞれです。

　もちろん、どちらも得手だという占い師もいますし、ほかにも、霊による導きの言葉に耳を傾け、その情報を質問者（占っている相手です）に伝えるという占い方もあります。

　カードは嘘をつきません。求める情報は全てカードに開示されます。占いが外れたとしたら、それは占い師が解釈を間違ったせいなのです。

　解釈の誤りを突き止めることは簡単ではありません。占い師の精度は85％程度が普通です。なぜ100％ではないのでしょう？

　まず第1に、未来は質問者が決断をするたびに変動していきます。媒体が映し出すのは、質問者の道が占ったときと変わらなかった場合にいちばん起こりうる結末です。この「いちばん起こりうる」という言いまわしにご注意くださ

い。

　第 2 に、解釈の土台をなすのは、過去生を含めた今までの人生での経験です。データ処理法は魂によってそれぞれ違うので、そこに誤差が生じます。他人を占うときは、質問者にも積極的にリーディングに参加してもらいましょう。質問者不在で解釈を進めると、占いの精度はぐんと下がってしまいます。

　占術具はあなたに現在直面している状況を見せてくれます。それは物事から余計な飾りを取り払って本質のみを示すという占術具の基本方式、基本構造のためです。そして、占いを通すともっと詳細な観点から物ごとを見ることが——論理的な立場から、問題や質問と向き合うことができるのです。

　固定された未来、運命づけられた未来を占術具が示すことはできないし、することもありません。未来は過去および現在になされる選択を土台とし、その選択は私たちが決断するたびに変動するからです。道具は占った当時に選んだ道を進み続けた場合にいちばん起こりうるミニシナリオを示します。そして、不愉快な状況を避けるため、あるいはほかの歓迎されざる出来事を取り除くために必要な情報を与えてくれるのです。

　また、道具は鏡のようにも働き、ひどく動揺した状態で占ったら、鏡面は濁ってしまいます。問題に感情移入していると、実像ではなく自分が信じたいと思っているものが映し出されかねないのです。

　ひどく疲れているとき、心が乱れているとき、体調が悪いときは、心身のバランスが戻るまで占いを控えましょう。

あなたは信じますか？

　占いで何が難しいかといえば、カードやストーンのひとつひとつに割り当てられた意味を把握することではありません。それらを関連付けてメッセージを読み取る力が自分に備わっていると信じること、それこそが最大級の難関のひとつなのです。初心者が迷いながら手探りで占うと、啓示が曖昧で意味が取れなくなってしまうことは珍しくありません。

　占い師としての自信を持ち、自分を信頼してください。自分にはできると信じるかぎり、道具はあなたの力を何倍にも引き上げる手助けをしてくれます。そうすれば、最初のころは「正しい」解釈を探して必死になってノートを見たり、

本を何冊もめくったりしていたのに、いつのまにか何も見なくとも意味が取れるようになっていることに気づいてびっくりするはずです。

　そもそも、熟練の占い師だって百発百中とはいきません。占いが外れてもくよくよせずに練習に励みましょう。ひょっとすると、占いが外れたのは質問者の意志によるもの――本当は真実を知りたくなかったのかもしれないのですからね。

占いでもたらされる情報の源

　情報源を何とするかは占い師によって違います。私の友人は啓示を得るという行為自体に霊が宿り、場をも取り巻いているのだと信じていますし、集合的無意識に接続して、パラボラアンテナのようにそこから情報を受信するのだという人もいます。情報源をどこに定めるにせよ、まずはそれを信じなくてはなりません。それが占いに早く熟達する上でのコツなのです。

自分に合った占術具を選ぼう

　啓示を得るための道具にはたくさんの種類がありますので、まずは初見で心が惹かれたものをいくつか選び、1、2種類に絞ることから始めましょう。何よりも勉強と集中が求められる技芸ですから、余程の才覚がないかぎり、いずれも簡単に習得できるものではありません。とにかく練習を重ねることです。もしもタロットが今の自分には複雑すぎると思ったら、カードの種類が少ないカルトゥーシュなど、別のものに変更しましょう。それとも、ルーンや易占いのほうがお好みでしょうか。好きに選びましょう。

他者を占う

　対象は魔術民と、転生や魔術を信じない他宗教の信奉者である1回生まれ（ワンスボーン）（『Sacred Hart（聖なる牡鹿）』誌の出版者、ブリード・フォックスソングによる呼び方です）に分けられます。魔術民同士、あなたの手法と思考形態に理解があるので、前者を対象にしたリーディングで苦労することはあまりないでしょう。

　ところが、猜疑心の強いワンスボーン相手だとそうはいきません。彼らの魔

術に対する理解や知識の少なさがリーディングに悪影響を及ぼさないよう、占い師は彼らが精神的にも安心できるようにしてあげなければいけません。ワンスボーンの態度は占いを信じているというよりは「試して」やろうというそれであり、大体において、占い師が見た真実をそんなに知りたがっているわけではないのです。非魔術民の悪い面をあげつらい、最悪な人種だとけなしているように聞こえたらごめんなさい。ただ、彼らとあなたたちでは占いに求めているものが違っていることを頭に入れておいてほしいのです。

「占い師のお手並拝見」とばかりにあなたを試すようなゲームに乗っていいのは、あしらう自信がある人だけです。パーティや大きな集会、大勢の人が集まり、大勢のワンスボーン（特に、自分とは面識のない人ばかり）も来ているイベントでは、鋼のごとき自信がないかぎり、占いを披露するのはやめましょう。悪意を持った人たちにぐるりと囲まれた状態で占うなんて、楽しいことではありません。

魔術民、非魔術民を問わず、はなから嘘しかつかない人もいますからご注意を。人の言うことをすぐ信じる人、外での占いに慣れていない人だと混乱してリーディングに影響が出かねません。回答が嘘かどうかは、経験を積むうちに判断できるようになるでしょう。

あるときは嘘だらけの回答に基づいてリーディングをおこない、またあるときは並べるカード並べるカードが不安（私の不安です）を示すものばかりと、リーディングでそれなりの場数を踏んだ経験から言わせてもらいますと、リーディングで問題の背景に当たる部分で死神のカードを引いたので、日常生活で最近大きな変化があったかと質問者に訊ね、頑強に否定されたら、それはあなたを担ごうとしている印です。

現状を映し出すだけであれば大アルカナを 1 枚引くだけでも同じ効果を期待でき、その際、カードの細かい解釈は必要ありません。担がれているなと感じたら、デッキから大アルカナだけを抜き出してシャッフルし（せっかく並べたカードが台なしになってしまいますから、このためだけにデッキをもうひとつ所持するのもいいでしょう）、右手にカードを持って質問者に差し出し、1 枚引かせてください。

このとき引いたカードに現在の状況が正確に映し出されますので、これを参考

に、カードを戻してこの質問者のリーディングをおしまいにしてしまうか、騙すつもりのない無意識の嘘と判断してリーディングを続けるか、決めないとなりません。

　誰かを占うときは、対面での鑑定をおすすめします。あなたは死ぬでしょうとか、家族に臨終が迫っているとかいったことは絶対に口にしてはいけません。特定のカードの組み合わせが同じカテゴリで隣り合って出ると物質的な死を表しますが、その場合は「大変なことが起きるかもしれません」や、「家の安全はどうされていますか。寒い冬が来る前に窓や錠が壊れていないか確認しておくのは賢明ですね」のように、ぼかした表現を使ってください。「あなたにとって価値のある物品を失う危険があると出ています。家や車（など）の防犯対策はおすみですか。財産目録をつくって保険会社に提出しておくと安心なのですが」という言いまわしもいいでしょう。

　相手が興奮して「何でそんなことを？　悪いことが起きるんですか？」と詰め寄ってきたら、「財産を守ることで現在進んでいる道を変更すれば、悪いことは避けられるでしょう。私が間違っていたとしても、長い目で見れば結果的に悪いことにはならないでしょうし」と答え、財産目録をつくるごくごく一般的な理由をつらつらと挙げていってください。

　確信があるかのような言いまわしは避け、未来の話をするときは「おそらく」、「ひょっとすると」、「可能性があります」といった表現を使います。リーディングの最中、人は占い師の言葉に簡単に左右されてしまいます。占い師は言葉ひとつで意識的に凶事を呼び込むこともできるのです。新聞には、タロットやそのほかの占い師と会ったあとに起きた自殺や事故を報じる記事がたくさん載っています。「あなたは24時間以内に死ぬでしょう」なんて言葉で他者の命をもてあそぶのは、あってはならない行為です。相手が本気にしたらどうするんですか。

　初対面のワンスボーンに鑑定を依頼されたら、それは単に好奇心からか、もはや打つ手が思いつかないほど追い詰められているからといった理由があるのが大方のところです。後者なら、愚痴を聞いてくれる友人家族がもういなくなったので、代わりに 諺 でいう「箱の中に残ったクッキーの最後の1枚」にあなたが選ばれたということです。

　また、依頼に来る人はあなたのタイプによっても変わります。私の場合、本当に困っていて、精神的、スピリチュアル的な側面に関するアドバイスを聞きたいと思っている人のためのリーディングはおこないますが、全体の運勢を見てくれという依頼が来ることはあまりありません。頼まれることがあれば、それは私にとって嬉しい驚きなのです。

リーディングを記録する

　ふたつの重要な理由から、リーディングの記録はきちんと残しておきましょう。第 1 に、占いのシステムについて勉強していると、占いの結果とそのあとに実際に起きた出来事を照合するため、どんなシンボルがいつ、どこで、どのように出たのかを確認する必要が出てくるからです。

　たとえば、タロットのカードは 1 枚 1 枚がさまざまな意味を持っていますが、何度も占いを繰り返すうちにカードの意味は絞られていきます。同じカード、同じストーンを使って占っても、どう解釈するかは占い師によって違うものなのです。

　タロットのスプレッドでワンドのエース、女帝（エンプレス）、ペンタクルの 3 を引いたとしましょう。私はこれを確固たる物質的な受胎のときが近づいていると読み解きます。でも、これはあくまでも私の経験に基づいた私の解釈でしかありませんから、あなたが同じ結論に至るとはかぎらないのです。

　もう 1 例を。ある男性のリーディングで、4 枚の騎士（ナイト）のカードが立て続けに出たことがありました。遠隔リーディングだったのでのちに知ったことですが、この男性は私が占っていたその晩に奥さんと別れ、仕事を辞める決意をし、新しいアパートに移り、新しい恋人を手に入れたそうです。正に急転直下。宿業因縁ここに極まれり、です！

　第 2 に、占術具を魔術で使用していたら、よい結果が出た場合は成功事例として同じ手順を繰り返したいものですし、後日再現するためにも、手順の正確な記録は控えておかなければなりません。『影の書』（ノートの作成は順調ですか？）にページを取って、リーディングの記録をつけておきましょう。

占いの始め方

　占術具には遊びで触ったことがある程度だという人は、これからは真剣な学問に取り組むという自覚を持つところから始めましょう。私はまず儀式を書き起こし、啓示を得る能力を身につけたいという願いを形に表し、男神と女神の力添えを請い願うことから始めました。

　使用する占術具を決めていたら、購入するなり自作するなりして儀式の前夜に用意しておきます。超自然的な力や啓示を司る神を儀式で祀るのもいいでしょう。儀式では占術具に浄化と聖別のほか、神への献身を施します。また、短い瞑想やしばしの静寂を儀式の終盤に設け、知識を「迎え入れ」、自分で張りめぐらせていた障害を「取り除く」時間とします。

　初めに儀式をおこなった日の近辺で1年に一度同じ儀式をおこなうと、力の向上が望めるでしょう。

リーディングの支援アイテム：使いますか？

　占い師とひと口にいっても、時間にも場所にも特にこだわらず、道具をぽんと出して占うだけでずばずば的中させてしまう人もいれば、同じことをやってやれないことはないけれど、できれば場所と時間にはこだわりたい人、決まった手順で進めなければ調子が狂ってしまうという人がいます。

　出張鑑定に持っていく一式に何を選ぼうと、それはあなたの自由です。占術具について学んでいくうちに、自分なりの流儀が——キャンドルを灯すとか、特別な布を使う、決まった宝石や水晶を置くといったパターンができてくるものです。占いを始める前に心の中で一連の儀式を、あるいはごく短い瞑想をおこなって準備をする占い師もいるでしょう。

　私はカードを安置する専用の布とムーンストーンを入れたかごを自宅に用意し、いちばんよく使う道具を普段はここに収納しています。また、外に持ち出すときのために、黒いサテン地で収納ケースも作りました。この中にルーンカード、タロットカード、ペンデュラム、キャンドル、リーディング用の小さな敷布を入れ、リボンでくくるのですが、ずいぶんかさばるように見えてこれがなかなかコンパクトに収まるのです。

占術具の手入れ

　神託の道具は不特定多数の手に触れることが多いので、必要に応じて浄化と聖別を施します。占術具を初めて手に入れたとき、相談者に陰の気がひどくこもっている、または山ほどの不運を背負っている場合などが当てはまります。ほかにもリーディングをたくさんこなした翌日や、数が少なければ最低でも週に1回はおこなうようにしてください。

　占術具の浄化は簡単です。数時間ほど日光か月光にさらしたあと、聖油か聖水を振りかければ終わりです。

　道具は何かで覆ってください。黒には陰の気を寄せつけない効果があります。ストーン、カード、コインを使う場合は、テーブルや床の上に専用の布を敷き、擲占やリーディングの場としましょう。綺麗な布に縁取りをつけたり刺繍で飾ったりして自作するのもいいでしょう。

　リーディングに使う敷布の大きさは原則、占いにどれくらいの広さを使うかによります。カードが大きかったり、占術具を2種類使っていたりすれば、テーブルのほとんどを覆ってしまうくらいの大きさが必要になるかもしれませんね。

占術具を組み合わせる

　リーディングの精度を高めたい、より範囲を広げておこないたいときは、占術具を複数利用することがよくあります。たとえば、タロットのケルト十字法に加え、カルトゥーシュのスター・スプレッドやルーンのライン・スプレッドでリーディングに肉付けするという方法なのですが、占術具を併用することで解釈を確かにし、曖昧な部分は明確にすることができます。スクライングの方がお好みなら、視覚化なり自作チャートを使ったダウジングなりのあとでタロットの簡単なスプレッドをおこなってはどうでしょう。ルーンを使ったリーディングだけでもすばらしい情報を得ることはできますが、そこに易占いを組み合わせれば、さらに踏み込んだアドバイスをもたらしてくれることでしょう。この章のあとのほうでリーディングの組み合わせ例を付記しましたので、ご参考ください。

遠隔リーディング

　遠隔リーディングは相談者が物理的に不在の状態でおこなう占い法で、ウェブウィーヴィングの友人が手紙で助けを求めてきたときなどに使える手段です。遠隔リーディングのひとつのやり方として、相談者が送ってきた手紙や封筒で占術具を包み、エネルギーが流れ込んでいく視覚化を数分間おこなう方法があります。

　遠隔リーディングの精度は極めて高いのですが、一般の人にはあまり知られていません。今後も、変な時間に電話攻勢を受けたくなければ、あまり人に話さないほうがいいでしょう。

　また、遠隔リーディングはプライバシーの侵害と考えられる行為ですから、誰かについて「調査」する必要があると思っても、良識を忘れずによく考えてからおこなわないといけません。とはいえ、自分と何らかの絆で結ばれている人が悩んでいれば、他人事として片づけていいものではないとも私は思います。

　これは、友人の結婚が破綻の危機に陥ったときの話です。彼女自身、思い当たる節はいくつかあるけれど、破綻の原因はほかにも何かあるようでした。違和感を覚えることがあったのに、どうしてそう思ったのかは突き止められなかったのです。彼女の人生に隠れている原因を探るためタロットによるリーディングをおこなったところ、何もわかりませんでした。唯一手がかりになりそうなのはワンドの8──速やかにもたらされるメッセージなどを意味するカードです。夫を示すカードとワンドの8を頂点に配置し、私たちは彼のリーディングもおこなうことにしました。

　さて、結果やいかに──なんと、床をともにする別の女性が現れたのです。友人夫婦の結婚生活はまだ続いていますが、別の女性と関係を持っていることを妻がどうやって知ったのか、彼は不思議でしょうがないことでしょう。ただ、妻に対する敬意と、その恐るべき千里眼への畏怖が深まったことは間違いありません！

グラフォロジー

　文書による鑑定を引き受けるなら、個人の筆跡から読み解くグラフォロジーを遠隔リーディングに組み合わせましょう。私が受刑者のリーディングを始めた

ばかりのころ、彼らの筆跡には明らかな特徴があり、それまでのウェブウィーヴィングで受け取っていた手紙で見る文字とはまるきり違うことに気づきました。グラフォロジーに興味を持ったのはそれがきっかけで、短期集中講座を受けたのを皮切りに、勉強は今も続けています。

　占術具に通常表れるのはリーディングをおこなった当時最も関心を寄せていることであり、相談者の質問そのものに、具体的な答えを示してくれるとはかぎりません。グラフォロジーの併用により、その人の大まかな人間性を把握し、リーディングでは読み取れないカウンセリングまたは自己改善の必要な分野の特定ができるので、もっと具体的な鑑定がおこなえるのです。

　また、自分自身のことはもちろん、ある事柄についてどう考えているかもグラフォロジーはお見通しです。人生がうまくいっているかはその人の書き文字が代弁してくれますし、ある事柄について文章を書けば筆跡に感情が映し出されるでしょう。文字は嘘をつかないのです。

　関係がこじれている相手の名前を書いた場合も同じです。胸の内を明かしていなくとも、筆跡だけで人や問題に対する感情がわかってしまうでしょう。

　筆跡を全体で捉え、人物の全体像と心理状態を読み解く方法はたいていのグラフォロジーのテキストに載っていますが、段落ごとに書かれている内容に注目し、ある事柄や考え方にどう反応するかを観察する方法はあまり紹介されていない技法です。実際、自分が相手にどう思われているかは手紙の宛書を見ただけで知ることができるのです。

占星術的照応

　占星術も遠隔リーディングに組み合わせて使えると、とても役に立つでしょう。相談者のホロスコープが導き出せれば、人生でさまざまな状況に遭遇したおりにどんな反応を示すものか予想することができます。自分たちの行動に、天体の影響力が働いていることを理解している人はほとんどいませんから、アドバイザーとして活動している人にはとてつもなく貴重な情報といえます。助言を受けるほうにしても、生来の気質に合った方法を教えてもらったほうがありがたいでしょう。

リーディングにかける時間

　占いを勉強している間は道具に慣れるまで、短くて簡単なリーディングを心がけてください。範囲を広げたリーディングは下手をすると2、3時間もかかる上、エネルギーもたくさん消費してしまいます。長いリーディングのあとは緊張を解いて瞑想をおこない、熱いお風呂かシャワーで心身をほぐし、精神の浄化を図ります。それから、環境を変えるために公園、美術館、スーパーなど、好きなところに出かけましょう。

　相談者を自宅に招いてリーディングをおこなうなら、できれば専用の部屋を用意し、そこから出歩かないようにするといいでしょう。部屋にはリーディング前に浄化と聖別を施しますが、陰の気がとりわけ強いリーディング後などにも必要です。また、リーディングをおこなった日は、1日を終える前に必ず部屋を浄化してください。

　部屋のあちこちにローズクォーツを置いておくと、愛情に満ちたエネルギーで室内のエネルギーバランスを整えてくれます。さらに陰の気を追い払うのにオニキスやスモーキークォーツをひとつふたつ置き、陰の気を吸収し浄化するのにアメジストをひとつ置くといいでしょう。庇護の力を持つ宝石を身につける場合は、流水や月光、日光で規則的に浄化しましょう。

　他者を占うときは相手のエネルギーの影響を受ける危険性があるので、守りの力を持つ青い卵で常に身を守ったり、「防御用意！」の号令で心理的に防衛体勢に入る習慣をつくったりしておくといいでしょう。

　対面鑑定は短時間ですませてください。リーディング自体は15分から20分で終わらせ、残り時間は相談者とのディスカッションに使いましょう。遠隔リーディングの有効時間は気力と体力が許すかぎり持続されます。

依存

　問題が起きたら自分の占術具に相談するのは賢明な判断です。でも、目的が魔術に関するものであれ、単に直近の未来を知るためであれ、占いの結果を全てと思い込んではいけません。むしろ、占いによる情報は、現在わかっているほかの要素とともに考え合わせるひとつの判断材料として扱うべきです。占術具はあくまでも参考程度に留め、何ごとも自分の意志で決断するようにしましょ

う。

　また、依頼人、友人、質問者が占い師であるあなたとあなたの能力に依存しないよう気をつけてください。特にワンスボーンは魔術と占いがいかに精緻なる業であるかを知らないため、魔術民よりも「中毒」にかかりやすいのです。真夜中の電話、夕食時のノック、今すぐ会って欲しいというしつこい依頼――それは相談者が依存に陥っている可能性があります。そこまで頼られるなんて占い師冥利に尽きる話ですが、こうなると結局は双方とも不幸になって終わるのがオチなのです。

　頼ってくる相手の依存心を増やしたくなければ、リーディング内容をとにかく真っ正直に伝える手はかなり有効です。この先どうなるか読み切れなくても、神秘的な物言いでごまかさず、ただ単純に「わかりません」と答えましょう。占い師といっても人間で、間違えることがあるという事実はそのうちにすっかり忘れられますし、よく当たる占い師という評価を変えることなく、自分で自分の首を絞める事態を回避することができます。

　真っ先に「依存」の境界線上をうろつき出すのはワンスボーンの近しい友人がほとんどです。会うたびに自分から占ってあげようとはしないでください。本当に必要なときに、その友人が自分で頼んでくるまで待ちましょう。

リーディングの報酬

　いつか腕前が上達したら、占いで報酬を得ることを考えるかもしれません。たいていの魔術民は自分のことは自分で占えるか、無償または物々交換で占ってくれる友人がいるものです。なので、魔術民が占いにお金を落とすことはあまり期待できません。

　となると、客層はワンスボーンが基本となります。お金をもらって商売を始める前に、自分の住んでいる地域では看板を出してリーディングをおこなうのは違法ではないか、必ず確認をしてください。看板を掲げて魔術で商売することは、ペンシルベニアやコネティカットなどでは 占 い 法 に抵触します。寄付としてお金をもらったり、歌う電報のように「娯楽目的にかぎる」と但し書きをつけて宣伝するなら問題ありません。

　バージニア州では霊視によるカウンセリングサービスが認められていますが、

本書の執筆時点では法外な金額（何千ドルもの）で許可証を購入しないといけません。そんな余裕がある人はほとんどいないでしょう。医者や弁護士を副業としていれば別ですけれど！

　ここでは前述のように、ワンスボーンは好奇心、または本当に困っているのでリーディングを希望すると仮定して話を進めていますが、この場合は料金を高からず安からずといった無難な額に設定しましょう。あまり安くしすぎると、本当に失礼で面倒な客しか来なくなってしまいます。料金が低すぎると質のほうも高が知れたものだと考えられるのです。逆に高すぎても、金額が理由で本当に困っている人に門前払いを食わせる羽目になりかねません。ウイッチが奉仕の誓いを立てていることを忘れないでください。高い料金を請求したら、自分以外の誰に奉仕しているといえるでしょうか。

　ある友人は依頼人が公正または適当と思う金額を払ってもらっているのですが、私も幾度か真似してみたところ、結構な痛手を負いました――それはもう、散々な目に。ある女性に頼まれてリーディングをおこなったほか、儀式と庇護のまじないのやり方を教え、全部で3時間ほど費やしたときのことです。相手がウイッチの姉妹であれば、誓いに従って料金は請求しません。でも、この人は誓いとは無関係のワンスボーンであり、質問に答えるためにたくさんの時間とエネルギーを消費した上、私の手持ちから素材もいろいろと提供したのです。

　帰り際、渡された金額は10ドルでした。経済的にそれが精一杯だったのかとお考えなら――そんなことはありません。不動産をいくつか所有し、フルタイムで働く高給取りです。その人とはそれきり会っていません。

　また、お金を取らないでいると厚意につけ込まれたり、前述のように大した腕ではないと思われたりするのでやめた方がいいでしょう。アメリカ人というのはおかしなもので、値段が高ければ高いほど（常識的な範囲での話ですが）ありがたがる生き物なのです。

　私はもう何年も魔術民コミュニティ向けに無料リーディングの広告を出していますが、厚意につけ込む人はおらず、1ヶ月に舞い込む依頼はせいぜい1、2件といったところです。無料でリーディングを引き受けたいなら、魔術民を顧客にするとよいようです。

　結局、どうすればいいのでしょう。自分が住んでいる地域の同業者がどれく

らいの価格設定でどのようなサービスを提供しているか調査するのです。依頼人として実際に占ってもらいましょう。自己紹介したいのならともかく、わざわざウイッチと名乗ったり、勉強中だと言ったりする必要はありません。調査結果を参考に、ちょうどいいと思われる料金を決めましょう。

　ちなみに私が住んでいる地域の価格帯は、ちょっといい美容院でのヘアカット代、安価なパーマ代くらいです。気分を上げて心の潤いを保つという点では、お金を占いに使うのも髪型を新しくするのに使うのも同じようなものですものね。

アストラル・ガイドに力を借りる

　腕前が上達してきたら、アストラル・ガイドの力を借りてさらに上のリーディングを目指してみましょう。私がガイドの力を借りていることをワンスボーンに話すことはあまりありません。ただでさえイっちゃってると思われているのに、心ない中傷をさらに背負い込む必要はありませんからね。

　自分専用のガイドとコンタクトを取る方法はこの先の章（第20章）で紹介しています。本当にどうしようもなくなったときはガイドが道を示してくれるでしょう。その昔、並べられたカードを見ても、何を意味しているのか皆目見当もつかないということが私にもありました。最初のときはひどく取り乱し、カードを集めて質問者にもう一度シャッフルしてくださいと頼んだのですが、結果はまた同じようなカードが並ぶばかりです。二度目は目を閉じてガイドに呼びかけました。すると、解釈につかえることもなく、リーディングはうまくいったのでした。

　私がよく人に言っていることですが、リーディングの最中に筆記なり録音なりで考えをメモしておくのは大切なことです。事実として私はリーディングの中身をほとんど覚えておらず、カードが示す意味を読み取ったら口に出してそれでおしまい。脳味噌をすどおりさせてしまいます。

　ですから、後日電話で「こう言っていたのを覚えていますか……？」と訊ねられても、答えは「いいえ」です。だって、カードがもたらしたのは相談者の意志に関わる情報であって、私がどうこうするものではないのですから。

　リーディングに取りかかってしまえば、相談者のほうでもあなたが言ったこ

とをいちいち覚えてはいないものです。占い師に言われたことのうち、今の自分に関係のありそうな部分だけに集中し、ほかは聞き流してしまいます。だから、あとあとまであなたが覚えていることがあっても、相談者自身は忘れているという心づもりでいてください！

まったく何も浮かばなくなったら？

　リーディングをしていると、巨大な壁にぶち当たることがときどきあります。この位置に出たこのカードをどう解釈すればいいのかまったくわからないなんて事態に陥ったら、前項で教えたとおり、ガイドに力添えを求めて乗り越えましょう。これでうまくいけばそれでよし、リーディングを続けてください。だけど、それでも何も思いつかなかったらどうしましょう？

　そんなとき、我が家ではこんなふうに唱えます。「手は休め。力を抜いて。落ち着いて！」それから大きく深呼吸をするのです。手詰まりになったことに質問者が気づいていなかったら、あとで意味が通るかもしれませんから、そのカードはあとまわしにして残りのカードを解釈していきます。あなたがそこで苦戦していることに気づかれていたら、「このカードの意味が取れません。あとでもう一度読み直してみます」というように正直に打ち明けましょう。もしくは「このカードからさらなる情報を引き出してみようと思います。少々お待ちを」と言って、このカードを象徴札としたスプレッドを別口でおこなうといいでしょう。また、質問者にカードの解釈を委ね、このリーディングではどんな意味を持つと思うか訊ねるという手もあります。

　占いが魔術だけでなく、日常生活と将来設計のためにも磨いておくべき必要な技能であることがこれでわかりましたね。前に学んだように、自分の未来の責任を負うのは自分です――隣の家の人でも、職場の同僚でも、家族でもありません。あなたの人生の行き先はあなたが決めるのですから、旅の途中で襲いかかってくる困難を避けるために地図（占術具）が必要になるのです。本章の鍵となる言葉は「練習」あるのみです！

　このあとのページではエクササイズのやり方をいくつかと占いで用いるシン

ボルの一覧を扱っています。一覧には主要な意味のみを記載していますので、もっと深く勉強したければ、おすすめ書一覧にある本を読むか、地域にある形而上学書を扱う書店で別の参考書籍を探してください。

タロット

本項で紹介するエクササイズでは浄化と聖別を施したタロットデッキと、このあとに簡単にまとめているキーワード一覧を使用します。使用するデッキは必ず心惹かれたものを選びましょう。カードを並べるための敷布もご用意を。敷布があればテーブルや床についた陰の気からカードを守れますし、実用的にいってもポテトチップスの油やスパゲッティのソースでカードを汚さずにすみます。

敷布の脇にはムーンストーンか透明な水晶をひとつ置き、カードを照らす位置に銀のキャンドルを配置してください。

このエクササイズでは大アルカナしか使いませんから、今のうちに選別しておきましょう。大アルカナは 0 から21まで数字が振ってある主要カードですよ。

心を落ち着かせて腰を下ろし、チャクラを開いたら、占いを司る霊（霊能力の使い手として有名な神様から好きに選んでもかまいません）に声を出して、あるいは心の中で呼びかけます。

簡単な質問を思い浮かべてください。

手から流れ込むエネルギーを帯び、カードが青い光で脈動するように感じられるまでシャッフルします。準備ができたらデッキを 3 つの山に分けます。昔の私はまだ足りないんじゃないかと思い、いつまでもシャッフルを続けていましたが、そこまでやる必要はありません。充分に思えても思えなくても、手を止めたときが止めどきです。

右端の山を取って左端の山に重ねたら、さらに中央の山に重ね、ひとつの山をつくりましょう。

いちばん上から現在、過去、未来を表すカードを 3 枚引き、参考資料に則っ

て解釈してください。

　カードを山に戻し、再度シャッフルします。タロットではカードを引くときに誘導も仕込みもやってはいけません。そういうことはポーカーでやってください。すでに過ぎ去った状況や、もう結果がわかっている問題を思い浮かべ、先ほどと同じ手順を繰り返して山をつくり、いちばん上から引いた3枚のカードを並べてください。実際にあったことと照らし合わせてみて、カードはどれだけ読み取れたでしょうか。カードの組み合わせで何か気づいたパターンがあったでしょうか。

　ちなみに、私はタロットカードに逆位置は不要と判断し、全て正位置として解釈しています。そもそも、デッキには78枚もカードがあるのです。組み合わせ次第でいくらでも意味の表しようはありますし、逆位置にしてわざわざ意味を曲げる理由もわかりません。

　カードの扱いに自信がつくまでこういったエクササイズを続け、充分に練習を積んだと思ったらカードの枚数を増やし、もっと詳細なスプレッドに挑戦しましょう。

　このエクササイズではタロットの仕組みをより深く理解するため、カードに描かれているキャラクタひとりひとりにイメージの中で会いに行きます。まずは大アルカナから始めましょう。

　やり方としては、瞑想状態に入って実際に人と会うときのようにカードの中の人物と顔を合わせ、彼らの生き方やさまざまな問題に対する意見について質問します。瞑想を終えたら感じたことを書き留め、ノートのタロットのページに挟んで保管してください。カードの数が多いので時間はかかりますが、きっと役に立ちますので、最後までやり通しましょう。

タロットカードの意味：大アルカナ

愚者（フール）：新たな周期、冒険の始まり。予想外、または計画外の事態。方向違い。未知なる未来。慎重な行動。隠れた才能を発揮する。

魔術師（マジシャン）：自己統御。計画を行動に移す準備ができている。大きな力とエネル

ギーを意のままにできる。技能を発揮するとき。

女司祭（プリースティス）：存在界層の認知。新たな解決に導く秘められた力。女性的バランスと神秘的な知恵を身につける。リーダーシップを発揮する。母権的思考。

女帝（エンプレス）：経済的、感情的安定。母親的、または女性的愛情。幸運と幸福。女性パートナーの見本。妊娠。

皇帝（エンペラー）：理性が感情を上まわる。政府、政治、システム。指導力と権威。父権的思考。有名になる必要。

司祭（プリースト）：服従と伝統。付和雷同。深くは踏み込まない。カルマ。

恋人たち（ラバーズ）：相反する二択。数人に影響が及ぶ決断。千里眼。愛を取るか実用性を取るか。

戦車（チャリオット）：動きを通じたバランス。相対する二者を統御する。自制心。乗り物による移動。

力（ストレングス）：困難に勝利する。うんざりする出来事が上首尾に終わる。精神的な強さ。冴え冴えとして鋭敏な精神活動。

車輪（ホイール）：人生はめぐり、状況も移ろう。周期的な動き。物事は着々と、規則的に変化する。上昇傾向。

隠者（ハーミット）：内省と霊的な啓蒙。次の一手のための周到な計画。高次の知性を求める。物質界の教師に会う。

正義（ジャスティス）：法律の遵守、契約、合意。因果応報。考えてから行動する。バランスの乱れた状況を女神が正す。

吊られた男（ハングドマン）：宙ぶらりんになった考え、アイディア、計画。進退が窮まる。千里眼を身につける。

死神（デス）：予期せぬ急激な変化。新たなものを迎え入れるために古いものが取り除かれる。錯覚が瞬時に消え失せる。新たな人生行路。

節制（テンペランス）：新たな環境に順応する能力。ハイヤーセルフまたはガイドに従った行動。成熟した愛情。英知によるコントロール。組み合わせの技芸。

悪魔（デビル）／**牧神**（パーン）：思考、言葉、行為による束縛。奔放な情欲、または深い情熱。カリスマ的だが信用ならない人物。人間の弱さがもたらす破滅。

塔（タワー）：ひとつの状況における崩壊。状況をありのままに見つめる。予期せぬ挫折、または反動。危険。破滅。

星：信念、自信、希望。好ましい影響。錯覚をはねのける能力。選択肢の広がった新たな生き方。

月：夢、直感、ビジョンクエスト。想像力。無感情ではいられない事情。ふたつの方向に引っ張られる。心霊的、あるいは魔術的な働きかけ。騙される可能性。

太陽：喜びと幸福。自力で勝ち得た報酬。新しく、創造的な環境。朗報が舞い込む。

審判：完成間近の計画または状況。最後の決断を待つだけ。終わりに近づいてようやく訪れる目覚め。期待とは異なる結末の可能性。蘇った過去に悩まされる。

世界：ある状況におけるひとつの周期の終わり。シナリオが最後まで演じられて終わる。懸案は全て解決する。満足のいく結末。新たな手段を講じる可能性。

タロットで時期を読む

　何を媒体とするかに関係なく、占いで物事が起きる時期を読むのはとても難しいことです。明日のことか、これからの2週間か、半年間か、リーディングの期間を想定してから占いに取りかかるといいでしょう。

　タロットで時期を読み取る方法には何種類かあり、カードに示された数字を使うのもそのひとつです。たとえばカップのエースは1時間、あるいは1日、1週間、1ヶ月を表し、ワールド（デッキでは普通21が割り当てられます）は21時間、21日、21週、21ヶ月を表します。

　季節を扱った占いではワンドを春、カップを夏、ソードを秋、ペンタクルを冬に当てはめます。季節のリーディングをおこなうときはエースを季節の始まりの週（ワンドのエースであれば春分からの1週間）と置き、2はその翌週、3はその翌々週として考えます。王は占っている時点から見て物ごとが去年のうちに完了したことを示し、女王はその物ごとがひとつ前の季節に終わっていることを教えるカードです。

　カードの組み合わせによっても時期を知らせ、一致する数字が多いほど（キングが4枚、エースが3枚のように）結果が早く出ることを表します。また、固

有の解釈を有します。

エース：	4	急速な力が働く。死角に注意。
	3	速やかな成功が保証。
	2	仕事や家庭で変化が起きつつある。
2：	4	迅速な再編成がおこなわれ、大改造の可能性も。
	3	噂話を含め、会話によって速やかな決着がもたらされる。
3：	4	はっきりとけりがつき、すばらしい報いがある。
	3	嘘が近くに潜んでいる（ムーンのカードが出ていないか確認のこと）。
4：	4	急ピッチで強固な土台が築かれている。ほころびがないか確認を。
5：	4	大きな対立が目前に迫っており、忙しく立ちまわるか、避難場所を求めることになる。
6：	4	態度を直さなくてはいけないことを身をもって知ることになる。
7：	4	悲しみが間近に迫っている。状況に逆らわず耐え抜くこと。
8：	4	早急に連絡あり（吉凶はまわりのカードによる）。
	3	荷造りの準備をすること。旅行に出発する。
9：	4	終わりが急速に近づいている。準備されたし。
10：	4	間もなく何かを売買する動きあり。契約書は細かい文字まで読み込むこと。
小姓^{ページ}：	4	新しいアイディアを思いつく。創造性を爆発させよ。
騎士^{ナイト}：	4	速やかな行動を取ること。願いごとに注意。

数字の意味

　カードの数字からは期間だけでなく、どういう状況にあるかも読み取ることができます。

1：	始まり。
2：	方向、あるいは最初に出会う地点。
3：	細部が詰められ、アイディアが具体化する。

4：	成長の拠点を築く。
5：	最初の試練、あるいは狂いが生じる。
6：	問題が変化して大きくなり、さらに続いていく。
7：	アイディアや計画を拡大するために多様性が付加される。
8：	評価期間。
9：	完成日前に向かって進んでいく動き。
10：	周期、計画、問題の完了。
ページ：	リスクとメッセージ。
ナイト：	動きと方向。

　ここで身につけておくべき知識は以上ですが、覚えきれなくても心臓麻痺を起こすには及びません。何ごともなるようにしかならないのですから、それよりもカードのデザインやシンボルの配置、ぱっと見たときにいちばん印象に残る部分をしっかり頭に入れておきましょう。解釈に必要な要素は脳がきちんと取り込んでくれますからね。

シルバー・スプレッド

　シルバー・スプレッドは有名なケルト十字法をベースとし、より深いリーディングをおこなうスプレッド法です。タロットデッキを購入すれば、ケルト十字法の解説書は大体同封されているでしょう。ここでは78枚のカードのうち11枚を使用する、基本的なケルト十字法を採用しています。

　このスプレッドでは別種の占い媒体を補助的に用いますので、ルーンストーンやルーンカード、カルトゥーシュ、メディスンカードなどの占術具をご用意ください。

　第1ポジション：シグニフィケーターの位置。人物札から質問者にいちばん近いカードを選ぶか、先のリーディングでもっと周辺情報が欲しいと思ったカードを置いてください。シグニフィケーターに選ぶカードはフェイスカードにかぎらないで、デッキをひととおり眺めてリーディングをおこなう相手に最もよく当てはまっていると感じたカードを選びましょう。

第2ポジション：第1ポジションの真上に重ねて置き、質問者の現在位置を示します。

第3ポジション：質問者の障害となるもの。道を塞ぐもの、進行や建設的な決断を妨げているもの、質問者の気にかかっていることを表します。

第4ポジション：質問者の顕在意識上にあること。起きたばかり、または現在進行中の出来事や心理状態を表します。

第5ポジション：質問者の意識が隠している、または意識下にあること。常に意識の奥底にあるものか、現状を解決する助けになることを質問者自身が認めたがらないもの。

第6ポジション：ごく短期間のうちに現れる質問者の未来。リーディングで扱っている出来事を完了させる下準備となること。トリガーカードです。

第7ポジション：現在の状況に直接影響を与えている過去。経験や対立の根底にあるもの。リーディングの結果が気に入らない場合、魔術による変化が見込める第1のカード。

第8ポジション：リーディングの結果に揺るぎない影響を与えている出来事や人。状況に関わる2番目に重要な要素。リーディングの結果が気に入らない場合、魔術による変化が見込める第2のカード。

第9ポジション：質問者の決断や状況から、質問者の周囲に及ぶ影響。周囲の人が質問者をどう見ているか、質問者に対する扱いに与える影響。質問者自身と質問者の行動に対する周囲の全体的な印象を表します。

第10ポジション：質問者の行動や思考の結果、質問者が行き着く未来。質問

者が注意すべきこと、あるいは心待ちにすべきこと。リーディングの結果が気に入らない場合、魔術による変化が見込める第3のカード。

第11ポジション：リーディングの完結と、状況の全体的な展望、および現時点で状況がどのように展開していくか。リーディングの結果が気に入らない場合、魔術による変化が見込める第4のカード。魔術を行使する場合、状況の結果に影響を与えたかはこのカードを見ることで確認出来ます。

デッキをシャッフルし、カットします。

ケルト十字法でスプレッドをおこないます。デッキの残りは卓上に置いてください。

並べたカードを見て、各スートおよび大アルカナの割合、カードの組み合わせに奇妙な点や見慣れない点がないか確認します。

順番どおりにカードの解釈をおこないます。意味がきちんとつかめたら次のカードに進み、意味がはっきりしない、またはもっと情報が欲しい場合はデッキの山からカードを1枚引いて補助カードとし、ポジションカードの横に並べます。まだ意味がはっきりしなければ、もう1枚引いてください。さらに1枚引いてもかまいませんが、カードの意味が全てつながるように解釈できなくなるほど繰り返してはいけません。補助カードを引いている最中に大アルカナが出たら、そこで手を止めてください。それでも意味が通らない場合はあとまわしにし、残りのリーディングが終わってから別個に読み直します。

次のカードに進み、同じようにして最後までリーディングをおこないます。

ふたつ目の占術具を出してシャッフルし（または第2の占術具に合った方法で準備し）、それぞれの配置にカード（またはストーン）をひとつずつ載せていきます。第2の占術具は最初のリーディングの解釈が間違っていないか確認のために用いるもので、初めの解釈と同じ結果が出るだけのこともあれば、もっと深い解釈が加わることもあります。

リーディングを終えてもまだ釈然としないカードが残っていれば、そのカードを第1ポジションに配置し、最初に使用した占術具で改めてリーディングをおこないます。残りのデッキを再シャッフルしてカットし、通常と同じリーディ

ングをおこなって意味が取れないカードの周辺情報を読み取りましょう。

　このスプレッドは、いろいろな本を読んでたくさんのスプレッド法を研究しても物足りないものばかりだったため、私が編み出した独自の技法です。あくまでも自分で使うことを考えてデザインした方法ですから、あなたも自分にぴったりのスプレッド、やり方を編み出すといいでしょう。

　自己流のスプレッドをおこなうときは、原則に留意して修正を加えてください。タロットではワンドとカップ、ソードとペンタクルがそれぞれ対立関係にあります。ワンドがカップに囲まれると意味は弱まるか最悪で取り消されますし、ソードがペンタクルに囲まれた場合も同じことが起こります。

　リーディングの記録はできるだけ取り、離婚や別離、妊娠や出産、結婚や婚約、異動や転職といった特定の状況や出来事を示すパターンは特に注意して書き留めておきましょう。

関係者を簡単にチェックする

　状況に質問者以外の人物が関わっていると、ときにリーディングに混乱を引き起こします。つまりは諺でいうところの木々に邪魔され、森が見えない状態になっているのです。以下の技法を用いることで、その人物がどのような影響をどのように与えているかを調べることができます。

　デッキをシャッフルします。

　デッキのいちばん上から小さく──大体10枚ぐらいのところでカットし、まとめて裏返してください。いちばん上に出たカードが、その人物が現在感じていることを表します。

　もう一度カットして裏返してください。考えていることが表れますが、感じていることとは異なる場合が多いです。

　次のカットで出るカードは、状況の全体的な見方を表します。

　最後のカットで出たカードは、状況に対してやろうと考えていることを表します。

❧❧ ルーン ❧❧

どのウイッチも口を揃えて言うことです。ウイッチにはスピリチュアルな成長を大いに促してくれる媒体がそれぞれにあるものだと。私はタロットとカルトゥーシュのほうを得意としているので、偶然の引き合わせがなければ気づかなかったと思いますが、私にとってはルーンがそれに当たります。

ラルフ・ブラムの『ルーンの書』といえば、ルーンを扱った本の題名で真っ先に挙げられる一冊です。私もこの本を参考にルーンを始めたのですけれど、ブラムの文章の端々に見受けられるキリスト教的な考え方がどうも肌に合いませんでした。大意に間違いはないとはいえ、魔術アルファベットの解釈としてはどこかずれているようで、多くのことが欠落しているように感じられたのです。

その数ヶ月後のことです。ウイッチクラフト誌の同僚編集者から『Leaves of Yggdrasil（ユグドラシルの葉）』という本を渡され、忙しくて時間が取れないから書評を代わってほしいと頼まれました。時間がないのはこちらも同じでしたけれど、その仕事を引き受けたおかげで私は『ユグドラシル』とめぐり会い、フレヤ・アスウィンの著書を通してルーンの奥深さに気づき、魔術の新たな世界を知ることができたのでした。

ルーンによるリーディングをおこなうには、ルーンカードを購入するか、タイルで自作するか、ルーンストーンを買い求めなければなりません。自作するなら、川床から拾ってきた小石に色を塗ってシンボルを白で記すとすてきに仕上がります。また、お店で買った未焼成のセラミックタイルを（生素地の段階で）小型のこぎりで1×1インチ（約2.5cm）四方に切って火入れをし、セラミック塗料でシンボルを書き入れて再び焼き上げ、好みで釉薬をかけるのもいいでしょう。

占うときは小袋に入れたタイルを１個ずつ引きます。特別な刺繍やプリントを施した敷布に全てのタイルを投げて占う方法もあります。私も敷布を自作してみましたが、この方法はあまりしっくりきませんでした。

ほかにも、銀色または白色のキャンドル１本、タイルやカードを置く無地の布、そしてもちろん、静かな場所を用意してください。

　ルーンはどんな使い方でもできますから、ルーンの解釈にタロットのスプレッドで出たパターンを当てはめてもいいし、ひとつだけ引いて手軽に答えを求める、あるいは自分の立ち位置を過去、現在、未来（ブラムの本では背景、試練、結果）に分けて、3つのルーンで状況を読むこともできます。

　質問を思い浮かべるのは袋からルーンを引く前です。私はルーンカードを愛用しており、タロットのようにシャッフルして使っています。

　ストーンを使うなら、私のようにスクラブルのラックをホルダーに流用すると便利です。手紙で相談を受けていると、リーディングの結果を相談者に伝えるために、引いたストーンをいくつも並べておかなければなりません。私の机群（ええ、複数形ですよ）は書類やら本やらでいつもごちゃごちゃしていますから、タイルはすぐにどこかに飛んでいってしまいます。タイプライターやキーパッドを動かして行方不明になったタイルを探していた以前を思うと、環境は格段に改善されました。

　タロットと同じく、カードやストーンがエネルギーに包まれるイメージを思い描いてからルーンを引くのが私のやり方です。結果はノートに記録しておきましょう。

　リーディングを終えたら、ルーンを全て袋に戻してよく混ぜてください。この中からルーンをひとつ引き、ドリームタイムにその力を持ち込みます。実際に助けが必要だと感じている事柄を問題として頭の中で定義してください。

　ルーンを引いたら意味を調べて紙片に書き留め、ルーンのシンボルもその下に書き入れます。

　その紙片を枕の下に置くか、握りしめて眠ってください。私はてのひらにルーンを書き込み、チャクラを開いて瞑想をおこなってから眠りに落ちるという方法を採っています。そうすると、夜の間に夢を見るか、単に「知っている」状態となって、朝起きたときにはたいてい答えが見つかっているのです。

　ルーンの研究に没頭するあまり、ドリームタイムにルーンを連日持ち込まないよう注意しましょう。3日ごとに休みを取らなければ、週の終わりにはメッセージに歪みが生じ、日中に疲れを感じてしまいます。

　悩みを解決する手助けをしてあげたいけれど、あまり長々としたアドバイスを書き送りたくない遠隔リーディングをおこなうときこそルーンの出番です。

ルーンの占い上の意味

ᚠ	フェイヒュー［Fehu］	よいめぐり合わせ。富裕。幸運。創造エネルギー。
ᚢ	ウルズ［Uruz］	強さ。ハイヤーセルフ。決断。健康。
ᚦ	スリサズ［Thurisaz］	真の意志。形式の問題。混沌。対立。
ᚨ	アンスズ［Ansuz］	英知。オカルト。力。復讐。癒やし。
ᚱ	ライゾ［Raido］	防御。掌握する。旅行。決断。
ᚲ	ケナズ［Kenaz］	知識。学び。探索。受け継いだ知識。
ᚷ	ゲーボ［Gebo］	同意。合意と団結。境界線。
ᚹ	ウンジョー［Wunjo］	祝福。支配的な意志。成功。豊饒。
ᚺ	ハガラズ［Hagalaz］	激変。破壊的な力。
ᚾ	ナウシズ［Nauthiz］	必要。未来。勝利。機会。防御。
ᛁ	イサ［Isa］	停止。時間稼ぎ。さなぎ。
ᛃ	ジェラ［Jera］	穏やかに訪れる懐胎と変化のとき。周期。時間。
ᛇ	エイワズ［Eiwaz］	外向性。活動的。行け！。狩り。発展。
ᛈ	ペルソ［Pertho］	秘密。隠されたものの発見。歴史。
ᛉ	アルジズ［Algiz］	防護。保護。助け。虹の橋の案内人。
ᛊ	ソウロ［Sowulo］	癒やし。強さ。自己を意識の中心に置く。幸運。
ᛏ	テイワズ［Teiwaz］	正義。法的問題。献身。勇敢な行為。
ᛒ	ベルカナ［Berkana］	女性の神秘。出生過程。感情の安定。
ᛖ	エワズ［Ehwaz］	変身能力者。精神感応で結ばれた絆。適応。
ᛗ	マヌズ［Mannuz］	コミュニケーション。協同。法的業務。
ᛚ	ラグズ［Laguz］	オカルト。セックス。影響。動き。
ᛜ	イングズ［Inguz］	アストラル。器。大地と結びついた。前進。豊饒。
ᛟ	オシラ［Othila］	自己を意識の中心に置く。大地と結びつく。祈願。価値。家族。クンダリーニ。
ᛞ	サガズ［Dagaz］	目に見えなくされる。触媒。両界の狭間。

～～　大釜の透視術　～～

　このエクササイズではホットプレート、金属製の黒い小鍋（すでに持っているなら大釜を）、水、ハーブ（フランキンセンス、オリスルート、ミルラ）、鍋の両脇に置く銀または白色のキャンドル2本を使用します。

　肩の力を抜き、鍋の水を気泡が沸き立つ程度まで熱します。横揺れするほどではない、静かに立ちのぼる湯気が目安です。キャンドルに火をつけ、魔法円を構築してください。

　チャクラを開き、湯気を眺めながら意識を空っぽの状態に持っていきます。視覚化は実際に映像が見えるようになる前に感覚的におこなわれることが多いので、湯気に映像が映し出されなくても不安がる必要はありません。

　答えを求めている問題に意識の焦点を合わせます。声に出してもかまいません。湯気を見つめている間は決して力まず、あくまでも自然体のままで、イメージが見えてくるのを待ちましょう。

　透視が終わったら魔法円を閉じてキャンドルの火を消します。残った水は大地母神に捧げますので、外に持っていって地面に空けてください。家に戻り、デンプンを含んだ食べ物でグラウンディングをおこないましょう。

～～　おすすめ書一覧　～～

- Freya Aswynn, *Leaves of Yggdrasil.* Llewellyn Publications.
- P.M.H. Atwater, *The Magickal Language of the Runes.* Bear and Company.
- Barbara J. Bishop, *Numerology: Universal Vibrations of Numbers.* Llewellyn Publications.
- D. Jason Cooper, *Using the Runes.* The Aquarian Press.
  （D・J・クーパー、『ルーン・ストーン占い：魔力伝説』、二見書房）
- Melita Denning and Osborne Phillips, *The Magick of the Tarot.* Llewellyn Publications.
- Gail Fairfield, *Choice Centered Tarot.* Newcastle Publishing.
- Sasha Fenton, *The Fortune-Teller's Workbook.* Llewellyn Publications.
- Sasha Fenton, *Tarot in Action.* The Aquarian Press.
  （サーシャ・フェントン、『タロット教科書　第3巻』、大陸書房）

- William Hewitt, *Tea Leaf Reading*. Llewellyn Publications.
- Murry Hope, *The Way of the Cartouche*. St. Martin's Press.
  （マリー・ホープ、『カルトゥーシュカードの使い方：日本語訳完全版』、黒田聖光）
- Palmer, Ho, and O'Brien, *The Fortune Teller's I-Ching*. Ballantine Books.
- Emily Peach, *The Tarot Workbook*. The Aquarian Press.
- Ellen Cannon Reed, *The Witches Tarot*. Llewellyn Publications.
- Jeraldine Saunders, *Signs of Love*. Llewellyn Publications.
- Schwei and Peska, *Astrological Geomancy*. Llewellyn Publications.
- Juliet Sharman-Burke, *The Complete Book of Tarot*. St. Martin's Press.
- Donald Tyson, *How to Make and Use a Magic Mirror*. Llewellyn Publications.

第16章
まじない、術がけの儀式、月降ろし

練習を形にする

　本書をここまで読み進めてきた皆さんは、これで術がけの儀式とまじないの基本的な実践法について学び、創造的視覚化、瞑想、占い、自分自身の力を高める方法とグラウンディングのやり方を身につけ、魔術に必要な道具を揃え、いろいろな本を読んで勉強し（願わくば）、ひとつかそれ以上の信仰体系に詳しくなったことと思います。

　ここまできたら、あと必要なのは勇気だけです——魔術を実践する日取りと場所を決め、失敗（この先たくさんあるでしょう）はもちろん、成功（全ては自分にかかっています）からもいろいろ学ぶ決意ができたら、一気に進んでいきましょう。

　ソロの魔術実践者はいうなれば個人事業主です。まずは自分がしっかりと働かなければ、投資したものから利益が上がることはありません。

　決してくじけず、自分の力を信じること。高慢でも卑屈でもなく、しかしいざというときは自己を頼みとできるだけの自尊心を持つこと。一度だけでなく、何度も何度も献身的に自分自身の一部を犠牲とすること。こういった資質は私たちが学び、成長する上で絶対に必要なものですから、積極的に変化を受け入れることで身につけていきましょう。

　いくつかのまじないに挑戦し、月降ろしの儀式で恍惚を味わい、ほかのウイッチと顔を合わせ、これは自分が求める道ではないと判断に至る——。クラフトの道を進んでこの段階に達した人は大勢います。本物の魔術をたったひとりで、キャンドルの灯りを頼りに、うまくいくことを期待しながら実践するのは、確かに勇気と信念のいることです。

　でも、この人たちが恐れているのは幻想と自分でつくり出した想像でしかありません。舞台を組み、小道具を集めて準備をし、台本の出だしの台詞を献身の儀で口にはしました。だけど、まだ劇は始まってもいません。これではまだ本当にウイッチクラフトを実践したとはいえないのに、自分がやったことが初めて裏目に出た、あるいは単に失敗しただけで、ワンドもクラフトも何もかもを放り捨ててしまおうとしているのです。

　月降ろしでエネルギーを高め、術がけの儀式をおこなわなければウイッチクラフトを実践したとはいえません。いろいろな実験を通してたくさんの知識を身につけてきましたが、これを教養で終わらせないためにも、学んだことを活かしてまずは何かひとつでも目標を達成しましょう。

　準備はいいですか？　では、こういうときにふさわしい台詞はただひとつ、「進め、上を目指し！」

⟅⟆⟅　まじないと儀式のエネルギー　⟅⟆⟅

　エネルギーを高めると、チリチリする感覚や脈動、温かな熱が溜まっていくなどの形で体感することができます。強力にエネルギーを押し出せる人、押し出せない人がいますが、エネルギーを爆発的に放出できても、その流れを自分の体から淀みなく繰り出せる人より上手（うわて）だとはいえません。

　エネルギーを高める前には必ずグラウンディングとセンタリングをおこないます。「グラウンディング」によって母なる大地に精神的な根を下ろして自分自身を固定し、「センタリング」で自分のエッセンスを臍（へそ）の辺りに引き込み、心を落ち着いて安定した状態に導くのです。エネルギーバランスが乱れて大変な目に遭わないためにも、グラウンディングとセンタリングを忘れないよう気をつけましょう。

　とはいえ、最高出力を常時維持するのは無理な話です。疲れが溜まっている、体調が悪い、イライラしているときなどは、力の円錐を高めるのに相当苦労しますので、可能なら術がけは日を改めておこなってください。

　エネルギーを高めることがすぐにできなくとも大丈夫、落ち込んだり気に病

んだりする必要はありません。一度コツをつかめば誰でもできることですので、焦らず挑戦しましょう。

エネルギーとアルコール

これはひと口に言ってしまえる問題ではないのですが、いっさいのごまかしなしに言うと、お酒を飲んだ、または宿酔いでアルコールが体に残っている状態で魔術をおこなうべきではありません。それどころか、魔術をおこなう24時間前は完全にアルコールを断つべきです。パーティと魔術を一緒に楽しむことはできません。

ほとんどのウイッチは禁酒家なのかというとそうではなく、時代に合わせて変化したというのが実情です。(飲酒運転に反対する母たちの会がおこなってきたような)啓蒙キャンペーンによってアルコールに対する大衆の意識は変わり、飲酒は深刻で命に関わる事態さえ招くという事実が認知されるようになりましたし、ウイッチ人口が増えている今、私たちはアルコール依存症を克服した人や若者世代、身体障害者の方々など、多種多様な人々の要求を尊重し、柔軟に対応していかないといけません。

エネルギーと薬物

いい悪いの水かけ論にならないよう論理的に説明しますと、アメリカのクラフトではサークル内に違法薬物を持ち込むことは絶対に禁止されていますし、非合法薬物の所持は懲役刑に相当する犯罪です。いいですか。もしも朝起きて夜寝るまで、コカインやクラック、ピルなどの薬物がないとまともに活動できないようであれば、あなたに必要なのはドラッグではなく医療の助けです。わかりましたね。単純に、ドラッグと魔術は相性が悪いということもありますけれど。

処方箋については自分で正しい判断をしてください。市販の風邪薬でも天井付近を漂っているような感覚に陥るようなら、自分をコントロールできる状態にないので魔術はおこなわないでください。

ウイッチになるということは、自分自身と世界に対して「私は自分の行動に

責任を持っている」と宣言しているに等しいこと。自制できずに人生を台なしにし、自分の体、家族、宇宙全体に対して無責任に振る舞っている薬物やアルコールの中毒患者には、そもそも本物のウイッチになる資格がないのです。

まじない

　さあ、皆さんお待ちかね、魔法の話を始めましょう。とはいえ、ウイッチの毎日は全てが魔法に彩られているもの。森の中、街の通り、会う人、助ける人、攻撃してくる人……日常の全てに魔法はあふれているのです！

　簡単なまじないをかけることは、実はそれほど「簡単」ではありません。まじないをかけるという行為自体は一種の技芸であり、意志の力を働かせ、魔術具や魔法的存在の力を借りて特定の文句を唱えることで思念に情動的、あるいは物理的な形を与えるという術がけの儀式を執行することにあたります。望んだとおりの結果をもたらし、その過程で誰にも害が及んでいないことがまじないの成功条件ですが、それだけのことがときには簡単にいかないのです。

　まじないは一筋縄ではいかない難物です。成功させたければ、とにかく細かいところまで気を遣うこと。キャンドルの前に立ってムニャムニャと何ごとかを唱えたら、あら不思議。なんて、そんなに簡単にいくものではありません。もしもそうやって成功したなら、あなたは余程の強運の持ち主です。

　まじないは複雑でなくてはいけないということはありませんが、曖昧さを排除した命令調で仕立てたほうがうまくいきます。前にお話しした牡鹿狩りのまじない、あれがいい失敗例です。

　全ての請求書の支払いをまかなえるだけのお金が欲しいという願いも、誰もがしくじりやすい要注意点です。下手をするとこちらがすっかり忘れていたとか、そのまま忘れていてほしかった古い請求書が郵便受けにぎっしり届くという事態になりかねませんからね。ええ、私のように。

　また、道具も術がけの儀式も使わず、ただ文句を唱えるだけでも、まじないは何にでも効果を発揮します——寝る前の夜食に魔法をかけてごらんなさい。それを食べた子供たちはきっとすてきな夢を見るでしょう。

まじないを構成する

　まじないの文句はよく考えて練り上げ、文字に書き起こしてください。要望などの文言は特定の神々、または宇宙全体と何かしらのつながりを持たせます。

　韻を踏む必要はありませんが、よく使うものにするならリズムがよいほうが覚えやすいですし、韻を踏んだまじないは詠唱（チャント）やダンスを使った魔術に取り入れられます。

　3次元のものが欲しいという話であれば、そのものの「精髄（エッセンス）」を求めることが重要となります。たとえばコンピュータが欲しいとすると、メーカー名などを細かく挙げて具体的に求めます。それでも、そう簡単に手に入るわけではありません。私がまじないをかけてコンピュータを手に入れるまで2年かかりましたし、願望を形にするためにまじない以外でもたくさんの努力をしなくてはなりませんでした。

　まじないの中には魔術儀式とほとんど変わりのないようなものもあり、1日に1本ずつ7日間、計7本のキャンドルを燃やす金運を呼び込むまじないは、小型版の儀式とまではいわなくとも、かぎりなく近いことをおこないます。

　ほかにも、シンデレラのカボチャの馬車（ふざけてはいません）のように期限が決まっており、効果を持続するために何度もかけ直さなくてはいけないものもあります。

　まじないや儀式の始め方、結び方に決まった形式はありません。多くのウイッチは試行錯誤を通じて、術を成功に導く自分なりの方法を見つけています。それは振動を高めるリズムや韻であったりします。たとえば：

> 今宵このとき、我が声を聞き
> 我が求めに応じたまえ、古（いにしえ）の力よ
> 女神なる花嫁、輝ける伴侶
> 光をもたらせ、我がもとを照らせ！

　心の中に〈あらゆる全て（ジ・オール）〉のエネルギーが光とともに差し込んできたら、まじないに必要な力を司る神々と同調を果たし、これからおこなおうとしている

ことに力を貸してくれるよう求めます。術がけの儀式も手順は同じです。まじないの文句が不明瞭だと絶対に失敗しますから、たとえばこんなふうに続けていきます：

　　　私には絶対に叶えなければいけない望みがある。（神の名）よ、どうかお力添えください。（理由は何でもいい）ため、完璧なる（必要なもの）が私の物となるように。

　　　宇宙よ、どうか力をお貸しください。私が描いたこの円陣の内で、完璧なる星まわりがその力を余すところなく発揮し、私の望みを叶えてくれるように。

　　　私の願いは聞き届けられ、万物の自由意志を侵さず、誰にも害をなすことなく、（望み）はこれで間違いなく私のもとに引き寄せられる。

　　　まじないはかけられた。（望み）は今や私の物に！

これが私のまじないの定型文ですが、今はこのあとにつけ足している——もともとはシビル・リークが使っていた文句だそうです——新しい一文があります：

　　　このまじないは決して逆らわず、呪いとなって私に見舞うこともない！
　　　我が意のままに、かくあれかし！

もうひとつ、簡単なまじないであっても、私は最後に助力を求めた神に必ず感謝を捧げることにしています。

色つきキャンドル、色つき紐、ビーズ、宝石、水晶、瓶、インクと羊皮紙、色つきフェルト、魔術人形（ポペット）など、いろいろなアイテムを使用した簡単なまじないを構成するのもいいでしょう。術がけや魔法円の構築は、まじないの書き方を練習し、コツをつかめるようになってからにしてください。間違うと、いらぬ出費で懐を痛めることになりますよ。

クォーターのまじない

　二至（夏至、冬至）二分（春分、秋分）は主に祝祭の日とされていますが、クラフトとその信奉者であるウイッチにとっては季節周期の節目に当たります。至から分、分から至までの 季（クォーター）は元素節（エレメンタルタイド）と呼ばれ、魔術の種類によっては季節ごとに向き不向きがあります。

　3月21日から6月20日までは種蒔き節（または開始）、6月21日から9月22日までは収穫節（または成就）、9月23日から12月20日までは計画節（または計算）、12月21日から3月20日までは破壊節（または交替）です。

　クォーターのまじないは結果が出るまでに一季を丸ごと費やすものがほとんどなので、長期目標を設定したときに組み合わせるといいでしょう。金運を呼び込むまじないなど、翌クォーターに効果を発揮するものもあります。クォーターが終わる3、4週間前に金運のまじないの効果が消えてしまったら、それはまじないをかけるときに充分な「エネルギー」を注ぎ込まなかった印です。期限つきのまじないなのでクォーターごとにかけ直さないといけないのですけれど、きちんとかけていたなら随時効果を実感し、期限が切れたことにも気づかないものですからね！

　私はクォーターごとにお金を燃やすまじないをおこなっています。そうですよ、全能なるドル札に本当に火をつけているのです。燃やすときは火を使うまじないのために用意している金属製の皿を使い、皿を時計まわりに9度まわしながらこう唱えます：

　　　土星よ、木星よ、太陽よ
　　　金なる男神も一緒に楽しめ
　　　銀の女司祭は私と踊れ
　　　このクォーターにたくさんのお金を持ってこい！

　簡単ですけど、効果は折紙つきです！

❧❧❧　ホロスコープを使う　❧❧❧

　星占いを利用してまじないや術がけの儀式に役立てるというと、よく知らない人はびっくりするのではないでしょうか。誰でも知っている生まれ星座は、通例、太陽星座（サンサイン）と呼ばれるものです。ちなみに、私は乙女座です。

　星座（サイン）を天体と関連付ければ、自分の性格を掘り下げて分析することも、目標達成まで時間がかかるまじないをおこなうための最高の星まわりを知ることだってできます。星座にできることは星占いだけではないのです。

　短期間で効果を発揮するまじないも、サインと惑星の影響を受けます。星々の天上での運行は仕事に役立つまじないや愛をもたらすまじないの効果を増してくれるだけでなく、援助を求める手紙をいつ送ればいいかまで教えてくれます。

　新米ウイッチにとって星まわり（占星術的照応）は重要な要素です。訓練を重ねて自分の力を完璧にコントロールできるようになれば、まじないと術がけの儀式はときを選ばずほぼ成功させることができます。駆け出しのウイッチであっても惑星時間、曜日、月相を正しく利用できたなら、望むものを手に入れる確率をぐんと高めることができるでしょう。

　正しい星まわりがわからず、調べている時間もない。そんなときは魔法円を使用する術がけの形式でまじないをおこないましょう。本章の少し前で出した例のように、魔法円の庇護下で求めれば魔術に役立つ正しい星まわりを利用することができます。章末に載せたおすすめ書一覧を参考に、必要な占星術の情報が収められた本を手に入れてください。

　「そんなものはなくても大丈夫」と言う先輩ウイッチは多いでしょう。それは正しいです——大体の場合は。心の底から、それこそ喉から手が出るほどに必要だと求め、欲しいものに焦点をしっかりと結ぶことができていれば、確かに必要のないものです。これは星まわりに頼らず何年もまじないをかけていた経験から言っているのですけれど、術がけに取り入れたところ、成功率がぐっと上がったことも付け足しておくべきでしょう。

〜〜〜　他者に魔術を行使する　〜〜〜

　善意からでも悪意からでも他者に魔術を行使する行為はとりあえずひとまとめにされ、冗談めかした言い方で灰魔術^{グレーマジック}と呼ばれます。魔術の影響が及ぶ全員の同意なしに灰魔術を行使することは愚かなことだと知っておきましょう。

　まじないをかけるときはどんなものであっても必ず占術具に相談してからおこなってください。魔術の影響が及ぶとわかっている人にもいない人にも何ひとつ害が及ぶことのないように、術がけがどういう結果に終わるか、ほかに気をつけておくべき要因はあるか、あらかじめ情報を仕入れておかないといけません。

　たとえば、お金を得る代わりに配偶者や親が急死するとしたら、そんなまじないはかけたくありませんよね（わざわざ訊くまでもないことだとは思いますけど！）。遺産や保険金という形でお金が転がり込むだろうけれど、何物にも代えがたいもの――人の命を失ってしまう。どんな形で叶うかわからないのですから、願いごとには細心の注意を払わないといけないのです。

　ハリーと恋人になりたかったら、どうすればいいのでしょう。倫理的に言って、「ハリーにまじないをかける」のは不正解です。この場合、恋の相手になってほしい人が自分のもとに現れる魔術をかけます。ハリーがその相手であればハリーを射止めることができるでしょうし、違うのなら時間と労力を無駄にせずすむでしょう。

　ある女性が、ボーイフレンドが彼女だけを愛してほかの誰も愛さないようにするまじないをかけました。ふたりは結婚し、子供を数人授かりましたが、妻に対する夫の独占欲がひどくなり、彼女が心身の虐待に悩まされるほどまで夫婦関係は悪化しました。珍しい話ではありませんから、ひょっとするとまじないに関係なく、どのみち起こることだったのかもしれません。でも、ここまでひどい事態になったのは、もしかするとまじないのせいだったかもしれないのです。

　信じるかどうかはともかくとして、全部か一部かはわかりませんが、こんなことになったのは彼女のまじないが原因です。まじないをかける前に占術具に

相談し、望みの「本質^{エッセンス}」を引き出していたら、彼に余計なことをせずにすんでいたはずですから。

　たとえ相手に同意をもらっていたとしても、かけるのが愛のまじないで、しかも相手が「もちろん、やってやって！（ドキドキ！）」と言ってくる乗り気なワンスボーンだったら、問題が起きないとは言い切れません。魔術について何も知らない人を、魔術という名前の力で暗示にかけることになるからです。

　あるワンスボーンの既婚男性と、その愛人であるウイッチ（当時は独身でした）にまつわる、世にも奇妙な話をしましょう。互いに溺れるあまり、女性は彼がもっと彼女を求めるようになる魔術をかけたがり、男性のほうも同意しました。この時点でもう悪い予感がひしひしとしますね。

　さてさて！　ともかく、全てが悪い方向に働き、男性は妻と離婚し、愛人のウイッチとも別れ、別のワンスボーンのところに引っ越すという結末を迎えました。しかも、この話の本当に悲劇的な部分は、その後何年もふたりにはまるで双子のような肉体的な絆が残ってしまった、という小説よりも奇なることだったのです。

　まあ、本物のソウルメイトが未知の領域で火遊びをおこなっただけなのかもしれませんし、単純にとんでもないまじないをかけたせいなのかもしれません。正解はともあれ、関係者全員がもれなく苦しむ結果となりました——愛のまじないが失敗すると、とてつもなく恐ろしい事態を招くことがよくわかる話です。本人ものちに認めているのですが、もしもウイッチがきちんと下準備をし、占術具と相談さえしていたら、この惨事は避けられていたはずです。

　残念ながら、誰もが人生にいつでも完璧に順応できるわけではありません。ですから、魔術の行使時には星まわり、色彩、支援アイテム、宝石、水晶、鉱石、占術具といったものの力を借り、過ちを犯さないように再確認する必要があるのです。

　さて、ここまで学んだら、いよいよ最初のまじないをおこなう計画を立ててみましょう。最初は月の魔術にしてみてはどうでしょう。月は途方もない力を秘めた天体であり、大いなる教師です。月の導きに身をゆだね、簡単なこと、小さなことから挑戦してみましょう。

～ 月魔術とまじないがけ ～

　本書の序盤で新月、満月、闇月について学びましたが、何かすばらしい占星術的事象が発生している、あるいは一刻を争う緊急事態でないかぎり、魔術をおこなうときは月相を何よりも優先してください。月の力は普通、新月と満月を迎えた日に最高潮に達します。自分の体感から最も強力に魔術が左右する時期として、新月／満月の前後3日間に魔術をおこなうと決めている人も多いようです。

　新しいものをもたらす新月は、新たな計画を始めるときにも力を貸してくれます。満月は「追い払い」と「治癒」に向き、望まぬ影響や悪癖を取り除いてくれます。

　初動こそが計画の帰結を左右する肝と考え、占星術師が何よりも重要視しているのが最初の一手です。金運のまじないやアイテムづくり、作業など、新月に始めた物ごとは満月に成就するものが多く、不動産の購入など長期にわたる物ごとは新月に着手するといい結果を呼びますが、当然ながら成就には数ヶ月を要するでしょう。

　満月は太陽によって月面が余すところなく照らし出されるため、この時期に入ると人生のいろいろなことがいつもよりもはっきりと見え、焦点もしっかりと合わせられるようになります。神秘を解き明かし、隠された知識を探す者に、この月は力を貸してくれます。古代では、満月の力は占いに利用されていました。どれほど深く隠され、どれだけの闇に包まれた秘密であっても、満月の光は全てを暴き出すからです。

　物品のやり取りなども満月が向いています。サインをしなければならない重要な書類があり、こちらで日付を指定できるなら、満月の翌日を選んでください。このとき、新たな周期に移行したばかりの月の光はまだ陰りを知りません。あなたが乗り出した計画も、同じように輝きに満ちているのです。

　新月周期が始まる前の3日間に当たる闇月の時期は不穏かつ一種の空隙となる月相であるため、慣習的に魔術はあまりおこなわれません。ただし、呪いをかけるのであれば、闇月の間にヘカテーやマアトに正義をおこなってくれるよ

う頼むといいでしょう。

　ほとんどの信仰体系には月そのものを司る、あるいは月相と特別なつながり
を持った男神／女神がいるものです。月を司る神々と相性がいいようなら、新
月ならディアーナ、満月ならセレーネー、闇月ならヘカテーというように、月
相に合った神々の力を取り入れてみましょう。

ꙩꙩꙩ　月降ろし　ꙩꙩꙩ

　満月のエネルギーとエッセンスを身の内に引き降ろし、その力を利用するこ
とを「 月 降 ろ し 」といいます。体内に取り込まれた月の力は肉体を通して
輝きを発し、術者は力の高まりを感じながら深いトランス状態に達します。

　月降ろしは魔法円で保護された儀式の内でおこないましょう。私は使い魔と
一緒に真夜中の散歩に出かけ、歩道で足を止めたおりに、月降ろしを完了させ
たことがあります。

　エスバットでは重要な術がけがおこなわれるため、月降ろしはこのおりに頻
繁におこなわれます。エスバットに「引き降ろし」を取り入れなくてはならな
いという決まりはありませんが、いやしくもウイッチであるならば、何かしら
のやるべきことがあるはずです。今回は小休止、あるいは月の力に恍惚と浸り
たいだけというときも、簡単でかまいませんから月や女神（月はしばしば女神
の象徴とされます）を称える儀式をおこないましょう。

　月降ろしにワンドやアサメイを用いるウイッチもいますので、以下にやり方
を紹介します。まずチャクラを開き、ワンドを右手に持って両腕を女神の位置
（宇宙を抱くように両腕を外に伸ばし、てのひらを上向けた形）に取ります。両
腕をゆっくりと頭上に伸ばし、両手でワンド／アサメイを握ったら、先端を月
に向けてこう唱えます：

　　　月の女司祭の力よ、我がもとに降りよ。その力と混じり合い、女神の純
　　粋なるエッセンスよ、我がもとに降りよ。

　自分自身の波動を高め、月の力をワンドに迎えてください。力が入り込むのを感じたら、ワンドを両手で握ったままゆっくりと下ろし、先端を心臓に向けます。銀青色の光がうねりながら体内に入り、肉体とアストラル体をくまなく駆けめぐるイメージを視覚化しましょう。エネルギーが薄らいだら両腕を脇に下ろしてください。力の円錐の構築の完了です。

　これであなたには月の女神の力が宿りました。強化された能力は賢く活用しましょう。

　この次に「術がけ」をおこなうのであれば、（力を送り出すために）ワンド／アサメイを右手に持ちます。まじないの類をいっさいおこなわないのであれば、（力を受け取るために）ワンド／アサメイを左手に持ち、瞑想状態に入ってエネルギーを吸収します。

　力の送受のどちらかが終了したら、力場から一歩踏み出すか、両手を地面につけ、グラウンディングをおこなってください。

　壮麗な文句を唱え、月降ろしをおこなうプリースティスやソロのウイッチ――詩や儀式に描かれる美しい情景ですけれど、これは忘れてしまってかまいません。月降ろしの最中はほかのことに集中することなどできないので、間違ったことをやっているのでないかぎり、口を開くのも無理なはずですから。

ꙨꙨꙨ　術がけの儀式　ꙨꙨꙨ

　実現させたいことがあるけれど、簡単なまじないでは追いつかないとなれば、いよいよ術がけの儀式の出番です。これは本式の儀式になりますが、以前におこなった自分だけの空間に浄化と聖別を施す儀式、それに献身の儀とやることはほとんど変わりありません。始め方、終わり方も同じです。ただ、献身の儀もまだだった以前とは違い、今はもうその先に進み、儀式を使って何らかのまじないをおこなおうとしている――何よりの違いはあなた自身にあるといえます。

　術がけの儀式は、生来悩まされていることや悪癖を抑えたい、取り除きたい、癒やしが欲しい、ビジネスを始めたい、家庭を持ちたい……どんな問題にも対

処できる「奥の手」のようなものです。

　ただし、術がけの儀式をおこなったら、簡単なまじないと同じく忘れてしまわないといけません。四六時中その問題に囚われていると状況を悪くすることはあっても良くなることはないし、術がけが本来の効果を発揮するのを妨げることにもなります。

　術がけの儀式では実際にまじないをかける前に瞑想をおこない、チャクラを開いて自身の波動を高め、エネルギーを構築する時間を取るといいでしょう。まじないをかけ終えたら、求めるものが手に入る下準備が整った旨をアファメーションによって宣言するのも効果的です。

まじないや術がけの儀式が発動しない

　そんなときは迷わず記録を当たりましょう。望んだとおりに事が運ばなかったら記録をさかのぼり、間違いを犯した可能性のある場所を見つけ出してください。何を思っていたか。どういう気持ちで臨んでいたか。邪魔は入ったか。焦点が散漫になっていなかったか。倫理に反するやり方で他者に影響を与えようとしていなかったか。始める前から自分には分不相応な望みだと思っていなかったか。そういう点を洗い出してみましょう。もしも遠慮しているなら、それはいらぬ気遣いです。世界は誰もが恵みを充分に享受できるほど豊かで、他者を傷つけないかぎり、誰が何をしてもかまわないのですからね。

　ノートを何度も何度も見直しても原因がわからない場合はどうすればいいのでしょう。頼まれごとでやっているまじないだったら、本当に困ってしまいます。今まで何度もやってきた術がけを、記録を逐一確認しながらこれまでどおりにやっているのに、あるとき突然まったく作用しなくなってしまう。そんなときはひょっとすると、頼みごとをした本人が邪魔をしているのかもしれません。そういうことがあるのです。自分で変えてほしいと頼んだのに、どういう理由からか、実際にそうなってほしくないというのです。ときに術がけが失敗するのは「邪悪な力」によって邪魔されているのではなく、あなたに助力を求めたほかならぬ当人によって凍結されている可能性があることを頭に入れておいてください。

魔術を成功させる

どういう形にせよ望みが叶ったら、何を望み、どのように実現されたかを記録に取ってください。望みは叶ったけれど、期待した形とは違っていたというのはよくある話です。我々『奥さまは魔女』／『スタートレック』世代の人間は、魔法の効果は鼻をひくひくさせるとか頷きひとつ、あるいは目の前で光の微粒子がきらきら輝くといった演出とともに現れるんじゃないかとつい期待してしまうものですが、今も昔も、本当の魔法というものはごく平凡な形を取って現れることが多いのですから。

魔術アルファベット

ルーンなどの魔術アルファベットを使ったまじないは非常に強力でかけるのも簡単な上、消耗品の心配（ハーブがなくなりそうとか）はほぼ必要なく、支援アイテムもあまり使いません。星まわりに従って日取りなどを決めたら、ほかに必要なのは真っさらな紙と黒いインクだけです。マーカーやペンを使いたがるウイッチは多いのですが、私はあくまでも「インクにペン先を浸す」行為にこだわっています。デザイン用品店に行けば5ドル以下でペン先とインクを揃えられますので、あまり懐も痛みませんし、どちらも長く使えます。

間違いがないように、まじないの文句は英語できちんと草稿をつくっておきましょう。自分にとって扱いやすいと思われる魔術アルファベットを選んだら、ひと文字ひと文字を置き換えながらインクで紙に記していきます。アルファベットの中には通常使用している26文字に対応しきれないものもありますから、その場合は音を当てはめる表音つづり法で対処してください。

できあがったら術がけの儀式をおこない、このためだけに用意した皿でまじないを書いた紙を燃やします。まじないの結果は日誌か『影の書』に記録しておきましょう。

魔術でなじみのないアルファベットを使う理由は、なじみがないというその一点に尽きます。ひと目で読み取れないと、まじないの神秘性はぐっと増しますよね。神秘的であれば、強い力が秘められているように感じられます。まじ

英語アルファベット	テーベ文字	マラキム文字	エジプト象形文字	ギリシア文字	フェニキア文字
A				A	
B				B	
C				Γ	
D				Δ	
E				E	
F				Φ	
G				Γ	
H				H	
I				I	
J				I	
K				K	
L				Λ	
M				M	
N				N	
O				O	
P				Π	
Q				Θ	
R				P	
S				Σ	
T				T	
U				Y	
V				Y	
W				Y	
X				Ξ	
Y				Y	
Z				Z	

魔術アルファベットの例

ないを外国語で記す、あるいは唱えるとき、あなたはそこにとてつもない力がこめられていると「信じ」ているので、並々ならぬ威力を発揮することができるのです。

　また、ルーンは「組み合わせる」ことで強力なタリスマンとなったり、防御や健康、富を呼び込むお守りになります。「バインディングルーン」と呼ばれるこのルーンは、普通、線の共有によって2個ないし3、4個のシンボルを合体したもので、中心となるルーンがバインディングルーンとして文字どおり全体を結びつける役割を持ちます。

　たとえば、アストラル旅行の安全を願うバインディングルーンをつくるなら、「旅行」を表すライゾ、「乗り物」を表すエワズ、行き先のひとつとなるかもしれない、北欧神話で死者たちが住まう領域「ヘル」を表すハガラズ、そしてケナズを合わせます。他次元の現実界の通過時、トランス状態にある間は、バインディングルーンとして最後に添えたケナズが内なる導き手となってあなたを守ってくれるでしょう（フレヤ・アスウィン、『Trees of Yggdrasil（ユグドラシルの樹)』より）。

支援アイテム、強化アイテム

　ハーブ、キャンドル、水晶、宝石、タロット、ルーンといったアイテムはまじないで必要とされることが多く、キャンドルやタロットのように儀式で使用するものと、まじないや儀式によって力を付与し、強化アイテムとして身につけるものとに分けられます。後者の例には、初めから身につけることを目的として作成されるタリスマンが挙げられます。

　特定の品を繰り返し使用するつもりでいるなら、まじないが成功して望みが叶えられるたびに浄化と聖別を施し、次に使うときのために備えておきましょう。

まじないと曜日

　各曜日は黄道12星座と惑星の照応から支配的な影響を受けます。まじないをかけるときは正しい惑星時間や月相などの星の位置を前もって調べておくことはもちろん、ふさわしい曜日も忘れずに確認しておきましょう。曜日はほかに

も天使、色彩、宝石と関連を持っています。本章の最後に照応チャートを付記しましたので、ご参考ください。

　チャートを参考に恋愛運を呼び込むまじないにふさわしい照応を調べると、以下のようになります。

ロマンティックな恋をしたいなら

日取り	新月のあとの最初の金曜日
色彩	ピンク／白
宝石	ローズクォーツ（ロマンスに）；ムーンストーン（エネルギーの交換に）
植物	アイビー（豊饒に）とピンクローズ（ロマンスに）

　もう少し情熱的な恋を望む人は、レッドローズ、コックスコーム、ルビーを用いるといいでしょう。赤とピンクのキャンドルを１本ずつ使うのも効果はあります。

　陰口を止めたい人は、以下の組み合わせをお試しください。

陰口を止めるには

日取り	満月のあとの最初の日曜日
色彩	黒
宝石	ジェットとアメジスト
植物	ヘムロックとミルラ

　照応は、あなたがおこなおうとしている魔術と何らかの形で「符合」するもの（色、植物、天体、神など）が「相関関係」で結ばれることです。これにより、あなたのまじないにさらなる力が付与されるでしょう。

照応表

曜日	惑星	黄道12宮	天使	色彩	植物	石	目的	元素
日曜	太陽	獅子座	ミカエル	金	マリーゴールド	カーネリアン	健康	火
				黄色	ヘリオトロープ	シトリン	成功	
					サンフラワー	タイガーアイ	キャリア	
					バターカップ	アンバー	大志	
					シーダー	クォーツクリスタル	目標	
					ピーチ／オーク	レッドアゲート	個人財務	
月曜	月	蟹座	ガブリエル	銀	夜に咲く花	ムーンストーン	霊的な探求	水
				白	ウィロー／オリスルート	アクアマリン	心理学	
					バーチ	パール	夢／アストラル旅行	
					マザーワート	クォーツクリスタル	想像力	
					バーベイン	フローライト	女性の神秘	
					ホワイトローズ／イリス	ジオード	転生	
火曜	火星	牡羊座	サムエル	赤	レッドローズ	カーネリアンス	情熱	火／水
		蠍座			コックスコーム	ブラッドストーン	パートナーシップ	
					パイン	ルビー	勇気	
					タイム／デイジー	ガーネット	すばやい行動	
					ペッパー	ピンクトルマリン	エネルギー	
水曜	水星	乙女座	ラファエル	オレンジ	ファーン	アベンチュリン	英知	地
	キロン	双子座		ライトブルー	ラベンダー	ブラッドストーン	癒やし	

曜日	惑星	黄道12宮	天使	色彩	植物	石	目的	元素
				灰色	ヘイゼル	ヘマタイト	コミュニケーション	
					チェリー	モスアゲート	知能	
					ペリウィンクル	ソーダライト	記憶／教育	
木曜	木星	射手座	サキエル	紫	シナモン	スギライト	ビジネス／論理	火／水
		魚座		ロイヤルブルー	ピーチ	アメジスト	ギャンブル	
					バターカップ	ターコイズ	社会問題	
					コルツフット	ラピスラズリ	政治力	
					オーク	サファイア	富裕	
金曜	金星	天秤座	アリエル	緑	ピンクローズ	ローズクォーツ	ロマンティックな恋	地／風
		牡牛座		ピンク	アイビー	ムーンストーン	友情	
					バーチ／ヘザー	ピンクトルマリン	美	
					クレマチス	ペリドット	ソウルメイト	
					セージ／バイオレット	エメラルド	芸術的才能	
					ウォーターリリー	ジェイド	調和	
土曜	土星	山羊座	カシエル	黒	ミルラ／モス	ジェット	束縛	全て
		水瓶座			ヘムロック	スモーキークォーツ	防御	
					ウルフズベイン	アメジスト	無効化	
					コルツフット	ブラックオニキス	カルマ	
					ナイトシェイド	スノーフレーク・オブシディアン	死	
					ファー	ラヴァ／パミス	顕現	

～ まじないの解除 ～

まじないが思わぬ形で作用（ときどきあることです）し、いつまでも続くようだったら、満月のあとの最初の土曜日か、満月当日にまじないの解除をおこなってください。エネルギーのバランスを取るために白と黒のキャンドルを1本ずつ、支援アイテムの力を借りる場合は、宝石であればアメジスト、アパッチ・ティアーズ、スモーキークォーツなど、防御の性質を持ったものを用意します。以下の例のように、曖昧さのない文章で自分がやったことを取り消すまじないを作成します：

　　　_____の夜に
　　　私がかけたまじないで
　　　私がつくり出したその効果を
　　　私の手で抑えなくてはならない。
　　　それは、_____である。
　　　このまじないは取り除かれ
　　　ほかならぬ_____が
　　　私には与えられる。

まじないの効果は30日以上は続かないものなので安心してください。ただし、自分で期限を決めたもの、独自の時間制限が付与される特別な星まわりのもとにおこなわれたまじないはそのかぎりではないのでご注意を。

～ まとめ ～

魔術がけをおこなうことで、術者であるあなた自身と助力を求めた人の両方に恩恵がもたらされます。さあ、基礎づくりは終わりました。これからは一生使い続けることのできるしっかりとしたクラフトの技術を身につけていく番で

す。ここまでくるとクラフトをやめてしまっても、身につけた技術は潜在意識の中で常に活きているので、もう絶対に忘れることはありません。一度身の内に迎え入れた女神の力は、決して消滅することはないのです。

　また、この時期は自分のやっていることに不安を覚え始め、倫理的に悩むことがある段階でもあります。いささかも疑問を感じることなく続けていると、最悪の形で魔術から手を引くことになりますから、自分の頭で倫理について一度考えてみるのはむしろいいことといえるでしょう。ウイッチクラフトの深奥を目指し、次の一歩を進めていくあなたに女神の祝福がありますように。

おすすめ書一覧

　諸々の計算をおこなうときは、ルウェリン社から刊行されている以下の書籍が便利です：

- *The Daily Planetary Guide*（占星術用天文暦）
- *The Magickal Almanac*（魔術年鑑）
- *The Moon Sign Book*（月星座の本）
- *The Sun Sign Book*（太陽星座の本）

　教養をつけたいのならこちら：

- Janet and Stewart Farrar, *Spells and How They Work*. Phoenix Publishing.
- Ray T. Malbrough, *Charms, Spells, and Formulas*. Llewellyn Publications.
- Mark and Elizabeth Prophet, *The Science of the Spoken Word*. Summit University Press.
- Frater U. D., *Practical Sigil Magic*. Llewellyn Publications.
- Valerie Worth, *The Crone's Book of Words*. Llewellyn Publications.

第17章

色彩、キャンドル、共感魔術

〜〜 まじないを成功させる 〜〜

　まじないの精度を上げたければ、色彩、キャンドル、共感対象となるアイテム（ひと房の髪、写真、何かを象徴するもの）を使いましょう。こういったアイテムは言葉、意図、力といった諸要素を結合させる「糊」のように働くため、まじない自体が一体感を持つことでかかりがよくなる上、物理的な焦点としても活用できます。創造的視覚化（クリエイティブ・ビジュアライゼーション）は確かにすばらしい技法ですけれど、私たちの頭と体は物質的環境で作用することに慣れきっているのですから、実体があるものを焦点に利用できるならそれに越したことはないでしょう。

　そもそも、私たちが生きているこの物質界層は、私たちの認識によって意識の中で創造され、具現化される仮想現実にすぎません。ほんの少々の見えざるエネルギーが存在するだけで、実質的には何もない世界なのです。私たちはこのエネルギーを合体させ、肉体に知覚できる形で翻訳、物質化させるという、とてつもない離れ業を無意識のうちに絶え間なくおこなっています。まじないとは、すでに自然におこなっているこの業を意識的におこなう行為なのです！

〜〜 創造的視覚化が常に発動しない理由 〜〜

　創造的視覚化は非常に強力な技法ですが、常に発動するわけではありません。これは、私たちができること、できないことの境界線を自分で引いてしまうためです。リビングの家具一式を新調するなら普通にお金を出して購入する以外にないとこれまでずっと信じてきた人が、虚空から家具を生み出す方法とはい

わないまでも、銀行口座に1000ドルがぽんと振り込まれるなんてことを、昨日の今日で考えると思いますか？

　顕在意識は私たちが普通何かを入手する経路——望んだものを手に入れるときにたどる過程を知っていて、それを先まわりしてしまいます。変化や信念を受け入れることにどれだけ抵抗がなくとも、人間の精神は無意識のうちに障害物をつくり、絶えず言い聞かせられてきたこと、教えられたこと、分析したこと、この界層に持ち込んだことから完全に逸脱しないようにしているものです。習慣の生き物である私たちがまったく新しい視野を手に入れようと思ったら、パブロフの犬のように反応するまで、骨の髄まで徹底的に叩き込まないといけません。

　人によっては何かの物品（タイプライター、新しい服、車など）を手に入れるためのまじないより、非物質的なもの（より良い人間になる、ユーモアのセンスを身につける、負のエネルギーを抑制するなど）を目的としたまじないのほうが成功率が高くなるのはなぜでしょう。人間の精神やこの宇宙を律する法則を完全に理解していないと、まじないが望みを叶える仕組みも理解できません。どのみち理解できないなら、自分自身の内面に起きる変化のほうがずっと受け入れやすくなるからです。

　まじないや魔術の目的が物質的なものであるとき、「どこからやって来るのだろう」といった疑問が頭の中にぽんと浮かび、あれこれ余計な推測をしてしまうことがあります。そうすると、あなたの頭はまじないのことをすっかり忘れ、店に置いてあるのか、友人が持っているのか、はたまたジャンクヤードだろうかと、その品の出所のほうに集中してしまい、実際に手にする前からその品がどこにあるのか、そればかり考えてしまいます。

　これはまじないを台なしにする行為です。いろいろと考えることで、まじないの遂行を阻害してしまうのです。ほとんどの指南書で、まじないをかけたら忘れなさいと書かれているのもこれが理由です。忘れなければもはや打つ手なし、動きようもないままゲームは終了してしまうでしょう。

　創造的視覚化が常に発動しない原因として、私が考えているものがもうひとつあります。わたしはそれを「フィルターシステム」と呼んでいるのですが、ウイッチが今まであまりよく考えてこなかった創造的視覚化の一面と深い関わり

を持っています。たとえば、よくある台詞で「視線で人を殺せたら……」と聞くように、人間の激情とは完全には抑えがたいものですし（皆が皆、明朗快活で優しい人間ではありませんので）、健全な精神の持ち主であれば人間的な怒り、苛立ち、悲しみを覚えるのも自然なことです。となれば、誰もが誰かの視線に殺されないためにも、負の感情を抑制するある種のフィルターシステムが存在しているに違いないというわけです。

　このフィルターシステムは怒りなどのごく普通の感情を中和、無効化するか、少なくとも程度を和らげるものと私は考えています。視線で人を殺せない、とは言いません。なぜなら、充分に訓練すれば可能なことだからです。でも、無意識に発せられる負の反応は知性による防壁に抑制されます。この防壁は、天使やガイド、パワーアニマルとも呼ばれていますが、これについてはあとの章（第20章）で扱っていますので詳しくはそちらをご参照ください。

　失敗する第3の理由は運命です。ここでいう運命とは、人生のあらゆる物ごとは最初から全てが決まっているから成り行きで変わることなどないと考えて、いろいろな出来事が乱雑に起きているだけの状況を受け入れてしまうことではありません。人生にどのような出来事が起こり、どのような事態になるのか、この存在界層に来る前に全て自分で決めてきたその道筋を運命と呼んでいます。人生で訪れる機会のいくつか（全てではありません）はどのタイミングで起きるかが運命づけられており、目的を達するためのトリガーとして私たちは自分でそういった機会を人生に配置しているのだと、私は信じています。

色彩

　色は、さまざまな種類の光の波長が脳で解釈された結果です。色の数は無限ですが、赤、オレンジ、緑、黄、青、藍、紫の7つの等和色に分けられ、この7色は赤、緑、青の3つの原色のうちふたつを混ぜ合わせることでできています。三原色を全て混ぜ合わせることで（光にかぎっていえば）白、あるいは私たちが白と解釈するものがつくられます。ちなみに、黒は色ではなく、色が欠如した状態に当たり、光の対極に位置するものです。

　光とは波長であり、波長の長さは色によって異なります。たとえば、赤は波長が最も長く、人間の脳の解釈過程を最も刺激する色です。紫は波長がいちばん短く、神経系統を落ち着かせる効果があります。波長の違いが脳にもたらすこういった特性は癒やし、瞑想、魔術に利用できます。

　色彩の力は光の元素を通じて発揮されるため、色彩の利用は実践魔術に分類されます。紫外線など、光の種類によっては即座に有害な影響が出たり、未知の因子を含んでいたりする場合がありますので、その点だけは注意してください。

　色はそれぞれが固有の意味を持っており、その特性に適った利用法があります。以下の一覧に色名と関連する特性をまとめました。色彩／キャンドル魔術にご利用ください。

色彩とキャンドルの照応

赤	エネルギー、強さ、情熱、勇気、火の元素、キャリアのゴール、迅速な行動、情欲、月の血、活気、駆り立てる力、愛情、生き延びること。
オレンジ	ビジネスのゴール、不動産取引、野心、キャリアのゴール、諸事全般に関する成功、正義、法的案件、販売、行動。
赤銅（カッパー）	情熱、金銭的ゴール、職業上の成長、ビジネスの繁栄、キャリア上の戦略。
黄金（ゴールド）	富、男神、勝利を引き寄せる、男性の安全と力、幸福、茶目っ気。
黄	太陽、知性、短期間での学習、記憶、論理的想像力、心理的障害の打破、自分を売り込む。
ピンク	ロマンティックな恋、惑星の善意、感情を癒やす、平和、愛情、ロマンス、成熟した感情で結ばれたふたり、思いやり、養育。
緑	大地母神、肉体的な癒やし、金銭的成功、豊かさ、豊饒、木と植物に関する魔術、成長、地の元素、個人的ゴール。
青	幸運、絶縁状態の解消、英知、保護、スピリチュアルなひらめき、落着き、安心させるもの、優しい動き、水の元素、創造性。

| 紫 | 地位の高い人々に影響を与える、第3の眼、超能力、霊的な力、自信、隠れた知識。 |

| 白銀（シルバー） | 精神感応、透視（テレパシー）、透聴（クレアボヤンス）（クレアオーディエンス）、サイコメトリー、直感、夢、アストラル・エネルギー、女性の力、コミュニケーション、女神。 |

| 茶 | 友情に影響を与える、特別な好意。 |

| 黒 | 保護、陰の気の追い返し、束縛、変身。 |

| 白 | 霊性、女神、平和、ハイヤーセルフ、清らかさ、純潔（女性が心まで男性のものにされていない状態）、あらゆる色の代用にできる。 |

色彩魔術の効果のほどは？

　かなりのものです！　色彩を取り入れて環境を整えれば、成功も幸福も財産も愛情も呼び込むことができますし、体に色を塗れば癒やしの効果も得られます。また、チャクラを開くとき、チャクラのバランスを整えるとき、チャクラに癒やしを施すときにも色を活用できます。

色彩のエネルギー

　色彩はそれ自体がエネルギーなので、色を扱うということはエネルギーを扱うことにほかなりません。80年代に赤色のパワータイが流行したことをご記憶でしょうか。今でこそエリートビジネスマンの間では冗談の種にされてしまっていますが、赤は身につけると力や強さが沸き起こり、相手を威圧し、精力的に目的を追い求める効果をもたらす色であり、単なるファッションではなかったのです。長年さまざまな色彩に触れてきた経験から、私たちの脳では色とそのイメージが確立されていて、目から入った色の情報が脳に届く過程で、心身の両方に変化が生じます。

　冷静さを失っている人に会うのなら、全身を白かベージュ、青、クリーム色でコーディネートしましょう。くつろいだ夕べを過ごすつもりでいるなら、ピンクかピーチ。また、仕事かプライベートかに関係なく、行き違いが起きた相手との感情の架け橋を修復するにもピンクは効果的な色です。

　あまり人目につきたくないときはライトグレーの服を着ましょう。堂々と見

せたいときは藍、ラベンダー、淡いスミレ色を身につけると自然とそのように振る舞えます。黒は「触ってはいけない」オーラを出す色なので、黒をまとっている女性は神秘的で、どうにかして口説き落としてみたいと思わせる——追いかけるスリルを味わいたくなる相手に見えるため、多くの男性がこの無彩色に興奮させられるのです。赤い服の女性が情熱的に見えるのは言わずもがなですね！

　色で態度が左右されるわけがないと思っている人も、まずはお試しあれ。きっと効果を実感するはずです。

プリズム

　形、大きさともさまざまな種類があり、見た目も綺麗なプリズムですが、これを魔術に使うというと鼻で笑う人が大勢います。純粋な水晶ではなく、鉛ガラスでできた人工物だから価値がないと多くの魔術民が思っているようです。でも、それは間違いです。

　肉体は命をつなぐためにさまざまな光の波動を必要とし、欠乏している色を吸収します。プリズムは丸、三角、帯などの形状をした虹色をつくり出します。光を屈折させて色をつくり出すプリズムは、魔術との親和性でいえば本質的に宝石／鉱石と変わらないのです。癒やしの術の効果を高めるので、ウイッチはプリズムを魔術戸棚や鞄の中に持っておくといいでしょう。

オーラ

　癒やしの章（第18章）でもっと深くまで扱う項目ですが、ここでも簡単に説明しておきますと、オーラは身体を構成する7つの要素——固体、液体、気体、エーテル体、アストラル体、メンタル体、それに霊体から放射されるエネルギーパターンです。オーラにはその人の気質が色となって表れます。オーラが帯びている色を最初から見分けられる人はほとんどいません。けれど、練習を重ねることでまず色を「感じ」、次に「視る」ことができるようになります。

　慈しみのエネルギーを感じ取り、他者のために大量に使うことができる人のオーラはピンク色を帯びています。高い霊性を持った人は青。強さと勇気は赤に反映されます。オーラは何よりも感情状態に影響されるので、一時的な情動

と深く根差した感情との間で揺れ動くのが普通です。

　オーラを視る訓練は 3 週間おこないます。知り合いに会ったら、そのときその人が何色のオーラをまとっていると思ったか、初見の判断をノートに手早く記録していってください。色は第一印象で決め、相手の感情とボディランゲージをよく観察して答え合わせをしてください。

家庭でできる色彩のエクササイズ

　メモ紙を 1 枚持ってクローゼットと簞笥に向かってください。手持ちの服で目につく色は何ですか。何色の服を何着持っているかメモしたら、前出の色彩照応チャートと照らし合わせましょう。

　リストにある中で持っていない色はありますか。理由を考えてください。もっと欲しいと思った色は何でしょう。完璧なコーディネートは気にしなくて結構です。付け加えたい色があれば、女性ならスカーフ、ベスト、セーターで、男性ならネクタイ、ベスト、セーター、ジャケットで色を足しましょう。

　次に、投影したい特性に合わせて手持ちの服のコーディネートをおこないます。愛情に満ちた気分でいたいときは何を着ますか。情熱的な気分のときは。あまり注目を集めたくないときはどの服を選びましょう。陥る可能性があるとわかっている不愉快な状況に対処するときは何を着ましょうか。

　シミュレーションが終わったら、そのコーディネートを実際に身につけて結果を記録に取りましょう。「月曜——仕事の打ち合わせ——青——結果」といったチャートをつくり、クローゼットの扉に貼っておくと便利です。色が人生にどれだけ影響を及ぼすかがわかったら、きっと驚きますよ！

〜〜〜　キャンドル魔術　〜〜〜

　キャンドルは古くから雰囲気づくりに使われてきました。火を灯すとまじないのかかりをよくする効果があるのですが、色と形状を変えれば異なる象徴性を持たせることもできます。手づくりのテーパーキャンドルには術者の精髄（エッセンス）が込められるので、さらなる力を付加すべくキャンドルを手づくりするウイッチ

もいます。手づくりを試してみたければ、ホビーショップやクラフトショップ
で売られている教本とキットが便利です。出来上がりがきちんとしたテーパー
キャンドルは灯心を蠟に浸すディップを35回ほど繰り返してつくっているのが
普通です。

　キャンドルを購入するなら、ハンドディップ方式で手づくりしているお店を
地元で探してみましょう。工場製のキャンドルは高価で燃え尽きるのも早いで
す。自然の純粋な産物である蜜蠟キャンドルは値が張るものばかりですが、桁
違いに強力です。

　魔術戸棚には照応一覧に挙げた色のキャンドルを少なくとも２本ずつ、黒と
白のキャンドルなら10本は常日ごろからストックしておきましょう。白はどん
な目的にも使用できる万能色なので、ほかの色のキャンドルを切らしたときの
代用として重宝します。黒はハロウィーンの季節でもないかぎり、地域によっ
ては（田舎だと特に）手に入れにくいからです。

　一刻も早く陰の気の追い返しを友人にかけてあげたいのに、肝心の黒いキャ
ンドルを切らしていると本当に困ってしまいます。方法はほかにもありますけ
れど、何といってもキャンドル魔術は早くて簡単、お金もかからない上、いつ
でも効果を発揮しますからね！

キャンドル・ドレッシング

　ドレッシングとはキャンドルにオイルを塗布し、浄化と聖別を施すことです。
店で買ったものでも手づくりのものでも、キャンドルは使用前にドレッシング
をおこなわないといけません。

　ドレッシングに使用するオイルにはオリーブオイルやサフランオイルといっ
た植物を原料としたものを選びます。環境への配慮と、製造過程で不純物が混
入しているおそれがあるため、動物油は避けるのが普通です。幸運を呼び込む
ラッキーオイル、異性を惹きつけるラブオイルのような「特殊」なオイルを使
用するウイッチもいますが、これも植物原料のオイルにハーブや花を加えてつ
くったものです。

　ちなみに、この「ラッキー」、「ラブ」といった名称は、ほとんどがつくり手
がつけたものです。私が知るかぎり、ラッキーオイルやラブオイルに決まった

レシピはありません。

　オイルは自作してもいいし、オカルト用品を扱う店舗や通信販売でも購入できます。手づくりオイルを販売したり物々交換に出したりしているウイッチは大勢いますから、あなたもネットワーキングを活用してそういう人を見つけてみましょう。特別なオイルが手に入らなくても、市販のオリーブオイルやサフランオイルでも充分に代用できますのでご安心を。コーンオイルは人生に豊かさをもたらしたい、収穫のときを迎えたい場合にはぴったりです。どんなオイルでも、使用前に男神か女神、あるいは〈あらゆる全て〉による聖別をおこなうことを忘れないでください。

　キャンドルにオイルを塗布するときは、何かを引き寄せたいならキャンドルの上部から真ん中に向かって下方向にオイルを塗っていきます。真ん中まで来たらそこで一度やめ、今度は底部から真ん中まで上方向に塗ってください。

　何かを追い払いたいなら、逆に真ん中から両端に向かってオイルを塗ります。上下になすりつけると全ての動作を無効化することになるので、必ず一方向に指を動かすよう気をつけてください。

　オイルの塗りつけが終わったら、残ったオイルを指につけて第 3 の眼と胸骨の真ん中に塗り、以下のような力の言葉をキャンドルに向かって唱えます:

> 　*男神と女神の御名において、私はこのテーパーキャンドルに浄化と聖別を施した。*
> 　*灯火よ燃え盛り、まばゆい光で照らしたまえ。*

　引き続き、キャンドルに向かって目的を述べます。

　キャンドルに刻印を施すときも、オイルの塗布と同じ方向におこないます。何かを自分にもたらすなら上部から真ん中、次いで底部から真ん中に向かって刻み、何かを追い払うなら逆に刻んでいきます。刻印を彫るにはアサメイを使います。

キャンドル魔術の力はいかに？

　キャンドル魔術がいかに強力で実用的か、それを語る例としてある友人の話

をしましょう。彼女には子供が数人いるのですが、ユールを間近に控えたある日、子供たちのプレゼントを買うだけのお金がないことに気づきました。決して無計画にお金を遣っていたわけではありません（友人がこらえ性のない人間だと誤解されませんよう）。ただ、学校税の払い忘れがあったのと、ユールの2週間前で銀行の預金口座もお財布の中身も空っぽだったのです。

　値は張ったけれど、彼女は緑色のピラーキャンドルを1本買い求め、炎を見つめて 古(いにしえ) の神々に呼びかけると、ユールツリーの下に子供たちへのプレゼントがたくさん置かれている情景の視覚化をおこないました。3日目に、報酬100ドルの仕事が舞い込みました。実にありがたい話ですが、子供たちの数を考えると充分ではありません。彼女は儀式を続けました。

　5日目、昔なじみの友人たちからいろいろな荷物が届きました。食べ物が詰められたものが4つ、服が3つ、おもちゃがふたつ、100ドル相当の商品券が1枚です。7日目、1ヶ月以上前に終了した仕事の未払いだった報酬が100ドルの小切手で届きました。9日目、夫の持ち株が急騰し、300ドルの小切手を手に入れました。彼女はそこで儀式をやめ、神々に感謝を捧げました。ホリデーシーズンが終われば、誰もが季節の支払いに追われる時期です。でも、前もって支払いをすませていた友人はその時期を悠然と過ごしたのでした。

　これで家族が充分やっていけると思ったので儀式を止めたというのに、ユールの前日に友人はまた100ドルの小切手を受け取りました。友人はこの小切手をシーズンが終わるまで取っておいて食費に充て、ユールが終わって次にお金が入るまでの期間を乗り切ったそうです。この話を聞いても、たった1本のキャンドルに火をつけるだけで大きな成果を手に入れようなんてと、まだ疑わしくお思いですか？

種類いろいろ

　キャンドル魔術は単独でおこなうことも、ほかの道具と組み合わせる形で利用することもできます。大きな祭日やエスバットにも取り入れられますし、月に関連する儀式では月の形のキャンドルを、満月の儀式なら白か銀色のキャンドルを使うといいでしょう。

　術がけの儀式、あるいは四大元素との同調に利用するなら、地は緑か茶色、水

は青か紫、火は赤かオレンジ、風は白か銀というように、それぞれの元素と照応する色のキャンドルを使います。男神を表す色は赤か金で、女神は白か銀ですが、両神を天空父神（青）と大地母神（緑）と捉えた色を使ってもかまいません。しかし、象徴色はあなたの解釈次第とはいえ、あなたにとって意味を持たない色、しっくりこない色であってはいけません。自分の中で関連性を完璧に説明できる色を選んでください。

　目的に合わせて色を選ぶなら、前出の一覧をご参考ください。複数を組み合わせても、単色でも効果を期待できますので、どの色にどんな効果があるかいろいろと試してみましょう。

　儀式やまじないには使用目的の異なるキャンドルを混ぜて使うことができます。つまり、祭壇に置く照明用キャンドルのほかにも、エスバットで使う女神を表す銀色のキャンドルを立てますし、同じ夜に愛の魔術をかけるのならそこに赤いキャンドルも加わります。この中でいちばん重要な、儀式の焦点となるキャンドルは赤色のものです。術の効果を高めるために曜日に対応したキャンドルを足してもいいでしょう。

　最後に、色と人間の反応についてひとつ注意しておきたいことがあります。「誰それが言うには、ピンクのキャンドルを使うと必ずまじないが失敗するそうだ」と言う人がいますが、おそらく嘘ではないのでしょうけれど、誰かにとっての真実が誰にでも当てはまるわけではありません。自分もそうだと決めつけず、まずは自分で試してみることを心がけてください。

キャンドルの火をつける、火を消す、処分する

　照明用キャンドル、神々を表すキャンドル、曜日を表すキャンドル、焦点となるキャンドルには必ずライターか、種火として使うバースデーキャンドルから火をつけてください。硫黄の成分が術がけに影響を及ぼすので、マッチの使用は避けます。種火として、刻印や魔術シンボルが彫り込まれた簡素な白いキャンドルを用意しておくのもいいでしょう。

　キャンドルの火を消すときは、芯をつまんで消すと望みを潰し、吹き消すと望みを吹き飛ばすことになるので、蠟燭消し（安いものでかまいません）を使うか、炎の上から手であおいで風を送ります。

　燃え残ったキャンドルを再利用するなら、保管に注意が必要です。処分するときも、自分から何かを遠ざけるようなまじないに使った燃えさしはできるだけ敷地の外に、引き寄せるまじないに使ったものは敷地内に埋めるようにしてください。

　追い払い以外の儀式の最中に溶けて流れた蠟はいろいろ利用できるので取っておきましょう。癒やしのまじないの副産物であれば癒やしの小袋に加えたり、同じ儀式中にタリスマンの上で再度溶かして聖別と力の付与を施したりすることができます。また、財布やコートのポケットに入れておくだけでも幸運やロマンス、財産などを呼び込んでくれますよ。

　予知夢を見るドリームピローをつくりたければ、満月の儀式で使ったキャンドルの蠟をお好みのハーブと一緒に詰めましょう。「無駄がなければ不足もなし」、すなわち「浪費は不足のもと」という意味で知られる古い格言「Waste not, want not」は、魔術においては「無駄にしなければ使い道もあり」という意味も持っているのです！

キャンドルと共感魔術

　溶かした蠟で何かをかたどったキャンドルは共感魔術の一種に分類されます。その昔、私たちの先祖は頭と背に動物の皮を身につけ、動物霊に狩りの成功を願いました。これも共感魔術の一種で、事物の類似性を利用し、模倣によって目的を実現するものです。

　使い魔を探す手助けが欲しいときは望む動物の形をしたキャンドルを燃やし、鹿狩りの季節を迎えたハンターなら牡鹿のキャンドルに火を灯します。どちらの場合もキャンドルの力を借りて動物の集合的無意識にコンタクトし、彼らの助力を求めているのです。

　豊かさのまじないには男根型のキャンドル、癒やしのまじないには人間型のキャンドル（ハロウィーンのころに出まわるドクロ型のキャンドルがいいでしょう）が利用でき、白いキャンドルは癒やしに、黒いキャンドルはまじないの反転や陰の気を退けるのにすばらしい効果を発揮します。

　キャンドル魔術を組み込んだ共感魔術は極めて強力です。私の経験をお話ししましょう。以前、パワーアニマルの蜘蛛の姉妹（シスタースパイダー）と宇宙的つながりを結んで彼

女の庇護を受ける必要があったので、蜘蛛の形のキャンドルを買ったことがあ
りました。まじないは結局成功したのですが、ひとつ問題がありました。まじ
ないをかけた翌朝目覚めてみると、なんと全身が蜘蛛の咬み跡で覆われていた
のです！　原因はわかっています。私の身にいっさいの害が及ぶことがないよ
うにという条件もなしに、ただ蜘蛛が与えうる最高の庇護のみを願ったからで
す。「このまじないが私に有害な影響をもたらすことは絶対にない！」とひと言
付け加えておくべきだったのです。

　そのひと言があれば、シスタースパイダーは彼女の力を注ぎ込む別の方法を
考えてくれたことでしょう。ともあれ、まじないは成功し、全身のかゆみにさ
え目をつぶれば私も五体満足で危機を脱したのでした！

　別種のキャンドル／共感魔術として、キャンドルにルーンなどの魔術シンボ
ルや名前を直接刻印し、燃やす方法があります。一刻を争う事態で、ただちに
結果が欲しい場合は、キャンドルが割れないようにハットピン（まだ販売され
ていますけれど、探さないといけませんね）をできるだけ高い位置に突き刺し
ながら、以下の文句を唱えてください：

　　　*このピンの位置までキャンドルが燃えたとき、（望みを述べる）プロセス
　　　が動き出す。*

　2本目のピンを1本目の近くに突き刺し：

　　　*このピンの位置までキャンドルが燃えたとき、（望みを述べる）プロセス
　　　は成功という形で終了する。*

　もちろん、大意を変えなければ、文句は好きに変えても結構です。
　キャンドル／色彩魔術は「共感魔術」と考えられ、類似は類似を呼ぶという
原理のもとに成り立つものとされています。たとえば、赤は情熱、勇気、強さ
を呼び寄せる色であることから同色のキャンドルも同じように働きます。どの
色であってもその原理に変わりはありません。
　持ち主との間に霊的なつながりを持つひと房の髪、写真、身のまわり品、そ

れに魔術人形（ポペット）は術のかかりが非常に強力になるため、共感魔術によく使用されるアイテムです。持ち主を対象とした癒やしの儀式、幸運の引き寄せ、悪癖を取り除くことにも使用できます。

⟋⟍ 個人の所有物を使った魔術 ⟋⟍

　写真、その人がよく身につけているもの（お気に入りのブレスレットやネクタイなど）、ひと房の髪、そしてもちろん、1滴の血。魔術の形代（かたしろ）に選ぶなら、こういったものが最適です。

　魔術をかけるためにある人との間に強いつながりをつくりたければ、迷わず身のまわり品を選びましょう。こういった品は元の持ち主と霊的、物質的に強いつながりを持っており、持ち主を対象とした癒やしの儀式、幸運の引き寄せ、悪癖を取り除くことにも使用できます。

　個人の所有物を使うのでも、ハーブを詰めたポペットを使うのでも、自分以外の誰かを対象にした共感魔術は本人の許可なくおこなってはいけません。

　ときおり、あなたに助けを求める手紙が舞い込むこともあると思います。そんなとき、私はその手紙を相談者の悩みに対応する色の封筒か、さまざまな色のフェルトでポケットをつくった手製の状差し（単色ばかりでなく、色を組み合わせているものもあります）に入れています。こうすると、色彩の力が相談者の問題を解決する手助けをしてくれるのです。

⟋⟍ タットワ ⟋⟍

　1887年にロンドンで結成された「黄金の夜明け団」は男女の団員を擁し、神秘主義の実践を多く復活させ、今日のオカルト知識に多大な貢献を果たしました。タットワ（アットワとも）は占星術、錬金術、チャクラ、カバラと並び、彼らが復興させた神秘主義の技法のひとつです。タットワのシンボルはサンスクリットとヒンドゥー哲学に起源を持ち、存在界層、四大元素、色彩、四季にそ

れぞれ関連しています。シンボルは単独でも、瞑想や魔術と組み合わせても使用できます。

タットワの封筒型ポーチの材料：

　縦45cm、横30cmの白いフェルト

　円形の白いマジックテープ、3組

　黒、青、赤、黄のフェルト小片、各1枚

　小さな銀製の品、1個

　カラーフェルトの縫いつけに使う照応に適った色の糸

　白いフェルトを下から18cmの位置で折り、両端を縫い合わせて封筒の底をつくります。円形のマジックテープを取りつけて蓋をきちんと閉じられるようにしたら、表（次ページ参照）のとおりに照応する色の布からタットワのシンボルをそれぞれ切り出し、フラップに縫いつけるか、糊付けしてください。袋ができたら、バランスと浄化の儀式をおこなったのち、本体または中に入れるものが帯びた負のエネルギーを中和するよう、力の付与をおこないます。

　心をざわつかせる手紙や写真、宝石などを受け取ったら、袋の中に入れて24時間安置し、エネルギーバランスの崩れや負のエネルギーを帯びた状態を正しましょう。問題を処理したら、袋を強い日射しの下に10分間さらし、充分に風を通してください。黒と白の生地でつくった小袋は写真や小物のバランスを正すときに便利で、これにもタットワのシンボルを組み合わせて並べたり、単独であしらったりできます（カラーフェルトで封筒をつくるアイディアは、レイモンド・バックランドの著書『キャンドル魔法実践ガイド：願いを叶えるシンプルで効果的な儀式』からいただきました）。

　以下の表は5つのタットワ（上級者になると、7つ扱うことになりますが）の照応一覧です。

シンボル	タットワ	本質	色彩	季節	カバラ
	アーカーシャ [Akasa]	霊	黒	流動	王冠
	ヴァーユ [Vayu]	風	青	秋	放射
	テジャス [Tejas]	火	赤	春	創造
	アパス [Apas]	水	銀	夏	形成
	プリトヴィー [Prithivi]	地	黄	冬	行動

ドール／魔術人形（ポペット）

　尋常ならざる力が関わってくるという印象が拭いきれないせいで、私が長年手を出せずにいたのが人形を使った魔術です——ハリウッド謹製のホラー映画の影響かと思われたかもしれませんが、違います。人形魔術に対して私が敬意を抱くに至った理由は何年も前に人から聞いた実話に基づいているのです。

　家庭内の問題で苦しんでいたごく親しい友人の話です。ポリオウイルスの後遺症に加え、夫から始終殴りつけられる虐待を受け続けたせいでとうとう歩けなくなってしまったほど、彼女は悲惨な状況にありました。離婚調停を進めて

はいたのですが、夫が家を出ることを拒否しており、彼女のほうも子供が何人かいて、何より歩けなかったために家を出られず、同居状態が続いていました。

　私がこの話を聞いたのは実際の出来事より数年が経ってからですが、当時友人が住んでいた州には虐待されている妻を守ってくれるような法律はまだありませんでした。ですから、虐待の申し立てがされていたにもかかわらず、最終判決が下されるまで夫が家に残ることが許されていたのです。

　友人はどんな手を使ってでも別れたいと思っていました。離婚が決まった年の夏のことです。父親がハイチに旅行に行くというので、彼女はお土産にブードゥー人形を2体買ってきてくれるよう頼みました。人形探しは難航し、最終的に父親は現地の人の案内で人がほぼ住んでいない地域に連れて行ってもらい、かなりのお金を出してようやく樹皮製の人形を2体——男と女をひとつずつ——手に入れました。そして、アメリカに戻った父親は、中身は普通とは言いがたいものの普通にお土産をあげる感覚で、持ち帰った箱を娘に渡したのでした。

　家の状況は悪くなる一方です。思い詰めた彼女がついに人形に手を伸ばすときが来ました。ダイニングルームのテーブルに座った彼女の耳に、2階で夫が口汚く怒鳴り散らす声が聞こえます。終わった喧嘩をまだ引きずっているのです。怯えることに疲れ切った彼女は夫の汚れたハンカチとピンを持ち出すと、男の人形の片足に布きれを巻きつけ、ピンを取り上げました。

　2階からなおも降り注ぐ罵声が憎悪と恐怖心を掻き立て、混じり合った感情が強力な心霊作用を引き起こす状態をつくり上げたのです。ピンを持ち上げたはいいけれど、人形の心臓に突き刺すことはできず、彼女は代わりに「マンボ・ジャンボ、マンボ・ジャンボ」と意味のない文句を唱えながら人形の足にピンを突き立てました。

　聞いているほうにしてみれば、笑い話でしかありません。実際、私が初めてこの話を聞いたときも、何年も前にあったことを友人が身ぶり手ぶりで再現するので、涙が出るほど笑ってしまいました。だって、大人の女性が無意味な文句をムニャムニャ唱えながら、ダイニングテーブルに人形を繰り返し叩きつけているんですよ。でも、魔術のこともブードゥーのことも何も知らない友人は、本気で馬鹿げていると思いながらも試さずにいられないほど、このときは追い詰められていたのです。

　痛めつけられた人形は友人の手で 2 階に向かって放り投げられ、夫の足もとに落ちました。夫は笑って人形を 1 階に蹴り落とし、夜勤の準備をすませて家を出ました。勤務時間が終わっても夫は帰ってきませんでしたが、友人はいつものことと思って（ほかにガールフレンドがいたのです）放っておきました。ただ、次の日になっても帰ってこなかったので、さすがに心配になって夫の両親に電話をすると、激痛を訴えて病院にいると教えられました。片足が一面傷だらけで、おまけにひどく膿んでいたそうです。

　友人はすっかり仰天し、2 体の人形をタオルに包むと、息子に頼んで屋根裏に隠してもらいました——人形は今もそこにしまわれたままです。

　この話が頭にあったので、ポペット魔術はおいそれと手を出してはいけないものだという意識が強く、遅ればせながら取り組み始めたときも恐る恐るでした。皆さんにこの話を紹介したのは、制御できないほどの強い感情が伴うと魔術がどれだけ強力なものになるかを説明するためですが、今も昔も魔術とは無縁の生き方を送っている友人が魔術に触れた一度きりの機会に並外れた力を経験したというのは、ほかに類を見ないほど実に珍しい例なのです。

ポペットをつくる

　人形の材料には木、布、粘土のほか、紙も使用できます。形代がなぞらえる対象の性別に合わせ、人間の形に似せてつくります。人形単体では力を持たず、儀式と組み合わせることで魔術的効果は発揮されます。

　人形の中に詰めるのは綿でもティッシュでも、藁でもかまいません。詰め物とは別にハーブ、個人の所有物（ひと房の髪など）、小さな宝石などを入れることもできますから、知識をしっかりと培っておきましょう。

　一刻を争う事態であれば、白紙に色鉛筆で描いた人の絵を儀式にかけることもできます。対象に束縛をかけるときは、布で包んだ人形を黒い糸で縛ります。

　人形が完成したら儀式まで白い布で包んで保管し、儀式の間に浄化と聖別を施します。この時点で人形と対象の間に霊的なつながりが築かれ始めるので、次の文句を唱えて封印をかけてください：

　　ふたつに分けられていたおまえたちは

今やひとつになった
調和の環（わ）の構築が始まったのだ

　ポペットは壊してはいけません。本人の許可を得て魔術に使用した人形はその人の手もとで保管してもらってください。あなた自身の人形なら白い布に包んで戸棚にしまい、子供のために術がけした人形は親に渡すかあなたの手で保管してください。束縛のまじないにかけた人形は土に埋めます。

ιε 束縛魔術 εℓ

　束縛のまじないをかけるときに何より優先しなければいけないのは、どうしてこのまじないをかけたいのか、その理由をよく考えることです。霊的な盾を強化する方法を学ぶ、あるいは家や職場から負のエネルギーを除去する、まじないでより良い教育や新しい住居、昇進を手に入れて環境を整えることで、自分自身を守る力を強めたいのでしょうか。

　物理的な危険にさらされているときは、筋書きどおりに事が運ばないよう、その状況からすぐさま抜け出さないといけません。何らかの理由から自分ひとりの力では無理だと思ったら、友人、信頼できる隣人、家族、困っている人を支援するためにつくられた地域の組織を頼りましょう。私たちは、身の破滅に追いやるような状況を何の疑いも抱かずに受け入れてしまう場合が多々ありますが、自分を貶めるような思念体の餌食になることは絶対にあってはいけないことです。

　物理的な危機から身を遠ざけたら、次に打つべき手を具体的に講じないといけません。法律制度と魔術の両方を駆使し、対策を立ててください。片方だけでは不充分です。

　束縛のまじないは人や物ごとを動かしている負のエネルギーを捉え、抑止する行為で、これによって不健全なエネルギーが無効化されます。使用目的は防御のみ。他者に害をなすために使うことは許されません。簡単ではありませんが、激しい憎悪や恐怖の感情を制御できなければ、束縛のまじないを使う資格

はないのだと心得ましょう。束縛のまじないを司るのは魔女たちの女王、アラ
ディアです。彼女の庇護を求めるときは、邪念が混じらないように気をつけて
ください。アラディアのシンボルは赤いガーターです。

　正義の裁きを求めることは多いもの。そんなときは天秤のバランスを司る女
神マアトの庇護を求めましょう。ただし、女神の天秤はあなたにも等しく傾き
ますから、あなたの手が暴力や憎悪に染まっていないよう注意しないといけま
せんよ！　マアトのシンボルは純白の羽根です。

　束縛自体はとても簡単におこなえます。誰かの悪意を止めたいなら、その人
をかたどったポペットを縫い、中に土（可能であれば墓地の土を）、ローズマ
リー、セージ、スモーキークォーツ 1 個、アメジスト 1 個を詰めたら、対象人
物の爪のかけらやひと房の髪、もしくは個人的な持ち物も一緒に加えます。ほ
かに何もなければ本人の手書き文字でもかまいません。写真も丸めて中に入れ
られます。術がけの際は最大限の用心を——儀式の最中に対象への害意が術者
の意識に少しでも入り込むと、結局、その害意の矛先は自分に向くことになり
ますからね。

　儀式をすぐにおこなわない場合は、人形（頭部は開けたままにしておきます）
を白い布に包んで保管してください。儀式で霊的なつながりを築きながら頭部、
手足の順に縫い合わせ、黒いリボンでミイラのようにぐるぐる巻きにしたら完
成です。儀式が終了したら、人形は土に埋めます。

　精神的な能力を使って人を縛ることも可能です。マサチューセッツ州公認の
高名なる「セーラムの魔女」ローリー・カボットはテレビでテロリストや殺人
犯を見かけると想像上の白い "X" 印を犯人の顔につけて縛ってしまうそうで
す。私は白い包帯でぐるぐる巻きにした姿で視覚化をおこなっています。

跳ね返し vs. 束縛

　またしても大勢の心の中にある倫理の微妙な境界線に踏み込む話です。心身
が健康であれば、陰の気やバランスの崩れたエネルギーはあなた自身のオーラ
が自然と大量に「跳ね返し」てくれます。そのことをよく考えてから、この方
式を採用するか決めてください。

　陰の気の跳ね返しは鏡のように、送られてきたエネルギーの影響を受けずに送

り主のもとへと跳ね飛ばすことです。これを判事と陪審の2役をひとりでやってしまうような有無を言わせぬやり方だと思う人もいれば、自分で生成したわけではないのだから——危害を与える目的で送られてきたものの行き先を逸らしただけなのだから、負のエネルギーがどうなろうと責任を持つ必要はないと考える人もいます。

　負のエネルギーを「跳ね返す」方式の防御魔法は実に多く、タリスマン、庇護の宝石、盾の強化などはどれもエネルギーを来たところに送り返す技法です。ペンシルベニア・ダッチの間ではその昔、負の魔術をかけられたらシャツを脱いで扉と錠の間に挟むと邪悪な意志を追い出し、送り返すことができると信じられていました。

　悪意に満ちた噂話を止めたければ、口を封じたい人の手書きの書き付けを古いガラス鐘の中に入れてきっちりと蓋を閉めます。もう大丈夫と思ったら蓋を外して書き付けを焼き捨ててください。鏡も負のエネルギーの跳ね返しに使えますが、実際に使うとなったら儀式の間に鏡を絶対に自分に向けてはいけませんし、儀式が終わっても誰かがその鏡をのぞき込むことがないよう注意してください。これは本当に守らないといけませんよ！

⚬⚬ まとめ ⚬⚬

　本章では非常に多くの情報をお伝えしましたが、これは実用魔術の基礎でもあります。キャンドル、色彩、共感魔術の力を使えば現実のほとんどの部分に影響を与えることができます。望みを叶えるため、自分の身を守るために、学んだ知識を毎日活用してみましょう。

　実用魔術はエキゾチックな品も高価な品も使わず、手近に見つかるものを使って、お金のことや、より良い雇用、成功、恋愛、健康といった世俗的な望みを形にする方法です。本章では魔術の使用における倫理についても軽く触れましたが、魔術に関わる行為はどんなものであっても思いやりと愛情、信念をもって扱うことを心がけてください。

　魔術の実践の基礎を学んだことで、クラフトの研究はまたひとつ次の段階へと

進みました。先に急ぐ前に、本章で紹介した防壁を築く方法を練習しておくことをおすすめします。まじないをかける経験をいくらかでも積んでおくと、これから先の勉強が続けやすくなるでしょう。

✑✑ おすすめ書一覧 ✑✑

- Raymond Buckland, *Practical Candleburning Rituals.* Llewellyn Publications.
  （レイモンド・バックランド『キャンドル魔法実践ガイド：願いを叶えるシンプルで効果的な儀式』、パンローリング社）
- Raymond Buckland, *Practical Color Magick.* Llewellyn Publications.
- Gerina Dunwich, *The Magick of Candle Burning.* Citadel Press.
- R. G. Torrens, *The Golden Dawn: The Inner Teachings.* Samuel Weiser, Inc.

第18章
宝石、ハーブ、癒やしの術

ぐぐ 生きた魔術 ぐぐ

　キャンドルや工場でつくられた道具類とは違い、宝石とハーブは生きています——つまり、人間があれこれ手を加えるまでもなく、ハーブや宝石は最初から命を宿した存在として世に生まれ出ているのです。いやしくも魔女である以上、自然物を魔術に利用するならば、まずはこういった形で存在する命に敬意を払うことを覚え、自然界で培われた知性と結びつきをつくらないといけません。

　個人的な意見ではありますが、全てのウイッチは魔術研究のどこかでネイティブアメリカンの信仰を学び、シャーマニズムを実践しておくべきだと私は考えています。古代宗教の黎明期に私たちウイッチの先祖がおこなっていたのと同じ、大地とそこに住まう生きとし生けるものと交流するすべを彼らの文化は伝えていますし、シャーマニズムの原理からは新世代のウイッチにとって重要な知識を学ぶことができます。

　アメリカン・ウイッチにして著述家のメディスンホークとグレーキャットはその共著『American Indian Ceremonies（アメリカン・インディアンの儀式）』でこう教えます：

　　人は誰もが文字どおり万物のいとこであり、兄弟であり、姉妹なのです。なぜならば、万物には宇宙の秩序における真の存在たる精霊が宿っており、その精霊は各人の内にもまた宿っているからです。

　ネイティブアメリカンは宇宙を構成するあらゆるものを神聖視し、宇宙の恩

恵を享受するには自らもその一部となり、内側から理解しないといけないと考えます。これはウイッチの教えにも通じることです。

　彼らの信仰にあるメディスンホイールも、流動性の高いクラフトとその信奉者である現代のウイッチとは親和性が高いのですが、調和を保ちつつ両者を実践するには、それぞれの研究を別個に進めておかないといけません。

　精霊が宿る命ある物品に感謝を捧げることは、決しておろそかにしてはいけないウイッチとして当然の行為です。祝福を贈るだけでも充分ですけれど、もっと気を利かせ、お気に入りの木や岩にちょっとした贈り物を置いていくことをおすすめします。見返りを期待しないこの無償の贈り物は「ギブアウェイ」といいます。人や自然の精霊、パワーアニマルに感謝を示したいときにぜひおこなってほしい慣習です。

　巨大な岩は宇宙とつながっていて、あらゆる岩は生きて活動しているのだけど、とても動きが遅いので人間の目には視認しきれないのだという話を子供のころに聞きました。たいていの人間は何かにつけて証拠を欲しがるので、岩は気の遠くなるような昔から自分たちの秘密をうまく隠し通しているそうです。その話を聞いた少しあとに観た『スタートレック』でも、似たようなエピソードがあったことを覚えています。

　当時はよくできた話だなと感心したものの、それ以上思うところもなく、それきり忘れてしまいました。でも、何年か経って宝石や石を扱うようになってこの話を思い出し、真実というのは突飛で馬鹿らしく聞こえる話の中にあるものだなと思った次第です。

～∾ 石の特性 ∾～

　宝石／鉱石はあなたと同じく生命力、あるいは生命エネルギーというものを宿しており、何世紀も前からさまざまな宗教でその力が認められ、儀式などに取り入れられてきました。ユダヤ人の間ではアメジストが幻視と啓示をもたらすと信じられていましたし、戦争の歴史をひもといてみても、人々は霊力の加護を求めて盾や胸当て、腕章といった防具を宝石や鉱石で飾っていました。

　ネイティブアメリカンは宝石や鉱石を収集し、癒やしやお守り、スクライングの道具として使います。宝石／鉱石には精霊が宿り、身につける者の魔力を高め、成長を助ける力があると考えられており、宝石の霊力は大昔の伝説や物語のような絵空事ではない、今なお残る信仰として彼らの文化の中で生きているのです。

　石、岩の中には「貴石」や「半貴石」と呼ばれるものがありますが、このうちルビー、ダイアモンド、エメラルド、サファイアといった単純に手に入りにくいものを貴石と称し、その他の石、宝石は半貴石に分類されます。希少価値があれば貴石と呼ばれるのですから、たとえば資源の枯渇、あるいは入手が困難になって世界中で水晶の供給が止まることがあれば、クリアクォーツが貴石扱いされるでしょう。実際、不足はしていないのに「需要がある」というだけで石英結晶の価格が上昇したことは皆さんもご存じのとおりです。

宝石エネルギー

　宝石／鉱石のエネルギーは人体に吸収されて術者のエネルギーを高め、目に見える魔術的行為（まじない、手当て療法など）や非活性状態（ポケットに入れたりして身につけ、自身の霊質や霊力を強化するなど）での使用に効果を発揮するほか、瞑想の質も高めてくれます。

　宝石のエネルギーは肉体に吸収されるため、場合によっては過負荷の問題が生じることがあります。宝石／鉱石を使用しているときに不快感を覚えたら作業を中止し、少し時間を置いてから宝石／鉱石に由来する不快感か、それともほかの原因があるのかなど、症状の原因を突き止めるためのテストをしてください。また、月相との関わりを探るため、「試運転」は月齢を変えて何度かおこなうことをおすすめします。

　宝石／鉱石の中にはどうしても肌が合わない一族があるものです。どうしてかは私にもわかりませんけれど、私は緑色のマラカイトとの相性が最悪です。石との相性の悪さは、頭痛や胃のむかつき、見当識障害、めまいなどの身体的症状、それに世界とのつながりが断たれた感覚に陥る原因になり得ます。心身の

バランスの崩れや苛立ちを感じたら予兆として注意しましょう。

　宝石／鉱石はそれぞれに長い年月をかけて蓄積された全体的特性、意味を持っているものですが、所有者との霊的、肉体的相性によって効能は変化します。私のお財布を守ってくれるスノーフレーク・オブシディアンがあなたのお財布も守ってくれるとはかぎらないので、自分だけの特別な石を見つけるといいでしょう。石探しをするなら、川床や小川はすばらしい採集場所です。石の特性や種類がわからなくても大丈夫。その石が宇宙からの贈り物であれば、使い方は自ずとわかるものですから。

　宝石／鉱石を選ぶ際は、色も重要な要素です。前章にカラーチャートが出てきましたね。石を使って実験をするときは必ずチャートをチェックしてください。石が持つ意味、効果などは頭から抜け落ちがちですが、カラーチャートさえあれば知りたいことはすぐにわかります。ロードクロサイトの効果を忘れても、ピンク色の石であることは頭に入っていることと思います。ピンクは愛情、癒やし、穏やかな感情を表す色です。効能をつらつら挙げることまではできなくとも、そこからそういった特性を持った石だとわかるでしょう。

宝石／鉱石の使用法

　宝石／鉱石を使うには、前もって浄化と聖別、力の付与を施しておくことが必要です。湧水のグラスに浸す、小川の流れや水道から流れる水にさらすほか、月光や日光も優秀な浄化装置として利用できます。

　準備ができたら、できるだけ身体に近いところに身につけてください。ポケット、バッグ、財布の中、革か絹でつくった小袋に入れる。スカートやズボンの裾に縫いつける。宝石を仕込めるベルト、ヘッドバンド、ガーターなどをつくって身につける方法がおすすめです。

　持ち歩かずに、仕事場、オフィス、自宅で使うデスクと椅子の裏、車のダッシュボードと座席といった場所にマスキングテープでしっかり貼りつけておくのもよい方法です。絵の裏、扉、カーペットの下、部屋の隅——あれこれ考えず、石のエネルギーが欲しいと思った場所があれば、迷わずそこに置きましょ

う。

　愛情運を最大限に呼び込みたいと思ったら、ローズクォーツを20キロも用意しなくても、小指の先ほどのかけらがあれば充分に効果が期待できます。宝石の加護を得るのに、石の大きさは関係ないことを忘れないようにしましょう。

　魔術具に糊やワイアで宝石を固定して、自分だけのゴブレット、タロット収納箱、ワンド、バスケット、ハーブ収納器などをつくるのもすてきですよ。

　以下に、宝石の力を最大限に引き出す方法を紹介します。まず、静かな場所に腰を下ろし、宝石を1個、左手に持ちます。石のエネルギーをてのひらから体内に流し込んでいきますが、力加減によっては潰しかねないほど繊細な存在だとイメージしながらそっと扱ってください。

　何か感じるものがあるでしょうか。エネルギーが流れ込む感覚が拾えなくてもがっかりせず、第3の眼の位置にあるチャクラを開き、そこから石を見つめてください。今度は右手に持ち替えて実験を続けます。感じたことをワークブックに書き込んだら、石を左手に戻します。何か変化はありましたか。このエクササイズは一度に1個ずつおこない、終わったらその石に関する解釈を読み返してください。

　瑪瑙 [Agates]（色：多様）：アゲートは以下のような種類に分けられます。縞瑪瑙：ストレス／感情的苦痛の緩和。樹枝瑪瑙：乳白に青／黒の点、旅行のお守り。インディアン・アゲート：天眼石と呼ばれる目玉模様が出ているものは肉体の保護、または生き延びる力をくれる。苔瑪瑙：乳白に苔色の内包物が入ったもの。樹紋瑪瑙、羊歯紋瑪瑙は創閉鎖（傷口を塞ぐこと）を促す癒やし手。浄化、刺激、強化の作用を持つ。透明感があり表面が滑らかなものは子供のおもらし防止にかなりの効果あり。羽毛瑪瑙：乳白に炎のような赤い草模様があるものは視覚化の練習と目的達成に最適。どのアゲートも別種の石や宝石と組み合わせて魔術に使用すると、バインディングルーンのように混在する数種類もの特性をバランスよく結びつける環のように働き、すばらしい成果をもたらします。

琥珀［Amber］（色：黄色またはオレンジ）：生命活動を終えた有機物に由来する化石化した樹脂。その効果は万能で、特に子供の守護、まじないの強化においてすばらしい力を発揮し、金運を活発に呼び込みます。カヴンのハイ・プリースティスは階級を示すために黒玉のほかにアンバーを身につけることがあります。古代宗教を奉じたウイッチたちが魔術に最も使用した石のひとつがアンバーだといわれています。

紫水晶［Amethyst］（色：紫色澄明）：陰の気の変容と、第3の眼あるいは直感の強化に効果。悪夢や気がかりな夢に悩んでいる人は枕の下、またはベッドのヘッドボードにアメジストを置きましょう。友人や依頼人（特に家族！）といった外来者を通す部屋に常に飾っておきたい石です。頭痛とお酒の飲みすぎ防止によく効果を発揮します。

砂金石［Aventurine］（色：緑、または青、赤）：金属的な斑点が密に詰まって見える石です。インド翡翠［Indian jade］とも。好意を上乗せして伝えたい、勝利に導いてあげたいときに、幸運を呼び寄せる贈り物として最適です。

血玉髄［Bloodstone］（色：黒に近い濃緑に赤またはオレンジの斑や線）：本来ならば碧玉の一種に分類される石ですが、固有の特性を持っているため、別個に項目を設けました。ヘリオトロープ［heliotrope］とも。ディーラーや店によっては違う名称を使っているため、購入するときは注意しましょう。精神的、物理的障害を取り除く手助けを得意とし、何世紀も前から体の内外の不調を癒やすために使われてきました。癒やし手として活動するなら、ブラッドストーンをポケットに入れてお守りにするといいでしょう。ほかにも怪我の回避、金運をもたらす、生産性の向上、妊婦を守る、人に見られたくないときに「隠れ蓑」として働くといった効果があります。我が家の子供たちは誰かが怪我をすると、「ブラッドストーンちょうだい！」と私のところに走ってくるんですよ。ギブアウェイにも向く石です。エネルギーを使い果たすと赤い斑点が白くなるともいわれ、そうなった石はも

ともとあった場所である自然の中に還してあげましょう。

紅玉髄 [Carnelian]（色：半透明の赤またはオレンジ）：極めて特別なアゲートの一種です。キャリア志向の強い人が持てば、刺激剤となって成功への後押しをしてくれます。行動力を強力にもたらす石で、持っていると物ごとがどんどん進んでいくでしょう。激しい競争の場に踏み込むことになったら、他人に思考は「読まれ」たくないもの。そんなときはカーネリアンをお守りにして身につけましょう！

蛍石 [Fluorite]（色：半透明の青、紫、ピンク、青緑など多様）：立方体が組み合わさったような、またはふたつのピラミッドが融合したような形状をしており、比較的「新しい石」とされています。ハイヤーセルフとコンタクトする瞑想で使用すれば、アカシックレコードとの同調を助け、心を悩ませる過去生の問題に答えをもたらしてくれるでしょう。初めのうちは閃光を感じるだけで終わってしまうかもしれませんが、完璧なシナリオをつくり上げるに充分な答えがその一瞬に含まれているのだと知っておいてください。分析能力や知性の強化にも使われます。

晶洞石 [Geodes]：水晶、アメジスト、トパーズを核としてできた石球。ジオードは石の内部に鉱物が沈殿したものも指し、石をスライスすると目もあやな断面が現れます。こういったジオードは「サンダーエッグ」とも呼ばれ、踊りと精神とを自由に解き放つ力があり、魔術においては解放する前の力を集中させることに使われます。

碧玉 [Jasper]（色：さまざま）：硬く不透明な石で、「雨を呼ぶ石」として知られています。エネルギーの流れを強化し、ストレスを緩和する効果があります。赤：夜間の守護、防御魔法、負のエネルギーの返還。緑：癒やし。茶色：グラウンディングと安定。

孔雀石 [Malachite]（色：青または緑地にさまざまな色合いの線）：危険が間

近に迫るとふたつに割れて警告するという、非常にユニークな特性を持っています。また、ビジョンクエストをおこなう能力を強力に高めてくれるとも信じられています。

月長石[Moonstone]（色：ピンク、白、青、緑）：どの色合いにしても柔らかなものばかりで、私がお気に入りにしている石のひとつです。自分と相手の愛情、思いやり、共感を高める効果があります。千里眼の石でもあり、霊能力を高める効果があるので占術具と一緒に保管しましょう。ドリームワークの乱用で良質な睡眠が取れなくなったときは、枕の下にムーンストーンを置くとぐっすり眠れます。恋人たちが素直に感情を表現し、無償の愛に満ちた関係を築くことを助ける石です。私が今までにおこなった実験で、興奮するほどの大成功で終わったものの多くにはムーンストーンを使用していました。

黒曜石[Obsidian]（色：黒）：火山ガラスの一種。小石状のものは「アパッチ・ティアーズ」と呼ばれます。この石にまつわる伝承はいくつかあり、そのひとつによると、戦いでたおれた勇敢な戦士たちの死を嘆き、アパッチ族の母親、姉妹が流した涙が大地に落ちて半透明の黒い石に変じたのだといいます。黒曜石でつくった鏡はスクライングに使われてきましたが、基本的には防御の石です。スノーフレーク・オブシディアンは私の大のお気に入りで、お金と一緒にしておくと使い果たして困ることがなくなります。まわりに自分のペースを乱されると感じたらオブシディアンを身につけ、無遠慮にぶつかってくるエネルギーを遮断してしまいましょう。

菱マンガン鉱[Rhodochrosite]（色：多様なピンクと白）：癒やしとエネルギーを与えてくれる石。少し疲れているけれど片付けなければいけない仕事があるときは、この石の力を借りましょう。

紅石英[Rose Quartz]（色：ピンク）：優しいバラ色を帯びた石英結晶です。穏やかで愛情に満ちた気分に導く効果があり、これもギブアウェイに最適な

石です。身につけると美しさ、自分や他人を愛する心を育ててくれるので、自宅や仕事場にひとつ置いておきましょう。子供が口答えをしたり、特別に態度が悪かったりする日があったら、この石を握らせておとなしく座らせてみてください。すぐに笑顔が戻りますから！　友人や家族が大事な人を亡くして悲しみに打ちのめされているときも、この石が力になってくれるでしょう。

煙水晶 [Smokey Quartz]（半透明の灰色／黒）：内側に煤が封じ込められているように見える水晶です。これもエネルギーを生成する石のひとつで、防御の石として使われます。私の夫は美しい切子細工を施して銀の星にはめ込んだスモーキークォーツを持っており、車が悪戯や故障に遭わないためのお守りとして、トラックのバックミラーに吊るしています。私がガールスカウトの軍団を車に乗せて遠くまで連れていくとなったとき、私の運転では心配だと家族全員が口を揃えて言うものですから夫のお守りを借りていったのですが、旅行を無事に終えて帰ってくると、お守りを取られた夫のトラックが壊れていたことがありました！

方ソーダ石 [Sodalite]（色：濃青に白線）：ラピスラズリとよく混同されます。ストレスの軽減に優れた効果があり、身につけていると気持ちが落ち着き、多少のことには動じずに１日を過ごせます。瞑想を助ける石で、特に大人を指導するときに身につけるといいでしょう。

日長石 [Sunstone]（色：濃橙）：オレゴン州で産出されるこの石は、見た目ばかりか手触りまでスライスしたオレンジに似ています！　初めて手に持ったときは、柑橘の匂いがするんじゃないかと思って無意識に鼻に当ててしまいました。エネルギーを与えてくれるほか、細胞を癒やす、いわゆるセルラーヒーリング効果を持つ石です。太陽と火の元素に関連付けられることが多く、癌からの回復期にも使用されます。

虎目石 [Tiger eye]（色：ハニーブラウンに帯状の色づき）：幸運を呼び込む

石ですが、真実を見抜く力があることでも知られる「正直の石」です。この石を持っている者に嘘をつこうとするときはご用心、化けの皮はすっかりはがされてしまいますからね。身につけているとたった1日のうちに誰かがうっかり本当のことを喋ったり、あなたを騙していた嘘が発覚したりするでしょう。また、正確な判断を下す助けもしてくれます。色違いで暗青色の鷹目石は茶色いものとは違って外に働きかけませんが、その力は方向を間違ってしまったと思っているときに発揮され、あなたを足もとのしっかりした道へと連れて行き、迷わず進んでいけるようにしてくれるでしょう。

トルコ石 [Turquoise]（色：ベビーブルー）：ベビーブルーの風船ガムのような見た目をしたこの石は優れた吸収剤ですので、ストレスを抱えている時期に肌に長い時間接触させていると、皮膚から色が抜けてしまうのでご注意を。ターコイズは「しゃべる石」であり、会話によるコミュニケーション能力を高め、思考がいっさい破綻することなく展開していくよう助けてくれます。スピーチやプレゼンテーションを前に緊張を覚えたら、ターコイズを喉もとに身につけるといいですよ。ほかにも愛情、健康、幸福を高め、精神に霊的な加護を与える石でもあります。上院下院の両議事堂を全面改装し、ターコイズとタイガーアイをあしらうことを私たちは提案していくべきかもしれませんね！

　ここで紹介した宝石／鉱石は、私が自分で調べ、研究した結果をまとめたもので、全体から見るとほんの一部に過ぎません。経口摂取には向かないものばかりですから、石の力が必要になったら持ち運ぶか身につける形で使用してください。

　宝石／鉱石に精通したければ、とにかく自分でいろいろと試してみることです。複数を一緒に使うことでどんな相乗効果が現れるか、エネルギーがどう調和して働くかも調べ、実験結果をノートに書き留めておきましょう。

～ 水晶 ～

　水晶は私がよく魔術に使用する石ですので、最後に別項を設けて紹介します。水晶を手にするときは、テレビのプラグをコンセントに差し込むような感じで、水晶を自分のエネルギーシステムに差し込むイメージを思い描きましょう。

　水晶はさまざまな目的に使用でき、たとえば霊能力を強化し、ビジョンクエストを助け、身につけると盾となって守ってくれます。予言、エネルギー注入、しまい込まれた記憶を引き出すことも得意とし、優れた投射能力を持つため、魔術ワンドの先端飾りとして広く活用されています。

　また、水晶には自分好みの「プログラム」を施せるというユニークな特性があり、プログラミングは水晶を第3の眼に当て、防御などのイメージを投影した思念に焦点を合わせることで施せます。

　満月の夜の儀式で水晶を魔法円の四方位を司る見張り塔の位置、または祭壇に置いて月光を直接投射させると、力の強化と浄化を同時におこなうことができます。一緒に携行するとタロットカードを保護し、力を強めるとして、タロット占い師にも人気です。水晶をあしらった革のブレスレットを両手首につけ、手首を引き寄せて水晶が触れ合った状態で思念やエネルギーを投射すると、能力を高めてくれるでしょう。プログラミングを施した水晶を枕の下に置いて眠りに就けばドリーミングを助けてくれますし、体のまわりにさまざまなパターンで配置すると肉体のバランスが整えられ、癒やしの効果が得られます。宝石／鉱石と組み合わせて体に置くと、石のエネルギーをチャクラポイントに送り込み、エネルギーの流れを妨げる障害物を取り除く効果があります。ヘッドバンドに取りつければ他者への思念投射能力を強化し、ビジョンクエストをより明瞭におこなえるでしょう。

　水晶は工夫次第で数かぎりない使い方のできる万能選手であり、最高のギブアウェイです。勝手にバカンスを取って浄化の旅に出かけることがあるため、もしも水晶が見つからなくても慌てないでください。そのうちひょっこり戻ってきます。戻ってこなかったら、それはあなたのもとでやるべきことが終わったのだと思ってください。

　宝石、鉱石、水晶は欠けたり割れたりしやすいものが多いので、日ごろから手入れに気をつけ、小袋に分けて保管しましょう。宝石類を収める三角ポケットがついた綺麗な巾着を見たことがありますが、裁縫に凝っている人ならポケットに分けて収納できる袋を自作してみてはどうでしょう。

　将来的に魔術がけや、家族、友人の相談に乗るときに役立ちますから、宝石／鉱石を使ってみてよい結果が出たらきちんと記録に残しておきましょう。

植物とハーブ

　私には小さな信仰がありまして、妖精の正体は人間の願望を映して人間の姿を真似ている植物の精霊たち（あるいは集合的無意識）だと信じているのですが、それはさておくとしても、固有の生命力は宝石／鉱石だけでなく、植物やハーブにも宿っています。魔術用のハーブと植物は店舗販売、通信販売で購入できますけれど、やはり自分の手で収穫して使いたいものです。以下の一覧に並んでいるのはあくまでも私がよく使う種類、つまり自分で収穫しているものであり、在住地域の気候帯で育つものがほとんどです。皆さんもこの章を読み終えたら、地域に自生している植物の種類とその特性や利用法を調べてみましょう。

ハーブの魔術的用途

アマランサス（コックスコーム）［Amaranth(cockscomb)］：傷心を癒やす。
アップル［Apples］：癒やしと愛情。
バジル［Basil］：愛情、富裕、保護。
ベイ［Bay］：英知、保護、超能力。
バーチ［Birch］：浄化。
クローブピンク［Carnation］：保護と癒やし。
キャットニップ［Catnip］：猫の魔術。
シーダー［Cedar］：清めと癒やし。

シナモン［Cinnamon］：霊性、癒やし、浄化。

クローブ［Clove］：金運、保護、浄化。

コーンフラワー（ヤグルマギク）［Cornflower］：霊能力。

ガーリック［Garlic］：保護と癒やし。

ジンジャー［Ginger］：金運、成功、力。

ホーリー［Holly］：夢魔術とバランス。

イリス［Iris］：英知。

アイビー［Ivy］：保護と癒やし。

ライラック［Lilac］：保護、美、愛情。

マリーゴールド［Marigold］：夢、ビジネス、法務。

マジョラム［Marjoram］：保護、愛情、癒やし。

ミント［Mint］：金運、幸運、旅行。

ミスルトー［Mistletoe］：保護、豊饒、癒やし、霊能力。

オリスルート［Orris root］：啓示。

ローズ［Rose］：愛情、超能力、啓示。

ローズマリー［Rosemary］：愛情、力、癒やし、睡眠。

セージ［Sage］：保護と英知。

タイム［Thyme］：癒やしと超能力。

ウィロー［Willow］：愛情と啓示。

ハーブの医薬用途

アニス［Anise］：お茶にして――疝痛（せんつう）を治す。鎮静剤。

バジル［Basil］：風邪、インフルエンザ、痙攣、膀胱に効く。

ベイ［Bay］：内服は避ける――気管支炎や咳風邪の湿布剤として使う。

ブラックペッパー［Black Pepper］：どんな病気でも症状が出始めたときに
　　摂取する。

ボーンセット［Boneset］：お茶にして――下剤、解熱剤に。

キャラウェイ［Caraway］：穏やかに消化を促す。

カイエンヌペッパー ［Cayenne］：回復を早める。内外の出血を止める。心
　　臓発作を防ぐといわれ、気分の落ち込みや頭痛にも。

シナモン ［Cinnamon］：粉末状か、ミルクに加えて――重い食事やデザート
　　を採ったあとにバランスを整える。下痢、赤痢、消化不良全般にも。

クローブ ［Cloves］：歯が痛いときに嚙む。むかつき、嘔吐にもよく効く。

フェンネル ［Fennel］：お茶にして――鼻水を止める。

フェヌグリーク ［Fenugreek］：お茶にして――重い気管支炎、鼻水を止める。

ガーリック ［Garlic］：高血圧、低血圧に。寄生虫と感染症に。

ジンジャー ［Ginger］：お茶にして――痙攣と吐き気に。外用薬にして筋肉
　　の凝りに。料理に加えると肉、特に鶏肉の毒消しに。

ローズマリー ［Rosemary］：お茶にして――頭痛、体の痛みを治す。

タイム ［Thyme］：お茶にして――回虫の除去。洗口液にも。

ターメリック ［Turmeric］：温かなミルクに加えて――生理周期を整える。

植物とハーブの収穫

　植物とハーブを扱う魔術においては、植物を収穫する能力も術の一部です。木
漏れ日の森に出かけ、あるいは草深い野原に分け入って、穏やかだけれど心躍
る女神との対話を楽しみましょう。ハーブの採集、乾燥、保存に必要な道具類
は手に入りやすいものばかりの上、少しの出費で揃えることができます。
　春になって残雪が溶け出し、霜のころが過ぎたら、私は「採集バスケット」
を取り出します。親指ほども太さのある小枝を編み上げたこのバスケットは
ユールの贈り物にもらったもので、縁の外側に10cmほどの長さの鮮やかな色の
リボンを13本結んであります。リボンは好きな色でいいのですけれど、私はた
いてい大地母神の色を選ぶことにしています――緑、ピンク、ライラック、白、
春の花と青葉の色合いです。バスケットを家族の祭壇に置いて「採集の儀式」
を執りおこない、このときにバスケットとボーリーンに浄化と聖別を施します。
新月は計画の開始を司る月相なので、私はこの日を選んで儀式をおこないます。
　ハーブに使う容器類などの確認も大事な仕事です。ハーブは比較的同じ大き

さの瓶やジャーに保存し、冬の間はアルファベット順に並べておいた容器を春が来たら収穫した日付順に並べ直します。ひとつひとつにラベルを貼ってハーブの名前、毒性があれば注意書き、収穫した日付を記入するのですが、私はその下に使用法も簡単に書いておきます。瓶類は全て浄化と聖別を施してから使用するので、足りないと思ったら採集の儀式のときに準備します。

　収穫したハーブは小袋やドリームピローに詰めるのにも使います。冬の間に縫って1年分用意しておいた袋類をチェックし、仕上がりの確認がてら、収穫量に対して足りないようなら余分につくり足します。屋内のハーブ園で使う種やトレイ、培養土などの準備もこの時期に始め、植え付けの時期が来たら植え付けの儀式をおこないます。

　ハーブが収穫時期を迎える春と夏は、晴れた朝にバスケットを持ち出して（朝露が消えてから）必要なハーブを採取します。採りすぎは禁物です。特に、最初の霜が降りるころまで収穫できるものなどは大事に育て、冬の備蓄分を充分に確保できるようにしておかないといけません。生育が遅れているものがあれば、時期が終わる直前まで成長を見守ってから収穫します。植物の生育は気候にかなり左右されるので、地域によって収穫時期や採集できる種類が異なります。私が住んでいる地域はアメリカ中東部の気候に区分されるため、収穫時期もそれに準じます。

　植物を採集するとき、私はまず愛情をこめてそっと触れ、美しさとすばらしい効能を称えてから、その力を必要としているので刈り取らせてくれるよう頼みます。採集時に植物のエネルギーを守るために、この時点で植物の前、あるいはまわりの地面に時計まわりに円を描くといいでしょう。刈り取りにはボーリーンを用い、必要な分だけを分けてもらいます。バラやライラックなど、植物によっては剪定に知識を必要とする種類がありますので、木の採取について学んだときと同じことを繰り返すようですが、本を購入したり図書館で調べたり、植物園に足を運んだりして、剪定箇所や時期について正しい知識を仕入れましょう。

　収穫の次は乾燥です。少量ならペーパータオルに載せて邪魔の入らない風通しのいい場所に置いて、量が多ければ糸で縛って空気が循環する場所に吊るし、乾燥させます。かかる時間は植物の種類によってまちまちです。

　乾燥が完了したら、乳鉢と乳棒で砕きます。細かい粉末状にするのは術がけの一環でもあるので、私はこの段階では荒く砕くに留めます。

　新しく収穫した分を乾燥させ、砕く作業がすんだら、去年の残りとストックを交換し、ラベルの日付も更新します。古いものは保存にまわさなかった今年の収穫分と一緒に外に撒きます。

　収穫の前夜は植物のまわりに少量の煙草の葉や肥料を撒き、植物に宿る精霊に敬意を表します。採集場所が家から離れる場合は贈り物を持っていき、刈り取った直後に感謝を捧げます。

　初めて収穫したハーブや植物は小型のピローやメディスンバッグづくりに使うほか、お香に混ぜたりポプリに入れたりするといいでしょう。調合をいつでも再現できるように、記録を取ることをお忘れなく。

植物に力を付与する

　ハーブや植物には使用前にチャージを施して力を付与しておきましょう。こうすることで自分と植物のエネルギーが混じり合い、望む反応が引き出せるようになります。チャージをしながら、ハーブ／植物にこれから果たすべき役割を正確に伝えてください。これはあなた自身と植物の霊の焦点を一致させる重要な手順です。

　まじない薬はハーブとオイルの混合物で、経口摂取および抽出には使用しません。扉や窓のそばに置くか、占いで使用するテーブルに小瓶をテープで貼りつけるなどして使います。チャージは料理用ハーブにも施すことができます。

　風邪を予防するガーリックはとても健康によい植物で、力を付与すれば強さは倍になります。力の付与はお茶にも効果があり、カモミールなどの安眠のハーブにチャージを施せば楽しい夢を見ることができます。

　ハーブや植物に関する知識をしっかり身につけるなら、図書館に行きましょう。ホリスティックヘルスを扱った雑誌や書籍がすばらしい参考書になります。章末のおすすめ書一覧にも何冊か紹介していますので、ご参考ください。

‿‿‿　癒やし　‿‿‿

　ここまで学んできてわかったとおり、技能を磨くということは専門知識や技術を深く学ぶということにほかなりません。簡単に身につくもの、そうではないもの、上達には相当努力しないといけないものがあるでしょう。いずれにせよそれなりの時間がかかることですから、ほかの関心事を全て放置してひとつの技能に専念しても、完璧に近いレベルに磨き上げるまでに数ヶ月、あるいは数年を要することは珍しくありません。人生はメディスンホイールに沿ってめぐる旅。ときに学び、ときに教え、ときにまどろみの中で内省するものです。今月、宝石に興味を持ったので実験をいくつかおこなってみたら、これ以上時間を費やす必要がないと思えるほどの成功を重ねたので研究分野を変えたとしても、数ヶ月後か1年後か、あるいはそれ以上かはわかりませんが、あなたはまたいつか宝石の研究に戻ってきます。学びのときはめぐるのです。

　まわりの人があなたの「ウイッチな」一面に慣れてくると、睡眠や頭痛の悩み、ぐれた息子や娘をどうにかしてほしいといった相談事を持ちかけてくることがあります。この場合、重要な原則をきちんと心得てさえいれば、力を貸すことに何の問題もありません。

　第1に、あなたの行為は他者の要請に基づく奉仕または技能の行使の提供、つまり灰魔術（グレーマジック）（ほかに適当な呼び名がないため、便宜上こう呼びます）と定義されます。誰かに魔術や技能を提供するときは、必ず本人の許可を得なくてはいけません。無条件で力を貸せと言ってくる人もいますが、あなたに応じる義務はないことも覚えておきましょう。でも、あなたに何かができるとは本当は認めたくなくて、頼みづらく思っている人も実は結構いたりするのです。

　私は助力を求められたら、「力になりたいけど、まずはあなたの許可を得ないと」と断ってから、力を付与した宝石やバインディングルーン、ハーブの袋など、具体的にどんな形で力になれるかを説明することにしています。

　知人の女性から母親のことで相談を受けたときの話です。まだほんの赤ちゃんだったころに自分を捨てた母親が、結婚式に花嫁の母親として出席したいと言ってきたというのです。無論、その役は育ての母に頼むつもりでいた彼女は

慌てました。断ったらどうなるか、考えるだけでぞっとするという彼女に私は力を付与したローズクォーツをひとつ渡し、電話で話すだけであっても生みの母といるときはこの石を身につけておくよう指示しました。

　話を進める前に断っておきますが、私のほうでこのうら若いお嬢さんに勝手に魔術をかけるような真似はいっさいしていません。私がしたのは道具を渡して使い方を教えたことだけです。ただ、魔術は強い感情が介在するときに最も成功率が高まるものなのです。

　母娘の行き違いが解消され、ひとつの問題を除き、結婚式は大成功に終わりました。生みの母が医学的な困難に見舞われ、結婚式がおこなわれるその週に短期入院しないといけなくなったのです。ローズクォーツは思いやりを育む愛情の石だから、誰かを病気にすることはありません。母親が入院したのはローズクォーツのせいではないか、私に言われたことが原因ではないかとしきりに心配する彼女にそう説明したところ、ようやく安心して帰っていったのですが、母娘の別離がどれだけ強い感情を彼女の心に刻み込んだのだろうと残された私は思わざるを得ませんでした。

　宝石を身につける、前向きなアファメーションをおこなうなどの、本人が直接関与する魔術はどんどん実行してかまいません。心身のどちらであっても、癒やしを目的とした贈り物をする場合は、その目的と使用法について万が一にも疑問に思う点が出ないように、とにかく徹底的に説明してください。アイテムに対する理解を深めることで、本人も癒やしの術に参加することになるからです。

　しかし、いちばん気をつけなくてはならないのは術に参加してもらうときの当人の心の状態です。当時は相手の精神衛生をさほど気にしていなかったのですけれど、今はこれこそ何より優先すべき点と考えています。本人が口で言っていることと心の底で感じていることに食い違いがないか、相手の話を聞きながら時間をかけてじっくり読み取っていってください。母親に捨てられたことがない私には、その経験がどれだけ強い感情となって彼女の心に残っているものか、考えることもできませんでした。その人の個人的な感情が関わっている場合は特に気をつけ、自分とはかけ離れている人生を送っている人ほど、観察力を働かせてください。

　自分なら間違いなく問題を「解決」できると豪語するのは間違いです。こういうときは、自分が助けになれるかもしれないと言うに留めましょう。あなたは完璧ではないし、条件も常に同じどころかそのつど変わります。失敗してもおかしくはないのですから。自分なら問題を解決できると言い張って失敗した場合、あなたの顔どころかクラフトそのものにまで泥を塗ることになります。癒やしてほしいというのは口実で、かまってもらいたいだけの人たちに対して術がけをおこなう場合も間違いなく失敗することでしょう。彼らは心底では助けなど望んでいないのですから。

　正規の医療の代わりになれると思ってはいけません。癒やしを頼まれたら、医者にかかることをすすめるか、医者にかかったか丁寧に訊ねてください。処方薬の服用をやめろとは言わず、明らかに薬が効いていないか、必要性の感じられない手術だと感じられた場合はセカンドオピニオンを受けるようすすめましょう。医療技術を不安がるのはもったいないことです。最大限の恩恵を受けるために、セカンドオピニオンは受けるべきです。

　「病は気から」というように、たいていの問題、特に病気の原因は心の中に端を発するものです。病気や悩みの相談を持ちかけられたら、病気になる前となってからの心理状態を含め、私は相談者と一緒に問題を徹底的に掘り下げることにしています。医学的問題が発生したときは何らかのストレスが原因となっていることが多いので、そのストレスを取り除けば体の不調も消える可能性が高いのです。また、ストレスは肉体のチャクラも阻害します。エネルギーの流れをせき止める障害が除去されれば、病気も自然と排泄されるでしょう。

　癒やしの術を求められたら、医学の専門家の助けを借りた上であなたの力を貸してあげてください。医師を下に見た発言はしないこと。医者と治療法を選んだのは患者です。医者の評判や診断を馬鹿にするのは患者の判断を馬鹿にすることですから、やめましょう。

　普段はまるきり関わってこないのに、困ったとき、病気になったときばかり自分を頼ってくる人がいても、気を悪くしないで。この人たちは諺でいう天気のいいときだけの友人。天気が荒れたからあなたのところに駆け込んできたと思ってください。その人たちはあなたの部下ではありませんし、思考過程を操るのもあなたの仕事ではありません。頼られたときは、彼らに手助けをする

機会を与えられたと感謝の気持ちを持つことが大事です。

　人生には引いては満ちる潮のようにたくさんの人が出入りするものですし、波風を立てないで生きろというのも無理難題でしかないのですから、あなたのほうでときと場合と他者の感情に合わせることを覚えましょう。人生に訪れる満ち引きは無理に御そうとせず、敬意をもって迎えてください。

　他者のためにおこなう魔術は癒やしや加護、愛を与えるものが多いのですが、たまに裕福になる手伝いを求められることがあります。たいていの人はお金で困っていることを認めたがりませんから、それほど頻繁に頼まれることはないでしょう。

　魔術を使わなくても用が足りる場合は、よい聞き手となることを心がけてください。ウイッチは宇宙が生み出した最高の聞き手であるべきです。鼓膜が破れそうなくらいうるさいことからも、耳を澄ましても聞こえないようなことからも、学ぶことはたくさんあります。口を閉じて耳を開いておくことを覚えるだけで、あなたと話した人は「こんなにすばらしい人は世界のどこを探してもほかにいない」、「本当に特別な人に会った」と思ってくれるでしょう！

　魔法とは関係ない援助も、世俗的と侮るなかれ。食べ物や着る物、お金といった実用的な贈り物も、本質を見ればまじないや儀式と同じく、魔術の精神に基づいた行為であることに変わりはないのですから。

ϲʅʅϛ　自分を癒やす　ϲʅʅϛ

　体調を維持し、食事をきちんと摂り、オーバーシューズなしで雨の日には外出しないなど、普段から健康を守る努力は大切ですが、どうしたって体調は崩れるものですし、病気になって熱が上がったら自信を喪失してがっくり落ち込んでしまうのは困りものです。習得可能なあらゆる技法の中でも、いちばん難しいのは自分を癒やす技ではないでしょうか。でも、決して無理なことではありません！

　以前、健康上の問題から自己治癒についていろいろ調べた時期があり、何を試しても惨憺たる結果に終わりながらも、ついにたどり着いたのが瞑想の章（第

8章）で紹介したバキュームボールに病気を吸い込ませる方法でした。

　きっかけは偶然何かで読んだ「浮き球法」です。でも、球体に病気を吸わせるのはよしとしても、負のエネルギーを「そこら辺」に放置しているだけですから、この技法のあと処理は不充分としか思えません。それで思いついたのが、球体ごと地面に沈めてしまうバキュームボール法なのです。

　次にまた健康問題が出て来たときにこの技法を試したところ、大成功！　鼻風邪はものの数分で治りました。手を捻挫したとき（物書きにとっては死活問題です！）も、症状は15分で消えました。

　症状がかなり重い場合は——インフルエンザなど——吸引を続けた上で処方薬を併用すると治りが早くなるでしょう。

　まずは体のサインをよく知ることです。頭痛の「予兆」や「インフルエンザのかかり始め」を察知したら、職場にいて洗面所に駆け込まないといけない状況であっても、ただちにバキュームボールの瞑想をおこなってください。

　ときどき悩まされる慢性的な症状を抑えるために使っている調合ハーブがあるなら、こちらもできるだけ早く服用しましょう。昔、気管支炎と肺炎でひどく苦しんでいたとき、ハーブに凝っていた父がつくってくれたレシピを紹介します：

　トマトジュース、約30ml
　カイエンヌペッパー、小さじ⅛
　ブラックペッパー、小さじ¼

　以上を混ぜ合わせ、３日間毎朝飲み続けます。缶ジュースなどで残りが出たら、それも飲んでしまいましょう。

　呼吸器の感染症にかかったときに始めたこの療法のおかげで、以来、私はひどい風邪にも感染症にもかかったことがありませんし、同じ症状に悩んでいる人たちにお教えしたことも数知れません。せっかくの特効薬も、飲み忘れたら意味がありませんけれど！　副作用でふらつき、いらつきが出る風邪薬をのまなくてすむのはすばらしいことですが、家庭療法らしく誰にでも効くとは保証

できないものなので、まずは医師に相談してください。

パワーポーチ

　シャーマンが持つメディスンバッグとほぼ同じです。革か柔らかい布を手縫いしてつくり、色は素材そのままか、ポーチの目的に合わせたものを選びます。ハーブ、宝石、水晶、羽根、まじないなどを書き付けた紙片——ポーチには何を入れてもかまいませんが、できればバッグに入れる前に力の付与を施しておき、収めたあとにバッグごと儀式で力の付与をおこなうといいでしょう。一度使えば効力が切れるもの、繰り返しの使用に耐えられるものがあります。デザインは、自分の趣味で飾りつけるも、素材のままにしておくも、お好きなように。

メディスンシールド

　ネイティブアメリカンのものとして考えられがちなメディスンシールドですが、ウイッチにもおなじみのアイテムです。メディスンシールドにおいては完成品を使うことと同じぐらい、自分でつくるという行為が重要になります。

　シールドは、勝利、勇気、霊能力、成長、癒やしといった加護を与えてくれる、基本的に防御という行為に特化したアイテムです。人生から有害な影響を排除し、邪なるものと困難を退けることを目的としています。使用しているうちに男性性や女性性、両性の中間性といったアイデンティティを獲得していくことでしょう。また、まわりを取り巻く世界からあなたを切り取り、物質世界と別の次元世界での姿を映し出す鏡として作用します。

　シールドの形、材質ともに決まりはありません。今日では丸い形が主流ですが、魔術的に意味のある形でさえあれば、昔のカウボーイ映画に出てくるインディアンの盾に似せる必要もないし、紙でつくってもかまいません。防御と魔術において特別な意味を持つアンダーシールドと、外側を覆うカバーの二重構造からなり、精緻なデザインを施すも簡略にすますも自由です。自分で考案した特別な儀式にかけてシールドを覚醒させるか力の付与をおこなう必要があります。

～～　他者を癒やす　～～

　按手（手当て療法）は多くの宗教構造で認められている癒やしの術です。コツはとにかく自分が病気にならないことです！

　他者に施す癒やしの術はどんな相手にも効き目があるわけではありません。本人が回復を望んでいること、自分自身を信頼していること、癒やし手であるあなたを信頼していること。以上の要件は必須で、その上、世界の 理 を司っている存在に対しある種の信仰を持っていれば言うことはありません。男神、女神、宇宙、〈あらゆる全て〉、大地母神、天空父神……その存在が自分を回復してくれるのだと信じられるのなら、対象はなんでもかまいません。

　診断と処置は以下の流れでおこないます。心身の不調に癒やしを施すときは、最初の２段階を省略することがないようにしてください。

１．体のどこに不調を抱えているのか、患者に紙に書いてもらう。

２．以下の問診をおこなう。

　　　医者の診察を受けたか。

　　　受けている場合、診断結果は。

　　　セカンドオピニオンを受けたか。

　　　使用しているドラッグや薬はあるか。

　　　飲酒や喫煙の習慣があるか。

　　　慢性的な疾患を抱えているか。

　　　家族歴は。

　　　妊娠しているか。

　　　睡眠パターンは。

　　　現在、多くのストレスにさらされているか。

３．患部の診断をおこなう。

４．患者に癒やしの手順を説明する。

５．魔法円を構築する。

６．女神を召喚する。

７．癒やしをおこなう。

８．助力を求めた神々に感謝を捧げる。

９．魔法円を閉じる。

按手（手当て療法）

　まず、患者に楽な姿勢で座るなり寝るなりしてもらったら、その人の好みに添うように魔法円を構築します。つまり、神経過敏な人だったら心の中だけで構築をすませ、神秘的な雰囲気を好む人なら香を焚き、水を振り撒き、本式で魔法円の構築をおこなうのです。チャクラを開き、詠唱、歌唱、あるいは心の中で静かに思念を凝らし、自分のやり方で力の構築を始めてください。

　ステップ１：患者に両手を当てて、チャクラに塞がっている箇所、開きすぎている箇所がないか調べていきます。病気を見つけたら左手で取り除き、右手でバキュームボールに向かって投げ捨てます。

　ステップ２：両手を患者から離し、過剰な負のエネルギーを振り払います。必要なら、力場から一歩退き、残留エネルギーを捨ててください。

　ステップ３：患部に右手を当て、チャクラで高めた自分の力を手から患者の体内に注ぎ込みます。男神と女神により天上から注がれる金の光のエネルギーで患者が満たされるイメージを思い描きながら、送り込んだ力がきちんと機能しているか見守ります。終わったら、バキュームボールを消してグラウンディングをおこない、余分なエネルギーを振り払って両手を冷たい流水にさらしてください。

　このうち、ステップ２がいちばん重要な手順です。ここを飛ばすと、あなたが体調を崩す羽目になりますよ。私自身、うちの子供たちを治した翌日に自分が病気になったということは数知れず、そのときは何が悪かったのか、皆目見当もつきませんでした。テレビでは病める人に手を当てた10秒後にはもう「偉大なるナントカよ、万歳！」と大喜びしていますもの（手探りで正解を探さないといけないのはソロのつらいところです！）。テレビが嘘っぱちだってことはわかっていますけど、信仰療法は嘘ではありません。テレビでは、それっぽく

見せることしかできなかったみたいですが！

　でも、ようやく自分の中に引き込んだ負のエネルギーをきちんと散らしていなかったことに気づき、気をつけて処理をおこなったところ、二度と体調を崩すことはなくなりました。

遠隔から癒やしを施す

　何かの理由で患者のそばにいられないときも、さまざまな手段を用いることで癒やしを施すことができます。ちょっと思いつくだけでもキャンドル魔術、人形（ポペット）、タロット、ルーンなどが挙げられますし、夢の中で訪ねていき、バキュームボールの瞑想を利用してアストラルレベルで癒やすのも効果的です。繰り返しますが、何であれ魔術を使うときは、本人の了承を得てからにしてください。同じ手順が必要になったときにきちんと再現できるよう、癒やしの記録は正確に取っておきましょう。

まとめ

　本章では命を扱ったさまざまな魔術の利用法について学びました。宝石とハーブはとてつもない力を秘めた万能選手で、その使い方はほぼ無限といえます。共感魔術や祝祭の儀式にぜひ取り入れてみてください。ハーブと宝石は実用的な魔術と考えられています――その力は大地母神に由来するのですから、宇宙を構成する元素を使った魔術とも言い換えられるでしょう。賢く利用してください。

おすすめ書一覧

- Dr. John R. Christopher, *School of Natural Healing.* Christopher Publications.

- Scott Cunningham, *The Complete Book of Incense, Oils and Brews*. Llewellyn Publications.
  （スコット・カニンガム、『願いを叶える魔法の香り事典』パンローリング社）
- Scott Cunningham, *Cunningham's Encyclopedia of Crystal, Gem and Metal Magic*. Llewellyn Publications.
  （スコット・カニンガム、『願いを叶える魔法のパワーアイテム事典：113のパワーストーンと16のメタルが生み出す地球の力』パンローリング社）
- Scott Cunningham, *The Magic in Food: Legends, Lore & Spellwork*. Llewellyn Publications.
  （*Cunningham's Encyclopedia of Wicca in the Kitchen*にタイトルを変え、2003年に再出版）
  （スコット・カニンガム、『マジカルフードブック：食べ物の魔法事典』日本ヴォーグ社）
- Scott Cunningham, *Magical Herbalism*. Llewellyn Publications.
- John Lust, *The Herb Book*. Bantam Books.
- Medicine Hawk and Grey Cat, *American Indian Ceremonies*. Inner Light Publications.
- Dorothee L. Mella, *Stone Power*. Warner Books.
  （ドロシー・L・メラ、『宝石パワーの活用術：あなたの魅力を引き出す』中央アート出版社）
- Wally and Jenny Richardson, *Spiritual Value of Gem Stones*. DeVorss & Company.
- Michael G. Smith, *Crystal Power*. Llewellyn Publications.
- Michael Tierra, C.A., N.D., *The Way of Herbs*. Pocket Books.

＊ハーブを服用する際は、必ず専門家の適切なアドバイスのもと、用法用量をきちんと守りましょう。

第 **4** 部

ウイッチクラフトの挑戦

Challenging Shadows

第 **19** 章
テレパシー、サイコメトリー、マインドパワー

～～～ 超能力者だけじゃない！ ～～～

　相手の顔をじっと見つめ、覇気のない表情の裏で飛び交っている思考を必死になって読み取ろうとしたこと。ひとり静かに座り込み、今、相手は自分のことを考えているだろうかと思ったこと。そんな経験をどれだけしたことがありますか。

　他人の思考を「聴き取る」ことは、実は巷で言われているほど難しくはありません！　この離れ業に必要なものは我慢と忍耐——それだけです。頭にしたたかな一撃を食らう必要はなし、稲妻に打たれなくても、地球外生命体の宇宙船に拉致されなくても大丈夫です。超能力者じゃなくたって精神感応は使えますから、世間の嘘に惑わされてはいけませんよ。

　まず、皆さんもすでに知っているとおり、思考はエネルギー振動であり、科学実験や科学的装置で検出できるものです。ならば、自分には思考を送受信する能力はないと、やる前から諦めるのは思考停止もいいところではないでしょうか。自分たちを科学機器のように調整して、振動を拾えるようにすればいいのですから。そのためには、やはり練習あるのみです！

　「テレパシー」とは他者の思考と感情に同調する作業であり、その過程には肉体的、精神的にデータを同化吸収する作業が含まれます。この能力は状況観察を怠らず細やかな変化に目を配り、個人の理解に努めることで強化されます。

　そもそも、テレパシーはラジオやテレビとは違い、周波数やチャンネルを合わせれば他者の思考が聴こえてくるものではありませんし、頭の中にぽんと飛び出してくる映像を内なる眼で眺める能力でもありません。五感を始めとして

使えるものを何でも使い、渾然一体となった他者の思考と感情とを入手する能力なのです。実を言うと、テレパシー能力者といえども、他者の思考が実際に口でやり取りするときのような言葉となって心の耳に聴こえてくるという人は滅多にいないんですよ。

　テレパシーで拾えるのはその人の全体的な気分、感情の変化、健康状態に関する振動パターンがほとんどでしょう。テレパシーとは人、植物、動物、アストラル存在から発せられる振動と変動を敏感に察知する能力であり、他者の物理的行動に同調する技芸なのです。

～♪　ボディランゲージとテレパシー　♪～

　言葉を使わないコミュニケーションでも人間の思考パターンは十二分に判断できるという60年代、70年代の発見は、膨大な数の書籍や議論に発展していったことからもわかるように、大流行の話題となって世間を大いに沸かせました。しかし、ボディランゲージの研究は進んだものの、時代が時代ということもあり（フラワーパワー、ピースデモ、サイケデリックな広告デザインが流行った時期です）、いずれは廃れてカクテルのお供か、はたまた行きずりの相手と一夜の過を犯すときのサインに使われるものというのが世間一般の認識でした。そして、その読みどおり、世間は非言語コミュニケーションに急に関心を示さなくなります。「あなたは何座？」という星占いの質問と同じ末路をたどったのです。

　以上の経緯を知らなくとも、実はあなたは今生に生まれて以来、ボディランゲージを解する技芸の研究を潜在意識で続けているのです。潜在意識はほかの人間たちの身ぶり手ぶりを観察し、無意識へと送り込んで判断をおこなっています。私たちの顕在意識は発言の意図を目に見えている表情と合わせて判断するので忙しく、潜在意識が伝えようとしていることを無視しがちです。ときおり、何となく覚える違和感の原因は、意識上で処理されているデータが無意識から同時に送られてくる情報と衝突しているためなのです。

　私たちウイッチはカウンセラーの立場になることが多いので、ボディランゲー

ジを習得できればかなりの役に立つはずです。それに、ボディランゲージはテレパシーの情報源として簡単な部類に入りますから、肩慣らしとしてまずはここから始めましょう。

表情を読む

　怒り、驚き、幸せの表情は内面でどのような思考過程を経たものかを如実に表すものではありますが、状況によって表情をつくるという場合がどうしてもありますから、完全に信頼が置けるとはいえません。

　深刻な話を打ち明けた親友に対し、ここだけの秘密にするとあなたが誓ったとします。数日後、共通の知人が親友について根掘り葉掘り質問をしてきました。あなたは内心がバレないようにさまざまな感情を装いつつ、嘘なんてついていないという顔をつくり、誓いを守ります。これは嘘をついたことになるでしょうか。大切な人を守るためにはぐらかしただけだと私は思います。そういう事態が起きるから、表情は何より雄弁なボディランゲージであっても、全面的に信頼に足るものではないのです。

　表情より、注目すべきは肌と目の色の変化です。青ざめたり濃くなったり、顔や首の色の変化には感情や思考パターンが表れますし、諺にもあるように「目は心の窓」そのものですからね。肉体が激しい感情にさらされると、目の色合いはほぼ全てで変化します。怒りでも、同情でも、悲嘆でも――嘘をついていてもバレてしまうのです！　よくよく注意して観察していれば、感情的になっているときに目の色が変化しているのがわかるでしょう。わかりやすいのは黒っぽい目よりも明るい色の目のほうですが、強い感情的ストレスを受けたときにブラウンの目が顕著な変化を示すところを私は観察したことがあります。

　具体的にいうと、真っ青な瞳が特定の感情の影響下にあると、色が薄くなる、はっとするほど鮮やかになる、グリーンに近い色合いになるといった変化を呈することが認められるはずです。ブラウンの瞳なら色が薄くなる、極端に濃くなる（黒に近くなる）、金褐色またはヘイゼル色に変化します。

　視線の方向にも注目しましょう。嘘をつくとき、人は一定方向を見る傾向があ

　ります。しかし、その方向は左、右、正面と、人によって違います。また、記憶を思い出すときに見る方向も決まっていて、具体的、抽象的イメージではそれぞれ逆側を向きます。ですから、この点のみを根拠として、嘘を言っていないと結論に飛びつくのはやめましょう。

　もちろん、見ず知らずの人が相手だと、これだけで判断しきれるものではありません（例外がひとつありまして、これについては次の段落で説明します）。目の色の変化と視線の方向の読み取りは時間をかければ習得できる技芸です。最初のエクササイズとして対象を5人選び、3週間の間、いろいろな状況で表情と目の色がどのように変化するか観察してください。

　説明が難しいのですが、精神のバランスが崩れている人、犯罪を犯しやすい気質の人の目には共通して見られる特徴があります。私が気づいたきっかけは、よく知る人の瞳でした。虹彩のまわりを異様に濃い色の輪が取り巻き、虹彩自体はずっと明るい色をしていて、常時目を見開いているのです。見てわかる特徴のほかにも、まともに見つめると冷たくて、危険な感覚に襲われる、不思議な瞳の持ち主でした。

　次にこの奇妙な瞳と再会したのはスーパーです。店の外に立っていた若い男性のすぐそばを、それこそ顔がよく見える距離で通りすぎたときに目に入り、思わず私は夫にこう話しかけていました。「今の人、おかしな目をしているわ。絶対に問題を起こすわよ」

　夫はろくに言葉を返さず、私たちはそのまま車に乗ってスーパーをあとにしました。その晩、テレビの深夜ニュースで強盗事件の報道があり、昼間のスーパーとは別の店舗でしたが、その犯人とは誰あろう、私がその日見かけた男の人だったのです！

　そんなことがあり、犯罪者が浮かべる表情や目の色を知りたくて、そういうドキュメンタリーを何本か観て研究したところ、インタビューを受けていた人の多くがあの「おかしな目」の持ち主であることに気づきました。この特徴は男の人に見かけることが多いのですが、同じ「目つき」をした女性にもときどき会うことがあります。

姿勢とジェスチャー

　姿勢とハンドジェスチャーにはその人が考えていること、感じていることが表れやすく、知らない人を相手にするときも信頼性の高い指標として利用できます。また、相手があなたに対してどう思っているかを鋭敏に示すバロメーターでもあるので、他者から見た自分像の確認、強化にも役立つでしょう。

　たとえば、ある男性がリーディングの依頼にやってきたとします。彼があなたのもとを訪れるのは初めてです。男性はいちばん近い出入り口のほうに体を向け、両手両足を組んだ格好であなたの向い側に腰を下ろしています。それを見て、あなたは足首を交差させました。

　この場合、あなたと依頼人はお互いに防衛体勢を取り合っているといえます。胸もとで腕を組んで自分を「閉じ込め」ているだけでなく、扉のほうに体を傾けている依頼人の体勢は、あなたが言うことに最初から素直に耳を傾けるつもりはないことを示唆しています。対して、あなたが足首を交差させたのは、相手の不安を感じ取った潜在意識の反応です。男性がスーツの上着、セーター、ベストのボタンを外すことは心を開いていることを示すサインなので、暖かいくらいなのにいちばん上に着ているもの（スーツの上着など）のボタンを閉めたままだとすると、少々手こずるかもしれません。

　さて、この依頼人の体勢が心理的防衛を示していることがわかったので、あなたは交差している足首を戻し、パーソナルスペースを侵さない程度に身を乗り出して、依頼人の話を聞いていきます。誘導をかけながら充分に時間を取って、詳しい話を引き出してください。こめかみ、または顎に指を当てる「考える人」のポーズを取れば、あなたの話をちゃんと聞いていますよという意思表示になります。

　依頼人が私には何でも話すと夫はよく考えているようですが（少し苦々しく思うときもあるようです）、誰にも言えないような秘密、心の闇までは知りませんし、私がやっていることといえば、ときに誘導をかけながら彼らの話に耳を傾けるぐらいで、それが心の堰を切って彼らを冗舌にすることに成功しているだけなのです。沈黙は金とはよくいったもので、口を閉じておくことを学ん

でおけば、仕事やパーティで会った人にも、あなたの魔術に興味がある人にも、最高とまではいわないまでも 2 番目ぐらいにすばらしい人だったと別れるときに思ってもらえるでしょう。

　依頼人が女性なら、腕を組む、または鞄を見えるところに置きたがるのが防衛体勢のサインです。胸もとに抱え込むか、膝に置いて鞄をいじっていたら、リーディングには苦労するでしょう。ズボン、スカート、セーター、ブレザー、スーツの上着、コート、何でもいいですけれど、男女とも両手をポケットに深く入れていたら（室温がマイナス10℃を下まわっていたら話は別です）、その人は秘密をたくさん抱えています。

　リーディングをおこないながら、相手の反応を注意深く観察してください。テーブルに肘を突き、口もとを両手で覆っている人は、何か隠しごとをしている可能性があります。拭ったり外したりして眼鏡をいじる、鼻梁をこするなどの行動は、単刀直入の質問に答える前に時間稼ぎをしていると取れます。

　ペンをくわえるのも、まだ話す準備ができていないことを表します。あなたが話しているときに依頼人が何度も耳をいじったり、あなたの腕に触ってきたりしたら、話の腰を折りたがっている印です。両足をテーブルに載せる、指先を合わせて山をつくるのは、場の主導権を自分が完全に握っていると思っているサインか、貴重な機会を無駄にしてあなたで遊んでいるだけかもしれません。

　加えて、デスクやチェアに足を載せた姿勢は、相手を威嚇するまでもなく主導権は自分にあり、完全にくつろいだ気分でいる意味にも取れます。そわそわと服を直し、忙しなく瞬きを繰り返すのは間違いなく神経質になっているサインで、嘘をたくさんついている可能性が考えられます。

　手をこすり合わせるのは期待を表すジェスチャーですが、両手を揉んだりがっちり握りしめたりしている場合は神経質になっているか、あなたの言葉に耳を塞ぎたがっていることを表します。こういう徴候が出始めたら少し時間を取り、どの方向に話を持っていきたいのか改めて考えをまとめてください。

　手をうろうろとさまよわせるのも不安の表れです。ポケットの中の鍵や小銭をチャラチャラ鳴らすのは神経質な人によく見られる癖ですが、ドル札で音を立てずに手遊びをしていることもあるでしょう。

　歩き方と立ち方からも内面を読み取ることができます。姿勢が悪く、特に焦

点の合わない目で下ばかり見ている人は自己評価が低いか、あるいは何かの不運に見舞われたことを示唆します。足を広げた立ち方は自信と力の表れで——一歩も引かない構えです。

　もちろん、別の理由があってこういう仕草が出ることもあります。歯の治療がうまくいってなかったり、手にイボがあったりすれば、相手が気にして集中できないと困るからとか、自分が恥ずかしいからという理由で隠そうとするでしょうし、足をテーブルに載せる人は足首のむくみに悩んでいるのかもしれません。仕事で途方もない取引を終えてきたばかりで、鞄の中に5万ドルの小切手が入っていたら、その女性が鞄を離さないのも頷けますよね！

　でも、それをどうやって見分ければよいのでしょう。確実ではありませんが、一定期間に何度も繰り返すかどうかでわりと判断はつけられます。

　たとえば、あなたのところに来た依頼人が、すっかりくつろいだ様子で、スーツの上着のボタンを外して組んだ足も床に下ろし、あなたのほうに身を乗り出しているとします。瞳孔が広がっているのは（この部屋の照明が暗すぎなければの話ですが）強い関心を示している印です。腕組みは解かれて、片方の手はテーブルに、もう片方は膝の上に軽く載せられています。

　不意に、彼が目をこすりました！　この仕草には何の意味が？　今の段階ではまだごく普通の会話を交わしただけです。依頼人の話に耳を傾け、彼のほうも話しているうちに頭の中が整理されてきました。声の調子も変わっていません。であれば、同じ仕草を何度も繰り返しているとか、ほかにも何かのサインがあったとかいうのでないかぎり、この目に手をやる動きに特に意味はないということになります。

　ジェスチャーはひと目でそれとわかるものもあれば、見分けるまでは訓練が必要なものもあります。全ての技術にいえることですが、観察によって磨かれる技術は何よりも訓練が必要です。自分のジェスチャーを観察するのも面白いのでおすすめです。きっとすぐに話し上手の聞き上手になれますよ！

テレパシー技能とボディランゲージをリンクさせる

　ボディランゲージについていろいろと学んできましたが、これがテレパシーと、それどころか魔術といったい何の関係があるのかと思っているでしょうね。物ごとには順序というものがあります。あなたはまだ新しいデータを尋常ならざる方法でインプットできるよう精神へのプログラミングを始めたところ。それに、まわりの人や物に対する物理的な観察眼を磨く方法を学び始めたばかりじゃありませんか。

　ボディランゲージの読み取りに習熟すると、精神間での信号伝達を「邪魔立て」する障害物が取り除かれ、潜在意識のメッセージが顕在意識に送られるようになります。他者の目をのぞき込んだときに魂の奥底までまっすぐに見通したような奇妙な感覚に襲われたら、それがボディランゲージを正確に読み取れるようになったサインです。はっとする経験ですが、あなたが精神的に接触したことに相手が意識的な反応を示さなかったとしても、その事実はその人の潜在意識にしっかりと刻まれるでしょう。

　また、自信を持ってテレパシー能力を発揮するためにも、ボディランゲージは習得したい技能です。自己不信はマインドリーディング最大級の敵であり、自分を疑い、不安に陥ってしまうと、解釈を完全に誤って大失敗を犯すことにつながります。行動から人の内面を見抜く離れ業に近い芸当をやってのけているのに、本人に口で否定されたことで迷いが生じ、自分の能力に自信がなくなってしまうことは珍しくありません。最初の読みが正しかったとしても、相手が巧みに煙幕を張るだけで何が正解かわからなくなってしまうのです。

　「慢性」的に読み取れる印があるのに、口ではそうだと言ってもらえないときの対処法をお教えします。例はいくつか思いつきますが、たとえば、人と話すとまったく同じ印象を受けることが何週間も続いたとしましょう。相手がひどく疲れているのかなと思い、そう訊ねます。すると、相手は「前に会ったときも同じことを言われたよ！」と答え、それはあなたの勘違いなのだから、考えなしに何でも口にするのはやめてほしいということを暗に伝えてくるかもしれません。そういうとき、私は「何だかずっと気になってるんだけど、あなた、最

近くよく眠れてないんでしょう！」と言うことにしています。相手が答えなかったとしても、正しいかどうかはボディランゲージが教えてくれるでしょう。

　もうひとつ。会うたびに気になる女友達がいて、「どうしたの？」と訊かずにはいられなくて何ヶ月も同じことを繰り返したところ、相手の堪忍袋の緒が切れて、もうやめてくれと嫌がられてしまったことがありました。ずっとあとになってからわかったのですが、彼女はアルコール依存症で悩んでいたので、知り合いとそういう話をしたくなかったのです——そんな反応をするのも当然ですね。

　技能をもっと強力で精度の高いものにしようと思ったら、とにかく自分の能力に信頼を置くことです。もちろん、千里眼の的中率とはいかないでしょうけれど、真実から外れることはなくなっていくでしょう。

～～　共感能力　～～
エンパシー

　他者の感情を共感することは高次の意識をいろいろな形で学んでいる人たちにはごくありふれた経験です。エンパシーは少々荒削りなテレパシーで、ボディランゲージと表情に頼ることなく、そばにいる人や話している相手と同じ感情を経験する能力を指します。相手が何を考えているのかははっきりとはわかりませんが、どういう気持ちでいるのかは手に取るようにわかります。他者の感情の流れを呼び込むチャンネルは、自分のエネルギーを高める方法を練習し、瞑想技術を磨くことで開けるようになるでしょう。

　エンパシーは他者の感情と感覚をあなたの知らないうちにこっそりとあなたの中に取り込んでしまいます。自分の人生は何もかもが絶好調なのに、見ず知らずの赤の他人のそばに立ったときに言いようもなくやるせない気持ちに襲われた経験はありませんか。これはエンパシーが原因となっている場合が多く、気づかぬうちに精神的コミュニケーションシステム内に取り込まれた感覚を自分自身のものと勘違いし、精神と肉体の両方が誤作動を起こしてしまったためなのです！

　こういった状況に陥ったら、まずは「防御用意！」と身構えましょう。それ

から、ボディランゲージを駆使してまわりの人たちの様子を読み取ります。エンパシーの経験はすばらしいものですし、相手がどういう気持ちでいるのかを知ることもできます。その一方で、自分自身の精神の健康を守るためにコントロールできなくてはならない能力です。

　もしもあなたがインフルエンザで苦しんでいるときに、友人のスザンヌが結婚生活で大変な危機に見舞われたらどうなることか。精神の伝達システムに流れ込んでくる彼女の感情に影響を受けると大変なことになってしまいます。いいですか、そばにいなければ友人の痛みが伝わってこないと思っているのなら、それは間違いですよ。バーモントにいても日本にいても、取り乱した電話をかけて窮状を訴えてくることはできますからね。エンパシーがおこなわれる過程で、距離は問題になりません。

　共感能力者が不安や無力感を遮断する方法を学んでいないと、共感対象が緊急事態に見舞われた場合、エンパスを巻き込んで共倒れになる可能性があります。エンパスが即座に自分の身を守らなければ、危機的状況にさらされた共感対象とエンパスの間でエネルギーの食い合いが始まってしまうことが間々あるためです。

　エンパシーはほぼ確実にあなたが最初に経験する精神的コミュニケーションとなります——理由は単純。思考される言葉よりも感情のほうが速く、力強く振動するからです。それに、思考自体も始終言語化されているわけではなく、映像や感覚に頼っておこなわれることが多いのです。

　感情は私たちの体に肉体的反応と化学変化を引き起こし、変化が起きた印はときに潜在意識に現れます。でも、「今日の朝ご飯はトーストにするつもりなの？」といった文章では、体の中にも外にも同種のエネルギー変動が起きることはないでしょう。

声音、抑揚

　自分が次に言うことにかまけすぎて、相手の声音にまで気がまわらないことは多いのですが、言うまでもなく、声音と抑揚は他者とのコミュニケーションにおける重要な判断要素です。音楽家の耳を持っていなくても声にこめられた感情のリズム、声質は聞き分けられますが、きちんと聴き取ろうと思ったら自

分の心の声を静かにさせないといけません。

膨大な量の電話応対をこなす仕事は大勢の「見えない」人を相手にするため、声のわずかな抑揚や調子を正確に拾い上げて感情を聞き分ける「耳」を発達させます。この能力を強化したければ、テレビの映像を消して俳優女優の演技を音声だけで聴く訓練をしてみましょう。1日15分のエクササイズを毎日おこなっていれば、数週間後には抑揚や声音にこめられた微妙な違いがびっくりするほど聞き分けられるようになっているでしょう。

アクセントには育ちが如実に表れるので、出身地や人生でいちばん長く過ごした場所を知る有力な手がかりではあるものの、こちらもやはり見落としがちです。でも、注意深く耳を傾けたなら、受けた教育、家庭環境、経済的安定性、最もなじむ社会階層といったその人の背景が見えてきますから、絶対とは言い切れないまでも、見慣れない振る舞いを目撃したときに納得できる根拠となるのではないでしょうか。いろいろなアクセントを真似してみて、自分の抑揚と組み合わさったときに相手に安心感を与えるものを探ってみましょう。

思考転移

テレパシーは通常、思考転移と見なされていますが、あなたもこれがまったくの真実ではないことがそろそろわかってきたころでしょう。思考転移は四六時中おこなわれているもので、偶然の一致とは違います。自分の周囲で起こっていること、人間の本質をもっと素直な心で受け入れてください。そうすれば、あなたにもテレパスとしての資質をがあることがわかってくるはずです。

一般に、転移の形式は送受の2種類に分けられます。中には生まれつき、送受のどちらか、あるいは両方の才に恵まれている人もいるようですが、データと感情の送受両方を練習すれば、転移の能力はいくらでも磨けます。片方ができるようになったら、もう片方も諦めず頑張りましょう。

思考転移の基本ルールは集中しないこと——つまり、目標に向かって頑張りすぎないことです。ゆったりと落ち着いた状態でチャクラを開き、集合的無意識の配電盤に接続するイメージを思い描きましょう。それから、送信したいイメージ、感情、メッセージに焦点を結びます。受信であれば、頭の中に最初に思い浮かんできたものに注意してください。あくまでも思考の始まりであって、

そのあとに続く論理的な思考過程のほうに注意は向けないようにしてください
ね。

　ウイッチが誰かから受ける第一印象が外れることはあまりありません。なぜ
ならば、私たちは対面している相手の精髄（エッセンス）に対して心を開き、流れ込んで来る
ままにしているからです。いってみれば「スキャン」をおこなっているような
もので、初対面でどんなことを感じ取ろうと、その精度は85パーセントを誇り
ます。この15パーセントのマイナスは、それ以前に神経学的にプログラムされ
ている思い込みの分です。「キリスト教徒は皆一緒」、「カレンという名前で好き
になれた人はいなかったな」といった発言に表れる思い込みはスキャニングの
邪魔をする要因となり得ます。ですから、先入観などのスキャニングを妨げる
要素はきちんと認識し、無視しないといけません。

　これまでに学んだ知識はどんどん活用し、正確な記録をノートに取っていきま
しょう。人間の頭脳が最も効率よく情報を吸収できるのは10分だと言われてい
ます。特に最初と最後の３分間がピークとされているので、実験をおこなうと
きはこの手法を参考にしてみてください。儀式があまり長時間に及ぶと、せっ
かく高めた生産エネルギー（力の円錐と呼ばれます）の大部分が削がれてしま
い、よい結果が出るには出たけれど、たいていは参加者全員が満足するような
成功が得られずに終わるのも、この集中力の問題が一因なのです。

～✺ パートナーと実験をおこなう ✺～

　現実をいえば、テレパシー実験はパートナーを選別する必要が出てくるまでは
かぎられたことしかできません。基本的に、パートナーとおこなう実験は、自
分に思考と感情の送受信をおこなう能力が備わっているかを確認するためのサ
ポート機能のようなものです。
　信頼できるパートナーを見つけることは、実験において重要不可欠な要素です。
私自身の経験をお話ししますと、パートナーが一種の嘘にまみれた生き方をし
ている人だったため、その人が真実を言っていると信じたいのに信じられない

という状況に陥ったことがありました。ボディランゲージまでもが問題は大ありだと大声で訴えていたこともあり、とうとう私は数ヶ月に及ぶ実験のいっさいを放棄することにしました。こつこつ取ってきた記録を全て破棄するのですから相当つらい経験でしたが、いい教訓にはなりました。その後、新しいパートナーと組んで実験をおこなったところ、前のパートナーと同じ結果が多く出たのですけれど、最初の実験で得た統計値を照合に使うことさえ何だか気が進まなかったものです。

　他者と協同で魔術を行使するときは、人の波動がそれぞれ異なっていることを忘れないでください。たとえば、ハリーと組んで数字、図形、色を送受信し合う実験を数ヶ月おこない、ふたりとも高確率で成功を記録したとします。だからといってシャーリーンと組んでも同じ結果が出るわけではないのですが、それでもシャーリーンを含めたまた別の人たちとの間に、それまで認められなかった一致やエネルギー転移がそのうちに起き始めるでしょう。

　思考の伝達がうまくいかなくてもがっかりしないでくださいね。精度を高めようと思ったら、あなたとあなたがメッセージを送ろうとしている相手の両方が物理的サインを読み取らなくてはなりませんし、パートナーの潜在意識が顕在意識に適切なシグナルを送っていない可能性だってあり得ます。それに、「メッセージを受け取ったけれど、不正解なのではないか、間違った行為ではないか、こんなことを口にしたら頭がおかしいと思われるんじゃないか」と相手が考えているせいかもしれませんから！

　テレパシーの対象を人間に限定せず、植物や動物でも試してみましょう。彼らとの接触は楽しいですし、いろいろと啓蒙されること間違いなしです。植物には両手で触れた状態で精霊と交信することをおすすめしますが、動物の場合はやめておきましょう。しつけや野生本能の問題で、あなたのジェスチャーが意図せぬ形で受け取られることが多いのです。

倫理とマインドリーディング

テレパシーは倫理に適った行為でしょうか。私たちは顕在意識の気づかぬと

ころで四六時中メッセージの送受信をおこなっているので、テレパシー自体はごく自然な行為といえます。テレパシーで「誘導」をかけて普段なら本人が思いつかないようなことをさせたり、テレパシーで集めた情報を悪用して誰かに害をなしたりしないかぎり、倫理的な問題には当たらないでしょう。しかし、まわりへの影響を含め、自分の行動がもたらす結果に対する全ての責任は自分で負わなくてはならないことは常に頭に入れておいてください。人間ですから、「いいから黙って口を閉じろ」と言いたくなるときだってあるでしょう。そんなときを始め、さまざまな状況への対処法はあとの章（第22章）で勉強します。

精神の力で物ごとは起こせるのか

　精神の力で物ごとを起こす——それこそが魔術の肝たる部分です。テレパシーとエンパシーの能力を磨くことはクラフトの技を磨くことです。将来的にこの能力を必要とするときが来ますので、備えておくといいでしょう。

サイコメトリー

　手に取った物体を通して所有者の感情や視覚を追体験する、あるいは残留思念を読み取る能力をサイコメトリーといいます。テレパシーの受信能力が高められた状態で、特定の人物、場所、事物に関する濃密な情報、物品にまつわる強い感情を受け取ることができるため、質問者不在の遠隔リーディングで重宝する能力です。

　手にした物品の残留エネルギーは顕在意識で検知されなくとも、潜在意識にきちんと取り込まれています。なので、物体と関係の深い人物、出来事に関する情報が画像や映像として浮かんでこなくても、または逆に、間違いなくその品物に由来する感情を覚えることがあっても、心配には及びません。

　サイコメトリーの回路を遮断した状態で人生のほとんどを過ごしてきたのですから、オンオフスイッチが錆びついて動かなくなっていたとしても当然といえましょう。この能力も練習を重ねることで精度を高められます。

考慮すべきこと

　物体は古いものほどアストラル体の痕跡や波動が残ります。写真を例にとっ
て説明しましょう。先週撮られた写真から伝わってくるイメージには以下のも
のが考えられます。

　フィルムを製造した工場。

　フィルムを販売した、もしくは現像した店。

　写真を撮った人物。

　最後に写真を手に取った人物。

　写真に写っている人物。

　まだまだあります。

　この例を踏まえ、75年前に撮られた写真にはどのようなイメージが宿ってい
るか、考えてみてください。

　また、物品が経験した重要な局面ほど支配的な印象となり得ます。前所有者が
水晶玉を使った瞑想中に人生を変える情景を幻視した場合、次の所有者となっ
たあなただけでなく、以降、この水晶玉に触った人たちのほとんどはこの劇的
な情景をいちばんにのぞくことでしょう。

　物品が習慣的に経験してきた状況や出来事も表面化しやすく、婚礼の日に母
から娘へと代々受け継がれてきたロケットからは悲しみ、心配、興奮、不安な
どが真っ先に感じられるものです。こういった物品は「曰く付き」といい、ど
れだけ鈍感な人でもその品に触れば心が沈み、憂鬱な気分になってしまうこと
があります。

　それだけならいいのですが、現所有者が物品にまつわる曰く（呪われている
など）を知っていると、自分にも同じことが起こるのではないかという思い込
みから、同様の物理的損失や状況に見舞われるかもしれません。潜在意識が呪
いを信じているため、状況をなぞってしまうのです。

　負のエネルギーパターンはこれまでに学んだ浄化と聖別の技法で洗い流すこ
とができます。必要な道具が揃わない場合は念の力、すなわち「意思の力」を
働かせて物体から取り除いたエネルギーを大地に沈め、大地母神に中和を託す

という方法も使えます。

　大勢の人とネットワーキングで手紙のやり取りをおこなっているなら、どういう「気分」で書かれた手紙か、どんなことが記されているかを開封する前に当ててみましょう。

　友人に頼んで、家族にまつわる思い出の品をいろいろと借りてみるのもいい方法です。来歴を含め、友人がよく知っている品を用意してもらったら、物品を左手に載せて品物か持ち主に関する情報を読み取ってみましょう。最初に思い浮かんだイメージを口に出し、友人と答え合わせをしてください。情報を読み取るときは手に持った品物をあまりちらちら見ないようにし、反対の手に持ち替えたり、第3の眼に当てたりして、イメージがいちばん思い浮かぶ方法を探してみましょう。

　3つ目のエクササイズには写真を使います。友人に彼らが知っている人物や場所の写真を用意してもらい、撮影場所やどれくらい前に撮られたものか、また、写っている人たちの感情を読み取ったらそれをメモし、答え合わせをおこないます。

　サイコメトリーの能力を使えば情報を読み取るだけでなく、特定の記憶や機能をチャージしたタリスマンやチャームのようなアイテムをつくることもできます。品物を手にした他者が自己暗示にかかるよう、物品を取り巻くアストラル領域に仕かけを施すのです。

　たとえば、友人に力とエネルギーを与えたいなら、水晶を第3の眼に当ててその感情に集中します。愛する人に贈る宝石には無償の愛をこめ、大事なものに勝手に触れられたくなければ「触るな」という念をこめておくか、触ると火傷をするイメージを植えつけておくといいでしょう。

✑✑✑　マインドパワー　✑✑✑

　本章では顕在意識と無意識のさまざまな使い方を勉強してきましたが、本当のところ、思念の力とはいったいどれほどのものなのでしょう。現実世界のようにその中で生きていける幻影をつくり出せるくらい？　それとも幻影が現実

そのものになるくらいでしょうか。

　本書を忠実に勉強してきたあなたなら、まわりを取り巻く世界と現実とが本書を読み始める前と今とでがらりと変わっていることにお気づきですね。不動だと思っていた限界値は変動し、過去に自分を縛りつけていた制約は消え、速度制限だって取り払われました。とはいえ、道の隆起には注意しないといけませんけれど！

　あなたは誰とでも同じ人間ではありません。行動には責任が伴うことを理解し、自分の人生を自分でコントロールすることができます。不満がまったくないとは言わないまでも、少なくとも自分が人の世を目的もなく漂っているわけではないことを理解し、努力はきっと報われることを知っているのですから。

　個人的な倫理観がのしかかり、技能の行使をためらったり、知識にしろ技能にしろ、魔術にはいっさい頼らず、あえて苦労をしたいと思う——そんな気分になるときがあるかもしれません。魔術の行使はずるをすること、安易な解決法だと思うことも。でも、霊能力は生まれつき人間に備わった自然な能力なのですから、せっかくの力を押し込めたり、他人に潰されるがままにしておいたりするほうがずっと不自然というものです。宇宙というのは実に豊かな場所で、自分の目的のためにあなたがふんだんに力を使ったとしても誰かの分を横取りすることにはならないので、どうぞ安心してください。

　ドルイドからウイッチ、儀式魔術師に至るまで、多くの魔術民が内なる迷妄に囚われ、最大の敵を自らの手でつくり出してきました。私たちの命取りとなる恐るべき敵は人間ではなく、たとえば以下に挙げられるような思念体なのです：

疑念

低い自尊心

膨らみきったエゴ

狭量（ほかの信仰に対してではなく、自分たちの同士である実践者に対して）

怠け癖

強欲

嫉妬

　これは一例でしかありませんが、言いたいことはおわかりでしょう。自分自身の精神がその力でもって私たちの首を絞めるか、世界の頂点に立たせるか。そのどちらになるかは自分たちの選択次第ということです。

　自分たちにそんなに強い「力」があるのなら、今生でもっとすばらしい成果が得られてしかるべきではないのか。そう思うだけならまだしも、「こうあればいいのに」と望み、欲望が引き起こす結果についてよく考えなかったせいで自分自身や愛する人を不注意に傷つけてしまい、それがために自分の力を恐れてしまう。落とし穴はまだまだあります。

　どれだけやる気に満ちあふれた学び手でも、魔術体系の実践を続けていると気力をくじかれてしまう局面には多々遭遇するものです。これは自然な反応ですから、そんなときは「宇宙は私たちの想像などとても及ばないほど緻密に練り上げられ、編み上げられた遠大な計画なのだ」と考えましょう。その遠大なる宇宙の周縁に自分がひとりぼっちで座り込んでいると思っているのなら、それは違います。あなたが苦戦しているその問題に頭を悩ませているのはあなたが初めてではありません。アトランティスのプリーストとプリースティスに始まり、テンプル騎士団、レッドガーター団、黄金の夜明け団、ロバート・コクラン、フロスト夫妻、そしてきっとレイモンド・バックランドの手によっても俎上に載せられ、失敗した挑戦と成功した勝利とを数多生み出してきた問題だということを知れば気が楽になるのではないでしょうか。

　それに、遠大なる計画は私たちを守る防波堤も用意しているので、いざというときはそれを頼りにすればいいのです。魔術は慌てず急がず、じっくり味わって楽しまないと！　あまり真剣になりすぎても失敗するだけですし、今生に生まれてきた以上、もっといろいろなことに目を向けないともったいないですからね。

　精神能力を鍛えるのに有効なのは教育と練習――ふたつとも、いかにも退屈な言葉ですけれど、精神力を増すことのできる楽しい方法を以下にいくつか紹介します。

焦点

　マインドパワーを使いこなすには、焦点の結び方を学びましょう。焦点を結

ぶ何より効果的な方法とはなんでしょう。人や物をじっと見つめ、一心に念じ
ればいいのでしょうか？

　違います。焦点を結ぶコツは、対象となる人や物の両側に真円をひとつずつ
イメージすることから始まります。前方を指し示すように人差し指をまっすぐ
に突き出し、右手の指で時計まわりに、左手の指で反時計まわりに円を描いて
ください。この反対方向に回転するふたつの円を取っかかりとして焦点を合わ
せていきます。

　この円が対象の中心で重なるように、ゆっくりと動かしていってください。エ
ネルギーの振動音が聴こえますか。対象の上で円が重なったらふたつ一緒に時
計まわりに回転させ、この状態で自分の望みを思念にこめて投射します。

手を使わずに機械を修理する

　ぜひとも習得したい技法ですが、機械を分解して組み立てる知識技術がなく
ともかまいません。むしろ、機械がどういう理屈で動くのかを知らないほうが
いいでしょう——ボタンをぽんと押したり、鍵を差し込んだりすれば動くとい
うことがわかっていれば充分です。

　隣人の車のエンジンがかからなくなったとしましょうか。そんなときは立っ
たまま、あるいは座ったままでじっと動かず、エンジンとの「同調」をおこ
なってください。目を閉じて、エンジンが動くのに必要な部品が全て完璧な状
態にあると想像します。エンジンが動く様子を視覚化し、エンジンが動く音を
聞きましょう（これがとても重要なのです）。あとは車のことを忘れてしまえば、
すぐにとはいいませんが、高確率で車は動き出しますよ。また、コンピュータ、
プリンタ、チェーンソー、芝刈り機、電子レンジなどでも使えることは、私自
身で実証ずみです。この技法を習得すれば、往来で立ち往生した車の後ろに座
り込んで（または乗ったまま）修理が来るのを待たなくてもすむでしょう！

駐車スペースを確保する

　車を降りてからお店やモールまで結構な距離を歩くのは誰だって嫌なもの。車
に乗り込んだら駐車場の最初の列など、車を停めたい場所を頭に思い描いてく
ださい。視覚化の対象は空いたスペースだけにします。私は基本的に列で選び、

その列に４、５箇所のスペースが空いている情景の視覚化をおこなっています。この方法で望む駐車スペースが確保できなかったことはほぼありません。

お金を早く手に入れる

　ジャネット・ファーラー、スチュワート・ファーラー夫妻の最新作『Spells and How They Work（まじないとその効能）』ではロマの友人から聞いたという、ちょっとしたおまじないが紹介されています。「トリンカ・ファイブ」と数回唱えるだけで、あら不思議！　私と娘が試してみたところ、お金が必要なときに充分な額が手に入りました。

失くした物を見つける

　心の中で失くした品を思い描き、黄金の光に包んで銀の紐を結びつけたら、その紐を引っ張って自分の手の中に品物が戻ってくるイメージの視覚化をおこないます。あとは忘れてしまえば、品物は１時間ぐらいで見つかるでしょう。ひょっとしたらもっと時間がかかるかもしれません。成功のコツは忘れてしまうことです。戻ってくる定めのものであれば戻ってきます。焦点をうまく結べなかったと思ったら、後日やり直してください。

　注意をひとつ：宝石／鉱石は決して失くなりません。失くしたように思えても、あなたが成長して石の力を必要としなくなったので、もっと必要としている人のもとへと移っただけなのです。水晶やお気に入りの石を失くしても、石が自分の力をいちばん必要としている場所に行ったのだと心得て、送り出してください。

赤信号に捕まらない方法

　子供がシートベルトを外してしまったとか、どうしてもマッチで煙草に火をつけたいという緊急事態でもないかぎり、赤信号に引っかかりたくはありません。車に乗り込む前、もしくは信号を20個越えた先にある場所に10分前に着いていないといけないのに５回目の赤信号に引っかかったときにこの呪文を唱えてみてください：

　　1で始まる、このまじない
　　2で信号は呼吸を合わせ
　　3で変わるよ、私のために青信号！
　　1……2……3！

　広げた右のてのひらでハンドルを軽く3度叩き、こう唱えます：

　　かくあれかし！

　道中、全ての信号が青になるイメージを視覚化し、まじないのことは忘れて車を走らせてください。

雪だまりやぬかるみから抜け出す方法

　まず、パニックを起こさないこと。次に、エンジンを吹かさないこと。雪にはまった場合は4頭の大きなホッキョクグマが、ぬかるみにはまった場合は4頭のマストドンが車の前面に太い銀の鎖でつながれているイメージを思い描きます。そして、車体をそっと揺らしながらアクセルをゆっくり踏み、ギアをリバースからドライブに入れる間、車を引っ張ってもらってください。

　大笑いされようと、実際、私は運転中に雪にはまったことはありませんし、カマロ、アリエス、ホーネット、それにブランドもわからないけれど不格好なステーションワゴンで雪が積もり路面が凍結した急勾配のハイウェイを走り、トラック、四駆車、トレーラートラック、チェーン付きの車を気分よく追い越しています！

見通しの悪い交差点で我が身を守る

　見通しの悪い交差点に突っ込むとき、十字路に信号のないハイウェイを突っ走っているときに、はっと息を呑む経験をしたことは誰にもあるでしょう。交差点が見えたら、フォースフィールドが壁をつくり、ハイウェイもしくは道路に出入りする道を遮断するイメージを思い描いてください。交差点を通過するときに壁を作動させ、通り過ぎたら壁を開放するか、撤去する視覚化をおこな

います。

ユニバーサル・テレフォン・ラインを使用する

　まず、コンタクトを取りたい相手のことを考えます。相手があなたに電話をかけるところ、もしくはあなたから「サリーだけど、元気？　しばらくぶりだから、どうしてるかなと思って」という感じで話しかけるところを想像するといいでしょう。

　メッセージは簡潔に留め、それを何度も何度も頭の中で繰り返します。頭の中で相手にコンタクトした日時と、実際に電話や訪問があった日時の両方をメモしておきましょう。充分に練習を積めば、24時間以内に連絡をもらえるようになるでしょう。

　24時間ほどの余裕を見るのは、送っているのが相手に電話をかけろという命令ではなく、「まだこの界層にいるから、電話ちょうだい」というメッセージでしかないからです。私と親友のシェリーの付き合いは長く、いわゆるツーカーの仲という奴ですが、数年前に偶然からテレパシーが通じることがわかりました。以来、お互いに何かというとテレパシーでコンタクトを取っています。

　ときおり、私のコンタクトに対する返事が1日2日、長ければ3日遅れることがあります。私のテレパシーが失敗したせいでしょうか。そうではありません。シェリーにはふたりの子供と夫がいて、家庭と仕事で忙しい上、いろいろな趣味もあります。彼女の思考は常時いろいろな方向に向けられているので、私のメッセージをいつでも受け取れる状態にあるわけではなく、受け取ったとしても疲れていたり、仕事で忙しかったりしてすぐには返事ができる状況にないことも考えられます。私がシェリーにテレパシーでメッセージを送るときは、「私はあなたのことを考えているよ」と伝える程度で、彼女の自由意志を侵害しないようにしています。

　彼女が電話をかけてきて「昨日、耳鳴りしてなかった？」と訊ねたり、私のほうが「そろそろ電話してくるんじゃないかって思ってたところよ。あなたのことを考えていたからね！」と言ったりするのは私たちにとってはおなじみのやり取りなのです。

相手に自分を思い出してもらう

　ある女性に自分のことを思い出してほしい場合、直接相手に焦点を合わせ、善意の温もりを伝えるように微笑みかけてください。相手が男性なら、直接焦点を合わせる点は同じですが、微笑みかける代わりに「危害を加えるつもりはありません、警戒しなくても大丈夫です」と（もちろん、心の中で）話しかけます。敬意を持って扱ってもらえるよう、あまり下手に出てはいけません。

　人には多面性があり、あなたが目にする面と目にしない面のふたつ、あるいはそれ以上の顔を持っているものです。初対面の人を相手にするときは特に、このことを心に留めておきましょう。

　カップルに会うときは先に同性の相手に集中し、何も警戒することはないと伝えましょう。あまりパートナーに注意を向けすぎると面倒を招きますから、気をつけてください。

～ まとめ ～

　ボディランゲージからマインドパワーまで、ここで手に入れたクラフトの新しい道具一式を活用し、世界をもっとすばらしく幸せな場所に変えていきましょう。詮索、盗み聞き、邪（よこしま）な目的のための情報収集といった悪事への利用は、最終的に自分に害をなすだけですから、魔術の業と同じく、行使の際は倫理基準を守ってください。

　難易度の高すぎる技法と思って敬遠するのはもったいないことです。ウイッチが自分たちの技能を最大限に活かしたなら、争いを避け、穏やかに過ごすことができます。違いはひとりの人間の手からつくり出せるもの。あなたの手で何かを変えていきましょう。

～ おすすめ書一覧 ～

• Richard Bach, *Illusions*. Dell Publishing.

（リチャード・バック『イリュージョン：退屈してる救世主の冒険』、集英社／
『イリュージョン：悩める救世主の不思議な体験』、集英社）

- Melita Denning and Osborne Phillips, *Practical Guide to Psychic Powers.* Llewellyn Publications.
- Diane Mariechild, *Mother Wit.* The Crossing Press.
- Michael Miller and Josephine Harper, *The Psychic Energy Workbook.* Aquarian Press.
- Mark Twain, "*The Mysterious Stranger.*"（短編）
  （マーク・トウェイン『不思議な少年』、岩波書店）

第20章
アストラル投射、バイロケーション、パワーアニマル

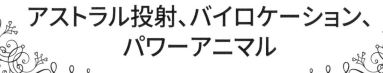

本章では中難度の技法を扱っており、すでに創造的視覚化（クリエイティブ・ビジュアライゼーション）を習得し、瞑想を満足におこなえるレベルまで上達していることを前提としています。

アストラル投射は科学的に体外離脱の一種として分類され、エネルギー身体を肉体から実際に投射する技法です。この「光体」は肉体と銀の紐によってつながれ、物質的身体が死ぬまで分離することはありません。

体外離脱がいちばんよく起こるのは睡眠周期の最中ですが、瞑想中にもおこなわれるほか、白昼夢もアストラル投射の媒体となります。

〜〜 体外離脱を自覚するには 〜〜

体外離脱は以下の感覚を判断の目安にすることができます。

1. 肉体から浮き上がって自分の体を見下ろし、銀の紐を実際に「見て」いるか、つながっていることを感じている状態。普通、完全な覚醒状態と実際の睡眠周期の間に位置づけられる黄昏時に起こります。
2. 「ヒューッ」と何かが駆け抜ける感覚とともに目が覚める。肉体に戻ったときにいろいろな情景が目の前を流れていきます。
3. 手足を動かせない状態――かすかに目が覚めているときに経験する一時的な麻痺です。この感覚はすぐに消えますが、不意打ちで来ると肉体が興奮状態に陥って落ち着かなさを覚えることがあります。
4. 人、場所、物が実際よりも巨大になる、あるいは極度の鮮やかさを帯び

て登場する、格別に鮮やかな夢。出てくる場所や人は初めて見るもので
ある場合が多いです。

　体外離脱が自然に起きるものとはいえ、その経験が全て記憶に留まるわけで
はありません。人は皆、生きているうちにアストラル界層を旅するものですが、
人生におけるあらゆる事柄は意識的にコントロールしなければいけないという
観念に囚われている人は、夢を媒介としなければなかなか体外離脱状態に入れ
ないでしょう。まずはコントロールできていないという不安から解放されない
ことには話にならないのです。

　現在、体外離脱は心の健康を回復させる手法として、大勢の精神科医および
心理療法カウンセラーによって施術に取り入れられています。施術の大部分は
「ハイヤーセルフ」とのコンタクトに使用され、それにより複雑に絡み合った問
題をほどいて単純化することで効果的に患者の治療に当たれるため、普通のカ
ウンセリングでは何ヶ月も、ときには何年もかかる時間を大幅に削減すること
ができるのです。

死んだように眠る

　アストラル旅行に出ている人の特徴として、なかなか目を覚まさない、ある
いは何をされても目を覚まさないほどの深い眠りに落ちている状態が挙げられ
ます。「死んだように眠る」という言いまわしは、この状態を表すぴったりの表
現といえるでしょう。顕在意識を内包する光体が肉体を物理的にベッドに置き
去りにしたまま休暇に出かけており、無意識ながらもアストラル投射で快適な状
態にあるため、誰かが起こそうとしているからといってすぐに戻る必要はない
と思い、ちょっとやそっとのことでは目覚めにくくなっているのです。

　長さにかかわらず、昏睡状態にある人は今生で何かしらのカルマ構造を解決
するために生まれてきた可能性があります。その場合、「生命維持装置を外す」
という行為は「外す」側と「外される」側、両方に重大な影響を及ぼすことに
なります。突拍子もない話に思えるでしょうけれど、この点はどうぞ留意して

おいてください。

　アストラル投射は夢幻状態、瞑想状態、バイロケーション（観察者と影武者^{ウォッチャー　ダブルボディ}を含みます）の3とおりの方法でおこなうことができます。

৫৫৫　夢幻状態　৫৫৫

　毎晩、アストラル旅行の記憶を思い出せると自分に言い聞かせ、プログラミングを施してから眠りに就きます。うまく思い出せるようになるまでに2、3週間かかるかもしれませんが、記憶はきっと蘇りますので、焦らず取り組みましょう。

　長くかかるようでしたら、睡眠時のメッセージを強化するためにアファメーションを毎日記してみてください。夜間の瞑想もかなり効果的です。旅行の記録を取るノートとペンを枕もとに用意することを忘れずに。

　夢の思い返しが上達するに連れ、夢幻状態での出来事もうまくコントロールできるようになります。最終的には行きたい場所、成し遂げたいこと、会いたい人を自由に盛り込めるようになるでしょう。

৫৫৫　瞑想状態　৫৫৫

　瞑想状態でアストラル投射がおこなわれると、体外離脱をより意識的にコントロールできるようになります。瞑想時の姿勢はどんなものでもかまいませんが、うつぶせだと成功率が高まるようです（夢幻状態で体外離脱がおこなわれるときの姿勢なので、肉体と無意識の両方が慣れているのです）。座った姿勢のほうがやりやすいのなら、それがいちばんですけれど！

　瞑想の章（第8章）でも触れたとおり、自分に合った瞑想スタイルを探しておくのは大事なことです。瞑想やアストラル旅行がうまく実践できないようであれば、専用のCDが市販されていますのでその力を借りたり、正統派の心地

よい音楽をかけて試してみましょう。

　魔術と同じく、アストラル旅行を意識的におこなうことは誰にでもできます。未知なる世界で自分を見失うのではないかという間違った不安を捨てること。成功の秘訣といえるのは、ただそれだけです。

アストラル旅行を意識的におこなう方法

　魔術やアストラル現象を扱う際に絶対不可欠な条件ですが、まずは邪魔の入らない場所を確保してください。深呼吸を数回繰り返して体から余計な力を抜きましょう。7つのチャクラを開放し、両手両足のチャクラも開いたら、身体を保護する青い光で全身が包まれ、黄金の光が体内で脈動するのをイメージします。この光があなたの光体です。肉体の形を保ったまま、光体を物質的身体から浮き上がらせます（光体の姿形を思いのままに変える方法はあとで学びます）。意識を光体に移動させたら、抜け殻になった肉体がいささかも損なわれることなく機能し続け、旅行を終えたときに安全に戻ってこられるイメージを思い描いてください。あなたの思念の働きで、イメージはそのとおりになるでしょう。

　この時点で、室内を移動できるほどアストラル体になじんでいるか、アストラル界層または物質界層に直接入っていくことのできる段階にあることでしょう。

　抜け殻になった肉体を見たら身体機能が停止するのではないかと思い、自分の体を見たがらない人もいますが、その心配はありません——でも、体を見たら瞬く間に肉体に引き戻され、ひどい動悸とともに目覚めてしまうことはあります。

　これは無視できない問題です。呼吸と鼓動のリズムが狂ってしまう可能性を考えると、心臓疾患を抱えている人は意識的な体外離脱を試みるべきではないでしょう。この話でアストラル投射に不安を感じた人は実践を一度取りやめ、数日置いて不安が和らぎ、投射を無理なくおこなえるようになってから再挑戦してください。心臓や呼吸器系の病気を患った経験がある人は、意識的な体外離脱をおこなわないことをおすすめします。

　前述したように、アストラル旅行の対象となる次元は地球次元とアストラル

次元（次元はほかにもありますが、今はこのふたつに限定します）のふたつで、人によってはどちらかの次元のほうが活動しやすい、ということもあるかもしれません。アストラル体での活動はビジョンクエストと呼ばれ、多くのシャーマンが利用している技法です。

アストラル旅行で何ができるか

　ほかの技能と同じく、あなたがやりたいことを満たしてくれます。実際に旅行に出かけるだけの余裕がない、あるいは物理的に行くことのできない場所に休暇気分で訪れる、どこにも見つけられない知識を探す、物質界層で人と出会い、あとでそのときの情報交換をする、実験目的のみで使用する——アストラル旅行の利用目的は人それぞれです。

　小旅行から帰ってきたアストラル体は肉体に戻る前に周辺をうろうろするか、すぐに合体しようとするものです。体外離脱中に肉体の眠りを妨げようとする動きがあった場合、肉体に戻るときに「ヒューッ」という感覚を覚えるでしょう。周囲の情景が目にも留まらぬ早さで流れていくことがありますが、心配には及びません——むしろ、すばらしい体験と思って楽しんでください。

　もうひとつ興味深い話をすると、アストラル体は「目に視える声」と呼ばれる特技を持っており、危険を感じたらこの強力で突き刺さるような振動を相手に浴びせることで自分の身を守れます。物質界層では間の抜けたしゃがれ声にしか聞こえないこの声は、アストラル界層では望まぬ存在を細切れにする力を持っています。

習うより慣れろ

　アストラル投射を意識的におこなう技術を学んだら、練習です。覚醒状態で簡単に訪れることのできる物質界層の場所を何箇所か選んでください。会いに行く旨をあらかじめ伝えてある友人を訪ねるのならいいのですが、そうでないなら公共の場所を選びましょう。実際に出かけていく前日辺りにアストラル旅行をおこない、投射中に見たことを記録します。花壇に咲いていた花、舗道のひび割れ、窓の色形など、覚えていることを全部書き出してください。信号機が故障しているとか、見慣れない広告看板、新しいお店なんかを見かけるかも

しれませんね。

　翌日、その場所に足を運び、リストの答え合わせをします。間違った箇所があってもショックを受けるには及びません。信号機は修理されたのでしょうし、花壇の花は植え替えられ、歩道は補修され、広告看板は取り替えられたのでしょう。次のエクササイズに自信を持って進めるまで練習を繰り返してください。

　このエクササイズには信頼できる友人の協力が必要です。友人に体外離脱をおこなう日時を伝え、その時間帯の自分の行動と周囲の様子を記録してもらいます。あなたの存在を意識していても、していなくてもかまいません。後日、互いの記録を比べて答え合わせをしてください。ふたつのエクササイズは上達するまで練習を続けましょう。実験の記録は正確につけてください。

～ バイロケーション ～

　夢幻状態、瞑想状態両方での体外離脱がなかなかうまくいかない人には、バイロケーションがおすすめです。何としても今すぐに知りたいことがあるのに、職場やダイニングルームにいるのでアストラル投射をおこなうためにうつぶせになるわけにはいかない。そんなときにもバイロケーションはおすすめです。

　基本的に、バイロケーションは瞑想状態に入るときとやることは同じなのですが、根本的に違うところがひとつあります——没入する瞑想とは違い、バイロケーションでは感覚が保持されるのです。座位が最適な姿勢です。

　バイロケーションの最中は、肉体のまわりで起きていることがぼんやりと意識されます。閉じた扉の向こうから漏れてくるテレビの音声、台所で食器洗い機が立てる音、地下室のボイラーの作動音などが完全に聞こえなくなる（顕在意識の認識から消える）ことはありません。

　バイロケーションでは通常の瞑想状態に入ったあと、自分にそっくりな姿を——光体ではなく幽体のような姿を頭の中で思い描き、経験した全ての情報をあなたにそのまま送ってくる——コンピュータ通信のように——ある種の無人航空機（ドローン）のような存在をつくり上げてください。その自分を誘導して部屋の

外、家の外、そして外の世界に連れ出します。用事がすんだら呼び戻し、自分自身に融合させます。この「存在」はウォッチャーとしても働きます。

ウォッチャー

　ウォッチャーはバイロケーションの過程でつくられる複製を指しますが、ここで紹介する例では一緒に旅をする必要はありません。目の前に立つよう指示を出し、手に入れたい情報の説明と戻ってくる時間を伝えたら、あなたは日常に戻ってください。

　指定した時刻になったらウォッチャーを呼び出し、集めてきた情報を全て伝えるよう指示します。顕在意識では理解できなくとも、ウォッチャーからもたらされた情報は全て潜在意識に取り込まれ、データとして蓄えられますのでご安心を。この知識はのちのち記憶として表面化するか、潜在意識で高速処理され、あなたは質問に対する答えをすでに知っていることに不意に気づくことになります。

　ウォッチャーの使役は目新しいものではなく、古代秘儀の実践者によって昔から使われている技法です。

　ウォッチャーはあなたの一部であって、肉体を持たない存在をつくり出しているのではありません。そういう存在を呼び出したいのであれば、まったく別の方法に頼ることになります。ですから、幽霊やガタガタ騒がしい音を立てる不思議な現象に嫌悪感を示すようであれば、問題はウォッチャーのような顕現化現象ではなく、自分自身にあるといえるでしょう。

拡大型バイロケーション

　バイロケーションには案内役の複製を必要としない方法もあり、最近読んだ本で使われていた「のぞき込み（オーバールッキング）」という言葉どおり、精神が高い視点から出来事や場所を眺めるやり方があります。椅子に座った体勢で瞑想状態に入り、望む場所（誰かの肩越しにのぞき込むような視点）に直接出かけていくのですが、通常のアストラル投射でおこなう「出かける」「帰ってくる」という過程がありません。移動時間なしで、一瞬であちこちに移動するのです。この技法を使えば他人に同化することも可能です——が、倫理など、いろいろと問題がありま

すので、私はおすすめしませんけれど。

　意識的にアストラル旅行をおこなっている最中に眠りに落ちてしまっても心配いりません。無意識に夢の周期に合わせたアストラル旅行を何度も繰り返してきた経験から、精神がきちんとあなたを連れ戻してくれますから。

ボディダブル

　アストラル体をしっかりとした物理的存在として他人の目にも見えるようにする能力をボディダブルと呼びます。並外れた技術と集中力を必要とする高度な技ですが、意識的に練習に取り組むほど上達は遅くなります。

　上達の秘訣は、影武者の姿形を心の中にしっかりとした像として可視化する方法を習得することです。バイロケーションまたはウォッチャーの練習を数多くこなしていると、自動的にボディダブルに移行することがときおり起こります。ボディダブルに挑戦するときは信頼の置けるパートナーと一緒におこない、成功を確認してもらわないといけないでしょう。

꧁ パワーアニマル ꧂

　パワーアニマルはウィッカンやウイッチクラフトの伝統ではなく、ネイティブアメリカンやシャーマンを始め、さまざまな部族組織に伝わってきたものです。たいていのカヴンは内々で、自分たちのグループを象徴するにふさわしい動物をトーテムとして戴いています。

　本章はアストラル投射について学ぶ章ですが、自身の知性を失うことなくアストラル体でトーテムと同化する　変　身　という技法がありますので、紹介していきます。

　ウイッチが使役するとされる「使い魔」とは、生活をともにして魔術関連の手助けをしてくれる動物のことを指します。有名なのは猫ですが、犬、蛇、フェレット、その他の小動物も物質界で使役される使い魔として知られています。使い魔はただの動物ではなく、あなたに霊的に寄り添って足りない部分を満たし

てくれる、特定の動物種の中でも特別な霊性を持った存在です。

　猫を飼っていても、その人がクラフトの入信者とはかぎりません。飼育スペースや賃貸条件、家族のアレルギー、世話をする時間などの理由から、全てのウイッチが生きた動物を使い魔にできるわけではないのです。使い魔はその種が持つ特性を体現し、ウイッチを動物界の力（パワー）――力の精髄（エッセンス）と結びつけてくれる存在です。「パワーアニマル」という名称もここに由来するものです。

　パワーアニマルは家庭で飼育されている動物でなくとも、アストラル体で十二分に、いえ、おそらくはそれ以上にウイッチの力となってくれます。狼やパンサーをパワーアニマルにすることはできますけれど、実際問題としてアパートメントの17階や、一軒家でも小さな子供がたくさんいる家庭では飼うわけにはいきませんよね？

　求めるエッセンスがペットとして通常飼われている小動物で全て賄えるかといえば、そうではありません。パンサーのメディスンを必要としている人がウサギを飼っても、何の用も足してはくれないでしょう。

　ウイッチが自分のパワーアニマルに選ぶのは、今生で担っている役割に近い力を象徴する動物や、ある魔術を実践する上で用意しなければならないメディスン（エネルギー）を供給してくれる動物であることが多いですが、多種多様な動物と協力関係を築きつつも、特別に敬意を払うのは1匹か2匹――3匹という場合も――だけという人もいます。

　中心となるパワーアニマルは、その動物種に対する親近感か、アストラル旅行や瞑想での出会いからそれと知ることができます。占術具としても使用できるメディスンカードというものが市販されていますから、これを使ってパワーアニマルを選ぶのもいいでしょう。カードで選べる動物の種類が少なすぎると思うなら、動物のメディスンについて学びながら、カードと一緒にほかの方法を併用しましょう。

　動物は種族ごとの特性、またはエッセンスを有しています。ネイティブアメリカンの動物観と彼らが信仰する動物たちの力についてまとめた本がありますが、動物たちが野生で果たす役割、人間との関係、そして魔術特性については本を読むなりして自分の目と耳で調べ、他者ではなく自分の解釈に従うべきでしょう。

アストラル界で自分のパワーアニマルに会う

　アストラル界層で自分のパワーアニマルと会い、自分に合ったアニマルメディスンを見つける方法はふたつあります。ひとつは自分でデザインした儀式を執りおこない、相性が最高で、実践中の魔術に力を貸してくれる動物のエッセンスを呼び出すことです。儀式が苦手な人は、代わりに慣れ親しんだ瞑想をおこない、アストラル界の森を散策して動物に出会うやり方を選ぶといいでしょう。

　儀式を通じて動物との出会いを求めた場合、その後、思いも寄らぬ場所で動物の絵を見かけたり、自然の姿を目にしたりするほか、シンクロして動物の話題が持ち上がる、本を見つけるなどの形で出会うことになります。たとえ一瞬の邂逅であっても、それが求めるメディスンであれば心がすぐに悟ってくれるでしょう。

　瞑想で動物に出会ったら、会話をしましょう。アストラル界では何でもありなのですから、どんどん質問をして新しいパートナーについて何でも知ることです。

　儀式後に動物を見たら、瞑想の時間をつくってください。関係を固め、動物とそのエッセンスについて知識を得るのは大事なことです。

パワーアニマルの力でできること

　パワーアニマルを手に入れたら、どんなことができるのでしょう。パワーアニマルはすばらしい助言者で、おそらくは私たちがほとんど注意を払ってこなかったハイヤーセルフの立場から忠告を与えてくれることもしばしばです。ずっと頭を悩ませている問題があるなら、瞑想状態に入って助力を求めましょう。動物たちが望めば、2匹のパワーアニマルが互いに協力して力を貸してくれることもあります。パワーアニマルとの対話は本当に興味深く、私はいつもたくさんの知恵を与えてもらっています。

　パワーアニマルは覚醒状態でもあなたを助けてくれます。誰かにものを教えているときに相手がよく理解してくれないようなら、狼の力を借りましょう。彼女はすばらしい教師なのです。

　キツネのように賢いとか、牡牛のように強いという昔からの表現がありますよね。偽装工作が必要なときは賢いキツネの兄弟を頼りましょう。英知を求め

るならワシの出番。オオヤマネコは秘密を隠し通すことに長け、白鳥はドリームタイムへの案内人です。庇護を司るのはパンサーですが、皮肉屋で呑気者の性格をしています。

　パワーアニマルは哺乳類にかぎりません。爬虫類界と昆虫界も頼もしい存在で、子供たちには動物と力を寄せ合うことでいろいろなことを上手にやり遂げられることを教えてくれます。我が家の末娘はいまだにトンボの姉妹（あんなに大きなトンボは見たことがありません）とのつながりを持ち続けているんですよ！　トンボはまやかしを打ち破る方法と、夢と目標を持つことで力を得る方法、そして高い目標を持つことを教えてくれます。

パワーアニマルを敬う

　動物を敬うことは崇拝とは違い、彼らの力に感謝し、全宇宙の兄弟姉妹として受け入れる行為に当たります。人間たちはずいぶん長い間、ほかの生き物たちを隷属させてきましたが、宇宙というシステムの中では全ての生き物は対等なのですから、私たちに力を貸してくれる動物たち鳥たちのエネルギーに敬意を払うのは当然の道理というものです。ネイティブアメリカンは地面に煙草の葉を撒き、生き物たちへの贈り物とします。あなたもお香を焚いて動物たちに敬意を表すといいでしょう。私は儀式を本式でおこなうときは常に自分のパワーアニマルを意識し、敬意の印としてちょっとした贈り物を用意します。祭壇に水晶や宝石を置くだけでもすてきな贈り物になりますよ。

シェイプシフティング

　シェイプシフティングにはアストラル界で光体をパワーアニマルに変化させる方法と、地球界層で肉体を動物のものに変化させる方法の2種類があり、人狼（ライカンスロピー）伝承はおそらくここに起源を求められます。非常に熟練したシャーマンは自身の人間としての肉体を動物の姿に変えることができるといわれています。

　もうひとつ、儀式の踊りの最中に動物霊が踊り手に取り憑くことがあり、これもシェイプシフティングの一種で、上述した二者の中間形態に当たります。外見が動物に変わるわけではないのですが、体がねじ曲がったり動物のような動きをしたり、ワシのように鳴く、ハヤブサのような叫び声を上げるといった動

物の鳴き声じみた音を出したりすることがあります。こういった変化を呼び込む力持つ踊りは、決められた魔法円の中でおこなうのであれば危険はありません。また、内部では動物との同化が起こることから踊り手は嗅覚や視覚が高まる、四肢が俊敏性を増す、動物的な荒々しい力を感じるなどの、今まで味わったことのない感覚を興奮状態で経験します。

　アストラル界で動物の姿を取ることは特に危険な行為ではありません。私はパンサーに変身していたときに少しひやりとした経験が一度あるのですが、そのときは私の（というか、獣自身の）力を持ったまま逃げ出そうとする獣をコントロールしなければなりませんでした。

　アストラル旅行をおこなったら、ノートに日付、時刻、月相、天候、健康状態、それにエクササイズの目的を忘れずに書き込み、正確な記録を残して研究に役立てましょう。

物理的に使い魔を迎える

　物理的に使い魔を持つことが可能なら、ぜひそうしましょう。どの動物にするかは慎重に選ばないといけません。でも、ときにあなたではなく、彼らのほうがあなたのもとに行くことを選ぶことがあります。

　我が家が使い魔を迎えたときの興味深いエピソードがありますので、ご紹介しましょう。私の第1希望は猫でしたが、夫が猫アレルギーなので家に迎えるわけにいかず、私は我が家にふさわしい使い魔を求める儀式をおこないました。個人的に思い描いていたのはジャーマンシェパードです。きっと子供たちの良き友になってくれるでしょうから。私は視覚化をおこない、家族の毎日に犬が寄り添い、魔術でも手助けをしてくれる風景を2週間イメージし続けました。犬は雄犬でなければいけません。雌犬と私は昔から相性が悪いのです。

　ある日の午後、私は原稿を届けるため、新聞社に立ち寄りました。ここではヤードセールなどを告知する情報紙も発行しています。どういう流れか、我が家に迎える動物を探している話になり、ある男性がシェルティーを売る広告を出していることを教えてもらいました。

　なるほど、シェルティーを。「ところで、シェルティーってどんな犬？」だって、興奮しやすい小型犬も、手に余る怪物もごめんです。すると、「コリーみた

いな犬ですよ」との返事。「少し小さいですけどね」

　電話番号を教えてもらい、その後少し経ってから連絡し、子供が数人いる家庭で、子供たちに寄り添う良き友人を探している旨を伝えました。

　「そうですね、うちでは子犬１匹につき200ドルでお譲りしてますよ」その返答にがっくりしてしまいました。広告を読んでいなかったのです。それに、犬を飼うことが自分の夢のひとつでも、犬１匹にそれだけのお金は払えません。

　「この子は最後の１匹なんですが」話は続きます。「妻がうちに残しておけないと言うんですよ。４ヶ月ほどの普通の子犬ですがね。しつけずみで、獣医にかかったばかりです」

　私は時間を取らせたことを詫び、買い手がすぐに見つかればいいですねと言いました。

　「お気に召しませんでしたか」

　「そうじゃないんです」私は説明します。「200ドルという額では、予算から少々足が出てしまうので。その子に200ドルの価値がないという意味ではありません」

　しばし沈黙したあと、電話相手は「今日の午後４時半に、うちまで来ていただけますか」と続け、道順を教えてくれるのですが、事態がまったくのみ込めません。犬を飼うだけのお金がないと説明したばかりです。

　私が繰り返すと、男性はこう訊きました。「お子さんが４人いらっしゃるんですよね？」

　「ええ、そうです」

　「それに、犬をお探しなんですよね？」

　「そうです」

　「じゃあ、この子を迎えてやってください。もうお宅の子ですよ……代金は結構です！」

　そうです、我が家の犬は、犬の霊が私たちを選んだのです。あとになって気づいたことですが、カントリー調の絵画があちこちに飾られている我が家にこの子はしっくりなじむのです。私が気づいたというか――人に指摘されて気づいたのですけれど。シェルティーは小型なのに、この子はコリーほどの大きさがあります。どうしてか、それは私にもわかりませんよ！

ᘓᘓ　まとめ　ᘓᘓ

　本章で学んだ技能を利用すれば物質界層、非物質界層のどちらでも、桁外れの機動力が手に入ります。習得に意識の焦点を合わせ、練習を重ねましょう。この技能は強い倫理意識のもとで使ってください。他人の事情をこそこそのぞき見るような行為はウイッチにふさわしくありません。

　誰かと組んでアストラル旅行をおこなうときは、訪ねていくことを必ず相手に知らせてください。予告もなしに押しかけていくと、相手が防御魔術で対応し、故意ではなくともあなたを退散させるべく攻撃を仕かけてきたとしたら、ひどい頭痛に苦しむことになりますよ。

　アストラル界は怖い場所ではありませんが、正しい意図のものしか存在しないと決めてかかると危険です。この界層には防壁となるものがなく、あなたが使う魔術は物質界層よりもずっと早く作用することを覚えておいてください。では、楽しい旅を！

ᘓᘓ　おすすめ書一覧　ᘓᘓ

- Lynn V. Andrews, *Jaguar Woman.* Harper & Row.
  （リン・アンドルーズ『ジャガーウーマン：蝶の木の教え』、光文社）
- Melita Denning and Osborne Phillips, *Practical Guide to Astral Projection.* Llewellyn Publications.
- Enid Hoffman, *Develop Your Psychic Skills.* Whitford Press.
- Jamie Sams, David Carson, and Angela C. Werneke(イラスト), *The Medicine Cards and Text.* Bear & Company.
  （ジェイミー・サムズ、デイビッド・カーソン『メディスン・カード』、ヴォイス）

第 21 章
死と転生

～～ たどり着く場所 ～～

　全ての宗教体系には肉体がその機能を止めたときに魂が昇って（または下って）いく場所があり、クラフトでは夏の地（サマーランド）と呼ばれます。地獄（ヘル）などの恐怖に支配された場所、呪われた地はクラフトには存在しません。死んだあとに何があるのか。いろいろと言われていることはありますが、サマーランドでは唯一の例外を除き、そのいっさいは白紙です。その例外というのが輪廻転生の概念です。

　死んだらどこへ行くのか。魂は肉体にいつ入るのか。この時代のこの惑星に、自分はどうして生まれてきたのだろうか。誕生と死、このふたつの神秘について人々は古代より真剣な対話を重ね、熱のこもった議論を交わしてきました。

　たいていは子供時代に親や宗教的指導者、社会から教えられたことを基盤とし、私たちは生死に関するこういった諸問題への意見、理論をごく早い段階で身につけていきますが、自分なりにいろいろと考えていくうちに論理の辻褄が合わない点、証明できない点に気づき、教えられたことに疑問を持つようになります。些細で取るに足りないことがきっかけであっても、一度芽吹いてしまった疑問はどんどん育ち、いずれは強烈な違和感へと変わっていくのです。

　たとえば、自分の母親が神格化しているハリー伯父さんが実はどうしようもなく不愉快で、心底ろくでもない人間であったことに、ある日気づいたとします。そのときを境にまわりの人々（大人たちはもはや尊敬の目で見上げる年上の人ではなくなりました）が頼り甲斐もなければ自制心もなく、知恵にはかぎりのある人間に見えてきて、その不信感はやがて（実際はそれほど老成してもいない）大人たちにそういうものとして教えられた世の中の仕組みにまで及ん

357

でいくのです。

　世界宗教のほとんどでは転生（リインカーネーション）——地球界層で繰り返される、生まれ、死に、また生まれ変わる論理的プロセス——が信仰されているほか、生まれ変わる魂は人間にかぎらず、植物や動物にも宿るとする輪廻（トランスミグレーション）も一部の宗教で信じられています。

　いわゆる死後の世界というものを信じている人はかなりの数に上りますが、死後に「何」があるのかに関してはまだ結論は出ていません。ウイッチクラフトでは大多数のトラディションが転生論を採用し、死と生まれ変わりの問題を説明しています。私たちの命が四季の移ろい、1年の車輪の周期、生と死、新生の繰り返しとともにめぐっていく点については考え方として理に適っているため、あまり疑問とされることはありません。

　知りたいのはひとつの生を終えて次の生へと移る間に何があるのか、人生の数、それぞれの人生を生きる意味です。「私たちは何者だったか」、「誰といたのか」、「いつ生きていたのか」も非常に好奇心をそそる問題です。

　転生論はさまざまな成長を遂げるにふさわしい魂の器を自分で選ぶということを基本前提としており、今生での目的はひとつではなく複数である場合がほとんどです。道々めぐり会う人たちと自分とを中心にして展開される状況がすんなり受け入れられるようになっているのはこのためです。作家のリチャード・バックは「生きているということは、まだ終わっていないことがあるということだ」と言っており、その著書『イリュージョン』ではこうも書いています：

　　　血の結びつきがあっても本当の家族とはいえない。真の家族たらしめる
　　絆とは互いの生き方を尊重し、喜び合うことにあり、家族が初めから同じ
　　屋根の下で成長することは稀なのだ。

　現時点ではまったくの赤の他人であるのに、無性に誰かを惹きつけてしまう理由がこれで説明できるでしょう。

　共通の使命を帯びた魂の集団が同時代に世界中で肉体を与えられて生まれてくると信じているウイッチは多く、血のつながりがなく、面識すらない相手から「兄弟」「姉妹」と呼ばれることがあるのにはこういう理由があるのです。

　集団転生論を信じているのはウイッチだけではありません。ニューエイジ運動に関わった大勢も信奉者です。

　ひとつの生を終えて次の生へと移る間に何が起きるのか、正解は誰にもわかりません。幽霊のように辺りを漂うのか。「守護者」となって愛する人や見知らぬ人を守るのか。天使になるのか。そもそも、天使って何者なの？　私たちに似ているの、まったく似ていないの？　ひょっとすると、ほかの惑星に行ったりして。もしかすると、地球人よりも進化した人々が生きて呼吸している別の次元に。それとも疲れを癒やす休息の地に赴き、最後の生で死に別れた人たちとくだらない話に花を咲かせたり、学んだこと、学ばなかったことを整理したりするのかしら。

　まあ、今ここに並べたことはどれもが正解なのだと私は思います――真実救いようのない人間でないかぎり、私たちにはちゃんとした選択権があるのだと。性根から腐りきっている人間だって、生まれ変わる前には「留置場」みたいなところに入れられるのでしょう（個人的な希望ですけれど）。いわゆる地獄のようなものは信じていませんが、ヒトラーみたいな邪悪の権化たちをぶち込んでおける場所は絶対にあってほしいものです。もちろん、ウイッチは地獄を信じていません。でも、地獄のようなものは死後の世界を待つまでもなく、私たちが今生きているこの界層にいくらでもつくれてしまうのは残念なことだと思います。

　たいていの人は死後、サマーランドに行く。こう考えるのは論理的な流れといえます。そこは魂が傷を癒やす休息の地――途中駅といってもいいでしょう――であり、生前に学んだ知識や教訓を広め、分類するための場所です。また、地元の墓場に取り憑いて私たち現世の人間に死後の世界があると教えるか、現世に戻って修復の必要があるものに手を貸すか、さらに先へと進むか。次の行き先を決める場所でもあります。

　ここで意味を持ってくるのが、「犠牲者は存在せず、いるのは志願者のみ」という言葉です。私たちは生まれ変わるときにいろいろなことを自分で選んでいきます。どんな親のもとに生まれ、どういう社会に生き、将来的にどのような職に就き、誰を助け、何をしなければいけないか（果たさなければいけないことがあるのにその何かがわからず、時間だけが刻々と過ぎていくような感覚の

正体です）、生き様と死に様、そして健康状態、生体の化学反応とDNA構造に至るまでを自分たちで選んでいるのです。ロケット科学者になれるだけの能力、アーティストや作家に名を連ねる才能を持つ者が私たちの中から登場することがあるのはこれが理由です。選ぶとはいいましたが、現世に戻ってきたときに全てががちがちに固定された変更不可能の決定事項になっているということではありません。たとえていうなら、旅の計画をあらかじめ立て、予定どおりに進むかは自分で決めるといった感じです。

　誰ひとりとして軽んじず、男女を等しく「つくられた」存在とし、どんな人間特性を備えるかを自分で選択する。転生は実に論理的なシステムです。

　最近読んだ記事によると、世界の始まりから地球に生まれた人間全員を足した数より、現在の人口のほうが多いそうです。これは転生論の信憑性を危うくするものでしょうか。確かに、全員が生きているとすると、地球上の生命から転生したという計算では追いつきません。でも、過去生では地球人ではなかった者の魂がたくさん存在しているとしたらどうでしょう。ご存じのように、今日の社会は地球以外の惑星や次元にも生命が存在するという考えに執心しており、ほぼ全員が一度はUFOを目撃したといってもいいくらいです。では、今地球にいる多くの魂が母なる地球を守るため、あるいはある種の宗教的、科学的目覚めをもたらすため、さまざまな惑星からやってきたということもあり得るのではないでしょうか。

　もうひとつ私が信じているのは、「老いたる魂（オールドソウル）」の中核をなす集団の存在です——いくつもの過去生を、おそらくはもう戻ってこなくてもかまわないほど生きてきた魂の持ち主ですが、人類の集合的運命の一助となる思想、行為を人類史に刻み込むために現世に戻ってくることを選んだ者たちです。

　クラフトの祭式には誕生、死、再生といった命の営みを中心軸に置いたものが非常に多く、成長サイクルの節目と連関している主要な祭日にて執りおこなわれます。ここで大きな意義を持つのは生や死が人生に訪れる一度きりの出来事ではなく、成長を経て死に至る生命周期の中で精神的、肉体的に数かぎりなく経験される点です。

　言ってしまえば、ほとんどの人間が恐れを抱いているのは死ぬことではなく、死ぬときの状況です。誰だって痛い思いはしたくないし、死ぬにしても望まし

い死に方、絶対に避けたい死に方というものを各人が持っています。ライオンに食べられることにとてつもない恐怖を抱いている（テキサス州のど真ん中に住んでいるというのに）者もいれば、火災や水害といった四大元素に命を奪われることを死ぬほど怖がっている者もいる。最高／最悪のシナリオが人によって違う点がまた不思議です。

　その理由として、3つの仮説が立てられます。ひとつ、子供時代の経験が恐怖心となって残っている。ふたつ、過去生でそういう死に方をした（いちばん下の息子がまだ3歳だったころ、飛行機が水中に沈んで死んだときの記憶を話してくれたことがありました——「誰も助けに来てくれなかったの……」あまりの臨場感に背筋がぞくっとしたことを、いまだにはっきりと思い出せます）。3つ、今生での死に方が定められているため、原因から少しでも身を遠ざけようとしている。

　こうした感情は実体験によるものかと見紛うばかりで、水辺に近づきたがらなかったり、大きかろうと小さかろうと船に乗ることを拒んだりと、影響はいろいろな形で現れます。ほかにも高いところを嫌う、飛行機や密閉空間、人の集団、慢性あるいは末期の病気への恐怖など、枚挙に暇がありません。現代科学が「恐怖症」と呼ぶこういった不安を前にすると、人の思考は理性的な働きを停止させ、覚醒状態にある意識はむき出しになった不安に完全に支配されてしまいます。

　恐怖症には催眠術、過去生への回帰、瞑想の技法で克服できるものと、訓練を受けた専門家の助けが必要なものがあります。そもそも、過去生回帰セラピー自体が、精神を扱うことに長けた現代の権威たちが退行療法によって現世の恐怖症を治療している最中に偶然見つけた方法なのです。

‿‿‿　過去世を思い出す　‿‿‿

　現世にはある目的があって生まれてきたのであり、その理由を自分でも知っているのなら、どうして過去の自分をわざわざ思い出す必要があるのでしょうか。人生を何度も生きることができるとして、実際に生きてきたとしたら、ど

うして断片的にしか過去の記憶を思い出せないのでしょうか。

　過去世の記憶を思い出せないのは、安全装置が働くためだというのが通説です。自責の念や悲嘆、後悔の感情が顕在意識に現れて、今生での責務に支障を来さないようにしているのです。

　たとえば身体障害者をからかうことや子供を苦しめることは映画であっても許せないといったように、あなたにはどうしても我慢できない事柄があるでしょうか。それはおそらく、偶然にか意図的にか、今は忌み嫌っていることを大昔にやってしまい、そのために自責の念を感じているせいです。

　生まれ変わりを知る前の幼かったころ、私は自分が子供であることに我慢がなりませんでした。もう嫌で嫌で仕方なくて、裏庭に座り込んでは「また」子供になってしまったことに対するどうしようもない嫌悪感についてよく考え込んだものです。恵まれない子供時代を過ごしていたのかというと、その逆です。裕福でもなければ貧しくもない家庭で育ち、両親は酒やドラッグに溺れることも、家族に暴力を振るうこともなければ、子供の前で口論することもありませんでした。

　けれど、幼心に物ごとが教えられたとおりではないことを知っていたので、私の胸には苛立ちが募っていたのです。日曜学校で教わったことは本当じゃない……間違った神学論を教えられているのだと知っていました。でも、それをどう言葉にすればいいのかは知りませんでしたし、まだ幼い自分では親と議論するわけにもいきません。世の中で常識としてまかり通っていることに苛立ちを募らせることと、幾重ものベールに包まれて日常に潜んでいる真実に爪を立てることは別物ですからね。

　親、学校、社会から受けた教育に囚われている子供には、自分の運命をコントロールすることはできません。だから、親になったときは特にそうですが、大人のほうで自分の子供時代のことを思い出して子供に接してあげないといけないのです。それに、「子供のように考える」ことで状況を存分に活用できる場合もありますし、自分の責任下にある子供の気持ちを理解するときにも大切になります。目の前の小さな子が直面している試練と苦難にあなたが対峙していたのは、思い出せないほどの大昔ではありませんよね？

　過去生は催眠誘導による過去生回帰、または瞑想を通じて思い出すことがで

きます。最近では過去生に回帰するための催眠誘導が収められたCDが書店に置かれていますね。

　基本的に、CDでは瞑想状態に入って数字を逆順に数えていくよう指示されます。蘇る記憶はランダムでしょうが、成功率を高めるには特定の過去生を突き止めたいというはっきりとした目的意識を持っていないといけません。精神のほうでいちばん必要とする記憶を選別し、残りの不要な記憶を捨ててしまうため、その人生で最も重要な出来事以外はぼんやりとしか思い出せないのが普通です。

　死後の世界は存在するのか、生まれ変わりはあり得るのか。多くの場合、人はその答えを何かのきっかけやある出来事を通して求めるもので、かくいう私も生と死の意味、そして生まれ変わりの可能性について調べるようになったのは母を亡くしてからでした。

　過去生を思い出す技法はほかにもあって、記憶を塞いでいる障害物を取り除く手伝いをしてくれるカードデッキも売られています。でも、このカードを慌てて買いに行く前に、まずは普段の瞑想技法に少し手を加えたものを試してみましょう。

　チャクラを開いたらいつものやり方で自分を守り、心の中にとても特別な場所を、自分しか知らない寺院をつくります。そこは大きな木を通り抜けて地下室への階段を降りていくか、海に歩いていって異界へと通じる黄金の扉を見つけないとたどり着けない場所——過去生の知識が収められた世界です。そこであなたは求める情報を与えてくれる存在か、必要な知識が収められている古い本に出会うでしょう。

　ほかにも、フローライトを持って普段どおりに瞑想をおこない、ハイヤーセルフに導きを求める方法もあります。チャクラを開いて自分を守ったら、「過去生のどんな出来事が今の苦難をもたらしているのか」といった質問をハイヤーセルフに訊ねてください。理由がわかれば、問題の解決や論理的な対処につながることが多くなりますからね。

　また、過去生の記憶が文字どおり一瞬のうちに目の前をよぎったかと思ったら、全てのかけらが瞬間的にあるべき場所にきちんと収まり、求めていた情報が全て頭の中に入っていたという経験をすることもあるかもしれません。

　現在の状況を読み解くために、一生分の壮大な物語を知る必要はありません。現在に直接影響を与えている箇所がわかればそれで充分です。細々とした日常のありふれた記憶（日付、場所、時間、名前など）を取り戻すのもすてきですが、簡単な質問に答えるために、ありとあらゆる情報を揃える必要はないのです。

　たとえば近しい誰か（好き嫌いは別として）との間に深刻な問題が起きたときなど、ある出来事や一連の状況に陥ったときに、私は過去生回帰の瞑想をおこないます。水晶やローズクォーツと比べると歴史の浅いフローライトは、ニューエイジとオカルト分野での利用法が発見されたばかりですが、私の場合、瞑想状態に入るときにこの石を持っていると成功率が非常に高くなります。情報の信頼性に関しても問題はありません。

　今紹介した例では、あなたは傍観者として過去の出来事に参加し、物ごとを観察してジレンマを解消する情報を持ち帰ることになります。このとき、情報以外にも過去生に習得していた技能を持ち帰ること、蘇らせることができます。

　過去生回帰を、現在抱えている問題に隠されている意味を発見するだけの方法と考えるのは間違いです。今回のライフサイクルにおいて欠けている技能があった場合、冬眠状態にある才能を過去生回帰を通じて目覚めさせることができるのです。

　書き物、足し算、庭仕事などをしていると思考停止に陥ることがある人、自分の仕事に満足がいかない、不満ばかりが目につくという人は、眠っている天性の才を目覚めさせてくれるよう瞑想状態でハイヤーセルフに頼めば、その才を顕在意識に持ち込むことができます。占いの腕を磨いているけれど、ある段階で足踏みをして殻を破れないという人は、潜在意識のバルブを開くことで、自分自身の内と集合的無意識の両方にある井戸から知識を汲み上げることができるでしょう。

～　自分なりの理論を構築する　～

生とは、死とは。死の先には何があるのか。「これは正しい。あれは間違い」

と教えてくれる人はいませんから、こうした命がめぐる周期については自分なりに考えを固めていかないといけません。理論の構築に際しては、人間が持っている闘争・逃走本能の大部分と、類人猿かスターピープル、あるいはその両方を先祖に持つ可能性を含めたありとあらゆることのおおもとである遺伝記憶のことを忘れないでくださいね！

　世界の仕組みを説明する理論は人の数だけあります。つまり生きている人も死んでいる人も、全員が自分だけの理論を持っているのです。答えを見つけるいちばんの方法は心を開け放って全てを受け入れること……そして、飽かず答えを探し続けることです。

‿‿ꙮ　死について　ꙮ‿‿

　タロットの死のカードは普通、物質的な死ではなく大きな変化を表します。死はすすけた屍衣をまとい、ぼろぼろの翼を持った闇の天使の姿で想像され、死と破壊が盛りだくさんのホラー映画は実際には経験することのないものを期待して鑑賞されます——映像に身代わりをさせることで、自分たちが空想する死があまり現実味を帯びないようにしたいのです。

　たいていの人は死というものについてあまり考えず、できるだけ遠ざけようとするものですが、抗いがたい魅力を感じるという人も少なくありません。数年前に、それをいやというほど痛感した出来事がありました。あるパーティに出席していた女性が、葬儀屋を職業としている男性に全身でアピールしているのを見たときのことです。

　死者を扱うことを生業としている人にどうしてあんなに入れ込めるのか、気味が悪いとしか思えなかった私にはまったく理解できませんでした。でも、あの女性にとっては興奮する要素でしかなかったのでしょう。彼女は隙あらばその男性への好意を口にし、仕事の内容を根掘り葉掘り聞き出そうとしていました。

　この女性は死と、死を扱う人の魅力にすっかり取り憑かれていたのです。彼女は死に神秘を感じており、日常的に死を扱っている人に触れることで死の天

使を瀬戸際に留めておけると思っていたのかもしれません。もっと楽しいことに話題が移ったときは、正直言ってありがたいと思いました。

　死の天使は正しくはアズラエルと呼ばれ、「異界」においてはミカエル、ラファエル、アリエル、ガブリエルといった有名な天使たちと同じ地位にあります。アズラエルの仕事は人々の命を奪うこと（私たちはそう考えがちですが）ではなく、ときが来たら決められた場所に連れて行くことです。おそらく、天の軍勢の中で最も孤独な天使といえるでしょう。アズラエルと彼が司る世界についてもっと詳しく知りたければ、章末のおすすめ書一覧をご参照ください。

　手っ取り早く死に慣れ親しむには、墓地を訪ねることをおすすめします——墓地といっても不気味なところばかりではありませんからね。夏の日に景色の美しい墓地を散策して魂に穏やかに話しかけることを知り、秋の満月の下で墓地をさすらって血がたぎるような興奮を味わってごらんなさい。こうした経験をしていると死が身近に感じられ、いざ死が間近に迫ったときに不安を取り除いてくれるでしょう。

　その昔、藁紙と拓本用のクレヨンを持って父とふたりでマサチューセッツの古い墓地に出かけ、墓石の彫刻を紙にこすりだして美しい作品をたくさん持ち帰ったことがありました。そのうちの2枚は今も我が家のダイニングルームに飾ってあります。我が家に足を踏み入れた人には変な家だと思われているようですが、これもまた私たちがたどる命の周期の一部ですし、私にとってはほかの誰かと興奮と感動を共有した最高の経験であり、父と一緒におこなった冒険の思い出なのです。

❧❧❧　死とウイッチクラフト　❧❧❧

　クラフトではサウィンと冬至のふたつが死に関する祭日として祝われます。サウィンは基本的に1年の最後の収穫に当たり、霊感がない人でも次元の入れ替わりを体感できるほどに世界間を隔てるヴェールが薄くなる日です。冬至には柊の王（死にゆく者）と樫の王（新たに生を受ける者）によって神聖なる戦いが繰り広げられます。

　カヴンでは死者の魂の扱いは参入者ではなく、普通は第3階級の、ときに第2階級のウィッチに任される仕事です。死者との対話をおこなう者は恐怖心のほとんどを捨て去らないといけません。また、全ての死者の霊（生者と言い換えてもかまいませんよ）が善良とも、ある程度の知性を備えているともかぎりませんので、制御が利かなくなったときに対処できるよう、魔術に関する知恵と才能を充分に身につけている必要があります。

　サウィンは死者の祭礼ですから、祖先の霊と交霊しなかったとしても、死者の饗宴をおこなって先祖の霊を祀ります——テーブルにひとり分の食事を用意して、亡くなった人をもてなすのです。儀式のあとに外に出て、伝統的なケーキとエールを口にするのも、同じ目的でおこなわれる習慣です。

　我が家では正面に面した主室の窓の前にジャック・オー・ランタンを置き、部屋の照明を消してひと晩中火を灯します。カボチャの横には黒いキャンドルも並べ、これも火は消さずにひと晩中燃やしておきます。

　占いもサウィンの慣習のひとつで、伝統的にはふたりが組になってウィージャ盤を使った降霊術をおこないますが、ソロのウイッチとして使用経験のある占術具を使ってもかまいません。

　冬至は死を主題とした祭日というよりは、犠牲的な死と新生を中心とした祭日です。魔法の力で生死に力を及ぼすといわれるヤドリギがこの日に採集されます。

　クラフトの祝祭は命の周期を祭るものですが、ウイッチは死を一時的な状態と見なすため、1年は死というよりも生の周期として考えられます。実際に車輪のめぐりのうちで死について思う日とされている時期もほんの少ししかありません——それがサウィンの祭日です。

　実は、ファッションとしては好んで黒を身につけたがるウイッチは、愛する人の葬儀では白をまといます。死は純粋な形態、あるいは光の形態への生まれ変わりを示すもの。白はその思想を反映している色なので、身にまとうことはウイッチ流の弔い方なのです。

　愛する人を喪うと、人は悲しみの周期に入ります。この過程にある友人を、ウイッチは放っておけません。ソロのウイッチとしてあなたが初めて誰かの力になるのは、おそらくは死が原因で苦しんでいる人に手を差し伸べるときでしょ

う。ソロとはいえ、私は1年に4つの葬儀を執りおこないました。私がおこなう葬儀は一般的なものとは多少毛色が違い、弔いの儀式で遺された人と悲しみの時間を共有したあと、プリースティスとして死者の国の門を開け、生者から死者に送られたメッセージを女神に届けてもらいます（門を閉じることを忘れると大変です！）。

　一周忌には1本のキャンドルに火を灯し、故人が地上で過ごした間に私たちにくれた贈り物に感謝を捧げます。

♪♪♪　死と誕生に関わる責任　♪♪♪

　ウイッカンやウイッチの組織の長、あるいはカヴンのハイ・プリースト／ハイ・プリースティスになることを計画しているのなら、ハンドファスティングの儀（結婚式）と洗礼（赤ん坊の誕生時）、葬儀を執りおこなえないといけません。

　こうした式は魔女団に所属していないソロであってもおこなえますから、家族や友人に「あなたからも祝福をちょうだい」と頼まれたときのために、準備をしておくといいでしょう。この場合、昔話に出てくる妖精の代母（フェアリー・ゴッドマザー）のような役割が期待されており、人生の節目となる式典にあなたが出席していると、本当に何かの魔法をかけてくれるんじゃないかというワクワク感と特別感が生まれるのです。ウイッチとしてのあなたの腕前を信じて疑っていない人はあなたに式を執りおこなってほしがるでしょうし、あなたを怒らせたらどうしようと（そんな心配はいらないのに）気が気でない人は遠慮するでしょうね。

　式の執行で法的な心配をしなくてはいけないのはただひとつ、ハンドファスティングの儀だけです。アメリカでは結婚式の執行に関する法律が州によって違いますので、違法性がないかはあらかじめ調べておかないといけません。州から認可を受けた結婚、標準的な宗教形式に則った結婚よりも、司式者の手によって今生を超えてなお続く絆で結ばれるハンドファスティングによる結婚のほうが遥かに神聖であると個人的には思っています。ハンドファスティングの儀で立てられる誓いはとても厳粛なものなので、ウイッチはまず試験的な期間

として契約（ハンドファスト）した 1 年間をともに過ごします。そして、その 1 年が過ぎたときにパートナーの双方に契約を続ける意志があった場合、今度は無期限の契約が改めて結ばれるのです。

　新生児のお祝いでは、子供の信仰の代理人として魔術名の名付け親になってくれと頼まれることがあります。名前は安易に選ばず、その子が受け継いだものをよく考え、子供を焦点とした瞑想をおこなうなどして慎重に決めてください。名付けのときが来たら、その子がタリスマンとして身につけておけるものを一緒に贈りましょう。宝石など、品位にあふれ、力に満ちた品を選んでください。出産祝いでたくさんもらっているであろう、ありきたりな「赤ちゃん用品」を選んではいけませんよ。ソロの沽券（こけん）に関わることですからね。

　死と転生を扱った章でハンドファスティングと洗礼について語っていることにはもちろん理由があります。結婚とは自己の一部（一部ですよ）が死に、新たな命の形を得て――和合という形で生まれ変わること。子供の洗礼は、死を経てまた地球次元に生まれ落ちたことを祝うものだからです。まだ自分で自分の身を守れない子供を守ってあげることは、大人であるあなたの義務と心得ましょう。教父（ゴッドファーザー）と教母（ゴッデスマザー）（いったいどこから思いついた言葉なのでしょう）がいる子供は、本当に恵まれていると思いますよ！

⤷⤷⤷　時間と知覚　⤶⤶⤶

　これまでは時間の流れをある出来事のあとにまた別の出来事が起きるもの、つまり直線的なものとして論じてきました。人間は時間の流れを認識する、もっというと発明することで、仕事を完了に導く論理的順序を手に入れたのです。

　熟練したウイッチには時間を進めること、巻き戻すこと、それに時間の進行を遅らせること、早めることができます。時間のありようはウイッチクラフトの外の世界で教えているとおりではありません。世間の常識に囚われていると、そんなことは不可能に思えるでしょう。

　時間は直線的に流れていくものではなく、過去、現在、未来で区別されることのない同一存在です。時間をさかのぼって知識や技能を現在に持ち込み、目

的の実現を助ける技法を学びましたが、逆に未来世を利用することも可能です。

　伝説のアトランティスが実は過去ではなく、未来に存在するものだと考えたことはあるでしょうか。伝説は残っているのに物理的な痕跡が何ひとつ存在していないのは、アトランティスがまだ建設されていないからだ。この説が正しいとは言いませんが、一考の価値はありそうです。アトランティスとは言わないまでも、たとえば――4、50年前のSF作家のアイディアだったら？　昔の作品に描かれていた未来で、現在実現されているものに心当たりはありませんか？　「惑星連邦」が存在する世界に現実が近づいているとは思いませんか？

　作家たちに霊感を与えてくれるミューズが未来のことを教えてくれたという可能性はありえないでしょうか。レオナルド・ダ・ヴィンチが万能の天才の異名を取る前から画家として名声を博していたことは誰もが知るとおりです。レオナルド本人は自身の職業を発明家と考えており、現代の飛行機や船舶の原型ともいえる空飛ぶ乗り物や船の設計図を残しています。ひょっとすると、こういったアイディアは空腹を訴える胃袋を慰めるためにモナリザを描いていたときにミューズが耳に入れてくれたものだったのかもしれません。モナリザの謎めいた微笑も、世代を超えてもなお時間を直線的なものとしか捉えられない人間の愚かさ（彼女はよくよく知っているのです）にずっと向けられていたのかも。レオナルド自身が自分の独創的な発明を未来から持ち帰った可能性だって、ないとは言いきれません。

　先の時間に進むには、過去に戻る瞑想と同じ技法が使えます。ただし、受動的な観察者だった過去生の瞑想とは違い、未来世の瞑想では自分から関わっていくことが求められます。一緒に森を歩きながら語るもよし、見慣れない住居で会うもよし。未来世の自分と話をして情報をもらってください。

　大釜を使った透視も、過去や未来とのつながりを見通すのに適した方法です。難問を抱えて誰かの忠告が欲しいときには未来の自分にコンタクトし、問題解決につながる知恵を借りてみてはいかがでしょうか。

時間を曲げる

　時間は意のままに曲げられます。17分後に会議が始まるのに、車で20分かかる場所に行かなくてはならないとき、どうすれば遅刻をせずにすむでしょうか

（ブレーキの存在を頭からすっかり消してアクセルを踏み込む以外でお願いします）。まずは落ち着くことです。交通事故で死んだウイッチなんて、何の役にも立ちませんからね。次に、必ず間に合うと信じてください。理屈はこの際いりません、遅刻はしないとただ信じるのです。音楽を聴いたりほかのことを考えたりして、運転中に不安が背骨を這い上がってこないようにしましょう。ダッシュボードの時計を見るのもなし、馬鹿みたいに飛ばすのもなしですよ。

　目的地に着いたら時計を見ます。間に合っていたら成功です。あなたは時間を曲げたのです。間に合わなかったら成功するまで挑戦してください。一度目標を達成したら、次からは30秒を目安に時間短縮を目指しましょう。

❧❧❧　まとめ　❧❧❧

　生と死の周期は心を幸せで満たしもすれば、苦痛で塗り込めてもしまうもの。今生で成功するつもりでいるならば、幸福の中で我慢を、苦痛の中で喜びを知ることを学ばなくてはいけません。それに、この世界から次の世界へと渡ったあとで自分たちに何が起きるのか、その答えも探さないといけません。求める答えが全ては見つからないにしろ、知識欲を満たすことで私たちがたどっている道をもっと歩きやすいものにすることはできるはずです。

　人が信じたいこと、求める答えはそれぞれ異なり、たったひとつの答えが万人を満足させることはありません。

　本来、時間に境界線は存在しません。人類は区切りを設けて時間をつくり出すことで計画的に生きる方法を手に入れ、個人のライフサイクルを確立させることにも成功しました。時間という概念と時間認識は人間の精神の内にしか存在せず、あなたは存在しない時計が時を刻む音に耳を傾けているのです。

　少し練習をすれば、時間を曲げること、変形させることは可能です。あちこち見てまわったり、通り抜けたり、超越したり、戻ったり、進んだり――時間旅行だって思うがままにできるでしょう。

おすすめ書一覧

- Ken Carey, *The Starseed Transmissions.* The Talman Company.
- Barbara Hand Clow, *Eye of the Centaur.* Bear & Company.
- Chris Griscom, *Time is an Illusion.* Simon & Schuster Inc.
- Jane Roberts, *The Education of Oversoul #7.* Pocket Books.
- Dick Sutphen, *Earthly Purpose.* Pocket Books.
- Leilah Wendell, *The Book of Azrael.* Westgate Press.
- Leilah Wendell, The *Necromantic Ritual Book.* Westgate Press.
- *Your Future Lives.*（アンソロジー）Whitford Press.

第**22**章
白の魔女なんていない

　クラフトの勉強を始めて2年ほどが経ったころ、夫が私にこう言いました。「白の魔女なんてものは実際には存在しないだろ。完全なる夢物語だ」

　まったくそのとおりです。あらかじめ説明しておきますが、「黒」の魔女も「白」の魔女も、人種をほのめかす意味合いが込められた言葉ではありません。負の魔術と正の魔術に一般人にもわかりやすい線引きをしなければと考えたどこかの誰かが、負の魔術には光を発さない真っ暗闇の意味で黒を、正の魔術には混じり気のない光の意味で白をあてがっただけなのです。

　実践している魔術を白／黒で区別するか、正／負で区別するかには、地域性が大きく関係してきます。私が住んでいる地域はパウワウ文化圏の臍に当たり、百年以上前から自分たちの業は「白」魔術だと教えられてきました。ですから、説明するまでもなく、ここに住む人々にとって白魔術といえば善いものです。パウワウ術者は癒やしを施してくれる存在なのだから、白魔術なら何でも善いものに決まっています。そして、何物にも反対があるとなれば——色相にも——白の反対といえば黒なのです。ちなみに、パウワウ術者は、ウイッチは黒魔術を使う邪悪な存在だとこの土地の人々に吹き込んで、いつの時代も悪者扱いしてきた張本人です。この迷妄は根深く、なかなか取り除けそうにありません。だって、ウイッチはパウワウの敵なのですから！

　出版されたほぼ全ての魔術教本は少なくとも1ページ、ひょっとするともう1ページを割き、魔術倫理を簡単に論じています。「3の法則」が提示され、しっぺ返しを食うから負の魔術に手を出してはいけないよという旨が内容のほとんどですが、この法則の解釈は本当にそれでいいのでしょうか。

　よくありません。念のため、3の法則は以下のとおりです：

3の法則を心に留めよ
汝が与えたものは3倍になって汝に返る。
この教えは心に刻め、
汝の報いが汝に返る！

　見た感じ、それほど難しいことは言っていないようです。誰かに何か善いことをしたら、3倍になって返ってきますよ。嫌なことをしたら、それ以上にひどいしっぺ返しを食らいますよ。そういうことです。この場合、悪いことが3度起きるとはかぎらず、3倍分の手痛い一撃を一度に受けることもあり得ます。簡単な話ですね。

　魔術を学び始めたころは魔術の腕も知識も専門技術も、何もかもが基本原理から逸脱することがないので、物ごとは恐ろしいほどきっちりと「可」「不可」のどちらかに分けられるものです。

　でも、きっちりと分けられていたその境界線は、腕前が上がるに連れ、どんどん曖昧になっていきます。もちろん、あなたが聖者だったら（あえて言いますが、まずあり得ないでしょうね）話は別ですけれど。

　能力の向上は世界を広げます。そのため、境界線の決定もどんどん難しくなっていき、何かミスを犯してしまうと――何かとても大きなミスを――放っておけないほど収拾のつかない事態を招く事態も考えられます。

　キリスト教が流れ込んでこなければ、今日のウイッチを悩ます大問題はひとつ減っていたと私は思っています。私たちの信仰を知った大勢のキリスト教徒が彼らの王国を去ってウイッチクラフトに宗旨変えしましたが、彼らはその頭に叩き込まれた「反対の頬を差し出せ」精神を染みつかせたまま私たちのもとにやってきたからです。

　現在の世界を動かしている者たちが、次代を継ぐ者たちが、穏和な人間であるのならそれでもいいでしょう。でも、現実はそれほど甘くはありません。実際のところ、クラフトにとって厄介なのは彼らの教義そのものより、教義をあちこちのクラフト組織に持ち込んだ人たちのほうなのです。この人たちが唱えるように、子供たちのためを思って私たちが地面に身を伏して両手を掲げ、降伏の意を示したところで、何ひとつ役に立つことはないでしょう。

誰かといさかいになったら

　かなり困った立場に陥ったときは、物ごとは何か目的があってあなたに引き寄せられて（あるいは、あなたが引き寄せられて）いるのですから、できるだけ論理的に思考をめぐらせ、原因の追及に努めましょう。占い、アストラル投射、防御魔法、使える技能を何でも使い、時間稼ぎをしてでも満足のいく解決策を見つけてください。

　魔術の力はもちろん頼りになりますが、常識と英知をもっと活躍させ、実際的な方法で問題解決に取り組む方法を紹介しましょう。白紙を1枚持って、静かな部屋、小川の辺、あるいは木陰——邪魔の入らない場所を好きに選んで腰を下ろし、紙の片側に「賛成」、反対側に「反対」と書いてください。これはプロコン・リストという意思決定法で、ほかにもイエス／ノーの答えが欲しいとき、二者択一を迫られている状況で利用でき、「賛成」側には計画を進めていくべき理由を、「反対」側には進めるべきではない理由を書き込んでいきます。

　コツは、素直な目で状況判断をおこなうことです。できあがったら書き出した内容を心の中で読み返してください。解決策がすぐに思い浮かんでこなくても大丈夫。紙を左手に持って基本的な瞑想手順に入り、ハイヤーセルフ、または宇宙にコンタクトし、現状でいちばんよい解決法を教えてもらいましょう。それでも答えが見つからなかったら、紙片をポケットに入れてその日1日を普段どおりに過ごしてください。夜になったら紙を枕の下に入れ、夢の中の自分に解決策を見つける手助けを指示します。現状でいちばんよい手と思われる解決策が見つかったら宇宙に感謝を捧げ、紙片は細かく破って外に撒いてください。

　魔術民を占っていると、「この苦境は過去生で私がやったことに原因があるんでしょうか」とよく訊ねられるのですが、別の人生で犯した悪行のせいで今生の自分が罰せられているのだと考えたがる人が多すぎるようです。過去生での過ちが今生の苦難を招いているとすぐ結びつけて考えるのはどうしてでしょう。そうしたほうが苦しみを受け入れやすくなる奇妙な理由があるのです。

　現世の苦しみの原因を過去生に求めることは体のいい言い訳になります。一触即発の緊張状態に身を投げ出して「ああ、もうひと蹴りお願いします！」と声

を上げ、夢と希望を潰す仕事を全能なる正義の伝達者に代わってもらえば、さほど怒りに身を削らずにすみますからね。でも、何ごとも「自業自得だ」と捉えるのは、常に正しい反応とはいえません。

　カルマは危機に際して用意されたいちばん楽な逃げ道ではありません。カルマの役割は物ごとのバランスを取ることです。だけど、宇宙はこの教義を唯一絶対の法則としてまわっているわけではなく、従うべき法則はほかにもあります。因果律は重要ではあっても全てではないのです。

　現世は多くのことを学ぶ場であるとともに、他者に手を差し伸べ、目標の達成と学びを助ける場でもあります。全ての状況がカルマの法則の結果とも、全ての苦難がカルマの反動によるものともかぎりません。同じように、出会う人全員がずっと以前によく知っていた人、関わったことがある人とはかぎらないのです。

　どうしても反りが合わない人がいたら、腹を立てる前にひと呼吸置き、ありとあらゆる角度からその人とのことを考え直してみましょう。全てを楽観的に捉えることで、大体は解決策が見つかります。ゴシップなんて腐ったミカンより性質（たち）の悪いものですから、見たこと、聞いたことを何でも鵜呑みにしないよう気をつけましょう。

　そもそも前提に行き違いがあると、それが原因であっという間に大論戦に発展してしまいます。誰かが言っていたから、何かで読んだから、それだけでは真実とは断言できませんし、その真実も人によって違うものだということを忘れてはいけません。怪しいと思ったら、情報源を確認してください。2次情報まで調べることは時間の無駄です。

　誰かと言い争いになったら、かっとなって言い返す前に精神的に一歩引き、自分が怒っている原因を特定します。ごまかしはなしです。自分は悪くないと言い張っても面倒なことになるだけですからね。いいですか、他人をコントロールすることはあなたがやるべきことではありません。あなたがやるべきなのは自分をコントロールすることと心得てください。

　防衛体勢に入るときは、ボディランゲージでもそれを示します。自分が逆上している原因が判明したら、次は相手が言葉の心不全を起こしている理由を探る番です。相手にはおそらく脅しか傷つけたいという意図があります。つられ

て感情的にならないように気をつけましょう。

　状況を論理的に判断するには、何が相手を怒らせているのかを考えます。何か
の誤解があるのでしょうか。誰か（恋人、ボーイフレンド、親、上司など）に
嫌な思いをさせられたから、あなたに八つ当たりをしているのでしょうか。何
か気に障ることをしてしまったせいで、自分がそのはけ口に選ばれたのでしょ
うか。あなたがやったことは八つ当たりをするための単なる言い訳でしょうか、
それとも本当に怒らせてしまったのでしょうか。相手は罪悪感を抱いているで
しょうか。あなたのほうはどうでしょう。

　解決策が見つからず、手に余るようなら、この問題は一度持ち帰って後日改
めて話し合いたいと落ち着いて申し出ましょう。でも、物理的な攻撃を受けて
戦うか逃げるかを選ばなくてはならない状況であれば、絶対に尻尾を巻いて逃
げ出してはいけませんよ。

　口論では一歩も引かず、冷静さを保つことが勝利の鍵です。守りに入ってはだ
め、攻めの姿勢を持ち続けて。声は低く、はっきりと。相手が甲高い声でわめ
いたら、こちらは逆に声をひそめ、ささやき程度にまで段々と小さくしていき
ます。こうすると、自分の怒りよりもあなたの声を聞き取ることに集中します
から、蒸気機関車みたいにピーピー騒いでいた口が静かになって攻守交代、相
手は自他ともに認めるしかない間抜け面を下げて立ち尽くすことになります。

　ときには無防備こそ最大の防御となることも覚えておきましょう。比較材料
をつらつら並べて反論しても、墓穴をどんどん掘るだけだとしたら、その反論
に意味はあるでしょうか。時間と労力を無駄にしているだけではありませんか。
攻撃の的になっていないものまで徹底的に叩き潰す気でいる人が相手なのです
か。火を消すことに必死になっていると、もっと大切なものを失ってしまうか
もしれません。そんなときは躊躇なく戦略に頼るべきです。たとえば：

　　　長引く戦いや抱えている問題がさらなる損害や資源の枯渇を招くおそれ
　　がある場合、退却は気高い戦術である。後日また打って出るためにも、兵
　　士と物資は可能なかぎり引き上げておかねばならないからだ。
　　　　　　　　　　　　　　——『アッティラ王が教える究極のリーダーシップ』より

　いざこざになったら口を開く前に「その価値があるか」と自問してください。他者にまじないをかけること、テレパシーによる誘導、パワードレイニングをクラフトでどう扱うかはトラディションや組織によってまちまちで、たとえば愛のまじないをかけてほしいと頼んだとき、特定の相手に何のためらいもなくかけてくれるウイッチもいれば、愛をもたらしてはあげるけれど相手の指定はできないというウイッチもいます。ことの是非についてはここでは論じませんが、まじないの一長一短を考慮して戦略を練るのは目に見える形でおこなわれる立派な魔術であり、結果を含め、全てを決めるのはあなただということを肝に銘じておきましょう。だけど、怒りや嫉妬、恨みのような感情が形成する思念体はどう扱えばいいのでしょうか。

　私たちは人間ですから、当然感情があります。そのうち、怒りの感情は私たちの気づきにくいところで心身を蝕むことを知っておきましょう。その深刻さは負のまじないをかけたときに匹敵するどころか、むき出しの感情に大量にさらされる分、危険性は高いといえます。世の中に完全無欠の聖人君子など存在しないことは私たち皆が知っています。どんなに穏やかで愛情深い人だって、腹を立てることがあるのです！　でも、ときに怒ることは健康の証。怒りやフラストレーションを発散させずため込むことは、精神衛生上よくありません。

　とはいえ、これではまるでジョセフ・ヘラーの小説『キャッチ＝22』。私たちは主人公のヨッサリアン大尉のように両立し得ない状況に囚われてあがくよりほかないのでしょうか――SFの古典名作になぞらえて悦に入ったところで、私たちのジレンマが解消されるわけではありません。

　行動とその副次的作用について理解するために、ひとつ実験をしてみましょう。実験場所には水面の穏やかな湖か池、流れの静かな小川が最適です。小石をひとつ手に取り、自分がこの小石になったイメージを思い描いてください。それから、「行動が起きた」と胸の内で呟きながら、水面に向かって投げ込みます。石が飛び込んだことで水柱が上がりますね。この初めに上がった水柱を行動によってもたらされた主な結果と考えてください。

　石が投げ込まれたことによる衝撃は、水面にいくつもの同心円を生み出します。この同心円は投げ込まれた石、つまりあなたの行動がつくり出した副次的作用を表します。始めから水面にくっきりとした形を刻む円もあれば、よく目

を凝らさないと見えてこない円もあるのがわかりますか。これを踏まえて水面に与えられた衝撃を善いおこないとして考えると、善いおこないは周囲を取り巻くありとあらゆるものを振動させ、本質的に正なる変化をもたらすことが見えてくるでしょう。

衝撃を負のおこないとして見る場合、行動が人々を含めた周囲に与える影響はドミノ効果で考えます。子供や大人に講釈しているときに、彼らが「行動」対「副次的作用」の構図や行動には責任が生じる理由をいまいちわかっていないようであれば、この例えは覿面（てきめん）に理解を助けてくれますよ。

魔術民の一員となったあなたは知識を身につけたことにより、相応の責任をも負いました。魔術はたしなむ程度で終わらせてはいけませんが、何にでも効く万能薬扱いをするのもやめましょう。常識、英知、強固な価値観が備わっていない者に、ウイッチとして生きる道を踏み出すことはできません。魔術はあなたにたくさんのいいものをもたらしてくれます。そして、それを享受するうちに、自分の行動も振る舞いも、最終的に運命の形を決めることも、全てはあなた、ほかの誰でもないあなたにしか持てない責任であることがわかってくるでしょう。

～～～　クラフトの向かう先とは？　～～～

以下はあくまでも個人による見解ですので、世の中にはこういう考え方もあるのだなという程度にお受け取りください。私の考えでは、まず、クラフトの男性的側面と女性的側面が互いに調和するようになるでしょう。女性が完璧な男性を切望し、男性が完璧な女性を求めることで、今度は男神と女神が互いを求め合い——陰と陽が引かれ合い——〈あらゆる全て〉（ジ・オール）……〈一なる者〉（ザ・ワン）への回帰を目指します。男女はその性別的象徴性を二度と損なうことなく補完し合い、最後にはひとつに、対等な存在となって結ばれます。

同時に、父権的宗教の崩壊が完了します。現在の世の中の動きに目を配っていれば、大物がひとりずつ失脚し始めていることに気づくでしょう。キリスト教の救い主はついに花嫁を迎えます——彼らはその相手は教会だと信じさせよ

うとしていますが、そうではありません。どんな姿を取ろうとも、救い主は花嫁に女神をめとり、全能なる嫉妬深き父は地に膝を突くことでしょう。

　僕のニューエイジの知識はほぼテレビの人気教会番組で培ったようなものさ、とある知人が言いました。ドキュメンタリー、罪深き者にお金を出させるクイズ番組の手法、トークショーの雰囲気が渾然一体となった、ある長寿番組のことです。「番組がわざわざニューエイジの邪悪さについて特集してくれたおかげだね。言うほど邪悪には思えなかったかな。キリスト教の教義がニューエイジにどれだけ毒されているかっていうのが番組の趣旨なんだけど、的外れなことばっかり言ってるようで、正しいことはひとつだけあったようだよ」彼は言います。「自分たちの番組で30分もニューエイジについて扱ってるのを観れば、確かに毒されてるってことがわかるよね！」番組の収益のために最先端のマーケティングの手法が凝らされていることにも、この人は驚いていました。

　私個人の見解ですが、ニューエイジ現象における主な触媒となるのはキリスト教教義の女性信奉者たちでしょう。彼女たちが長い間捧げてきたお金、時間、支援をただ受け取るだけで、教会はろくな見返りもくれません。キャリアウーマンとして社会に出て、子供たちを最寄りの託児所に預け（そうするしかないのです）、家庭と仕事を両立させる彼女らを、教会は少しも支えてくれません──ここには寄り添ってくれる神様がいないのですから。

　その上、暮らしのために働く女性には残念ながら厳しい非難が寄せられることの多い世の中です。子供たちを育て、よい妻となって家庭を守るべきなのに、外を出歩くとは何ごとかというのです。不倫をしても夫が咎められることはありません。夫婦の夜の営みがもうずっとなかったとしても、妻は不貞を働いた夫を黙って支えないといけないのです。

　そんな宗教に地獄に落ちるぞと脅されたところで、誰が心配をするでしょう。もうすでに生き地獄にいるようなものなのに。今こそ、女性が支援を受けられるだけでなく、対等の立場で受け入れられる新しい宗教構造を探すときに相違ありません。ニューエイジに入り、新世代のウイッチの一員となるときが来たのです。

　ストレスが限界に近づいているのは男性も同様です。妻たち、恋人たちは家の主である自分に対し、戦士のごとく振る舞い始めました。張り合うように外

で働き出すし、家事を分担しろと口うるさく言ってくるし、子供の面倒も半分見なくてはいけません。

　繊細であれ。でも弱い男はだめ。それに、昔気質の「南部親父（グッド・オールド・ボーイ）」のように妻を扱うことも許されません。もしも夫が声高に、俺のほうがおまえを尻に敷いてやるぞと宣言したら、何という思い違いとばかりに妻からだけでなく、妻の友人、母親、姉妹、いることさえ知らなかったいろんな女性から、いっせいに責め立てられることでしょう。

　昔は妻に会わせさえしなければ愛人を持てたし、妻と愛人の役割はしっかりと固定されていたものでした。これはキリスト教徒にふさわしくもなければ、間違いなくアメリカにもふさわしいことではなかったはずですけどね。

　今では妻と愛人の役割が分けられることはなくなったので、自分の選択に満足できない男は命日を指折り数えて待たないといけません！

　加えて、今現在幅を利かせている宗教は、男性にも彼らが必要とする支援を与えていないのが現状だと思います。今の父権的構造の中で男たちにできることといったら男女平等の流れに乗るか、男女の役割の変化に抵抗して最後の最後まで悪あがきを続けるかの２択しかありません。だって彼らが奉じる宗教は、朝になったら子供たちをスクールバスに乗せる母親、明かりを消したあとは夜伽をするシャハラザードと、ふたつの顔を持つ女性の扱い方を教えてくれないのですもの。

　これが間違いなのです。変化せずに生存競争を戦えと教えているのはキリスト教だけではありません。世界中に存在するほかのアンバランスなシステム同様、ムスリムもまた何ひとつ変わるまいと時代の流れに爪を立てて抗っています。

　変化する者たちが生き残り、変化する者同士、まったく対等な立場で互いに身を寄せ合うでしょう。変化しない者は死ぬでしょう。この未来を私が今生で目にすることはないと思っていますが、私の子供たちは時代の目撃者となるかもしれません。自分たちは皆が同じ方向に進んでおり（そのとおりです）、いつかは〈一なる者〉として統合される日が来ることに全ての宗教が突然気づく瞬間は、そう遠くないのではないかと思うのです。

第23章
戸棚の外へ

真実を言うべきか、言わざるべきか

　ウイッチクラフト信仰がすっかり身になじんだと思ったら、次はその信仰の強さについてじっくり考えていく番です。世間から猛烈な攻撃を受けてもくじけずにいられるでしょうか。家族、同僚、ご近所、教会関係者、友人相手にクラフトの話をした場合、失うものは何だと思いますか。逆に、得るものは何でしょうか。

　本書の執筆に取りかかったころの私は「戸棚の中」の魔女でした。ウイッチであることをまわりに隠しており、夫以外に私の個人的な信仰を知る人はいなかったのですが、本が形になるにつれ、クラフト信奉者としての私の生き方も形を帯びていきました。うちの子供たちや友人にクラフトの手ほどきをするようになったのです。今では助けを求めて我が家を訪れた人にも私の教え子がいます。

　ひた隠しにしていた信仰を公言できるようになるまでは、時間のかかる長い道のりでした。私のように大きくはない街に住んでいるウイッチには簡単なことではありません。仕事をクビになり、騙され、友人を失いました——退屈で自分勝手な友人たちでしたが、クラフトの兄弟姉妹がその穴を埋めて余りある友情を与えてくれ、今の私は誰かに依存していた昔とは違い、いろいろな人といろいろなものを共有する人間になったのです。

　最初に打ち明けたのは父です。次に子供たち、それから親友のふたり、数年来の知人。そのあとはまだ私のことをよく知らない相手にまで範囲を広げました。新しい雇い主もそのひとりで、採用前にウイッチだと明かしても問題なく受け入れてくれました。でも、何も考えずに方々でぺらぺらしゃべっていたわ

けではありません。私個人の人となりよりウイッチであることが先行してしまわないよう、子供たちが心ない攻撃にさらされることがないよう、最大限に終始気を配っていました。子供には子供の道があるのに、親の信仰のせいでいわれない差別を受けるなんて、絶対にあってはならないことです。

　新しくできた友人に、先月、こう言われました。「あら、あなたってすごく普通の人なのね！」そうなんです。ソロの実践者として長らく活動していると、そのうちにクラフトが人生の大部分を占めるようになり、「他人にどう思われているか」なんてまったく気にならなくなるものなのです。

　魔術はたしなむ人を選びませんが、クラフトは違います。まわりに理解されなくとも、いつか社会に受け入れられる日までその信仰を守り抜き、生きる道とし、他者と経験を共有できる強い魂の持ち主でなければいけません。雌伏の時代が終わるとき、私たちが見た夢は新世代のウイッチたちに継がれ、夢想を超える花を咲かせてくれることでしょう。

　魔術をおこなっていることは、いつか必ず人に知られます。そのときにごまかさずきちんと認めたなら、それを境に振る舞い方ががらりと変わることでしょう（自信がそうさせるのです）。つかえが取れたことではきはきとしてくるか、敏感になるか、道徳観が強くなるか。あるいは幸せになるか、裕福になるか、健康的になるか。その影響は人それぞれです。夢を見るだけで毎日を過ごしている人たちを尻目に、あなたはどんどん夢を叶えてごらんなさい。どちらが正しかったかは誰の目にも明らかになるでしょう！

　自分たちと同じ悲劇的状況に遭遇してもあなただけが可哀相な自分に酔っていないというだけで、怖がられることがあるかもしれません。そんなときは疑いの目を避けるために、自分が熱中しているものについて話したほうがいいでしょう。また、ウイッチは真実をもたらし、真実を口にすることを恐れませんが、世の中は嘘にまみれて生きている人がほとんどで、ウイッチの価値観に興味がないことも知っておきましょう。羊だったあなたはもういません。今のあなたは狼なのです。

⟢⟢⟢　質問　⟣⟣⟣

　信仰についての質問は、最初はなかなか答えにくいものと思います。質問には真実で答えたいけれど、真実を答えたところできちんと理解してもらえないのがわかっているのは悩ましいものです。知り合いからよく訊かれる質問は「自分がウイッチだってどうやってわかるの」と「つまるところ、ウイッチって何をするの」のふたつでしょうか。

　前者はかなり馬鹿らしい質問ですが、いざ答えるとなると言葉に詰まってしまいます。魔女といえば歴史やら何らかの力の源（たいてい、善くはないもの）と結びつけて考え、宗教に関係するとは思っていない人間ならではの疑問です。こういう質問をされたら相手の信仰を訊き出し、何をもって信者と考えるのか、逆に質問するのがいちばんです。相手が特に信仰を持っていなかったら、キリスト教徒は何をもってキリスト教徒と考えるのか、イスラム教徒は、と訊ねましょう。

　よく知らない人に「ウイッチは何をするの」、「ウイッチのこと、全部教えて」と訊かれたときは、返答によくよく気をつけないといけません。簡単には答えず、本書ですでに学んだ会話術を駆使し、相手が自分の話をするよう仕向けましょう。初対面だから深くは教えてもらえなかったけれど、自分の話をたくさん聞いてくれていい人だと思って別れてもらうのです。

　ウイッチクラフトについて語るには時間も場所も適切でない場合、話題から気を逸らすにはどうすればいいのでしょう。これは簡単です。本当は何が知りたいのですかと、訊き返すのです。この手の質問はほぼ確実に曖昧ですから、曖昧な質問には曖昧な答えを返し、あとは彼ら自身のことを何か質問してください。人間は自分語りの好きな生き物ですから、すぐにおしゃべりに夢中になってしまうでしょう。

　真面目に答えてあげたいと思ったときは、あとで電話をかけてもらうか、改めて会う機会を持ちましょう。子供のピアノ発表会や、日曜のソフトボールの試合中のダグアウトではろくな話ができませんからね。

♪♪♪　やめたほうがいいこと　♪♪♪

　映画のダイアローグでは発言は全て理解され、会話の脈絡は論理の糸らしきものによって一貫して保持されますが、日常会話はそんなふうには進みません。現実の人々は早口すぎたり、文章を飛ばしたり、優しい言葉を口にしている途中で怒り出したりするので、ぼんやり会話に参加していると状況の変化についていけなくなって、鈍くさい姿をさらす羽目になるでしょう。

　去年の作家仲間の会合であった、会話が手に負えなくなったときの話です。ある参加者（あまりよく存じ上げない方です）が私の胸もとから星のペンダント（五芒星ではなく、単なる星形のアクセサリーでしたが、魔力がこめられていました）をつまみ上げると、サタンのシンボルを身につけているといきなり言いがかりをつけてきたのです。

　思ってもみなかった事態ですが、当然想定しておくべきでした。「違います！」と、きつく言い返しても、「そうだろ！」と、相手も声を張り上げて譲りません。互いに一歩も引かず、子供じみたやり取りは私が「違う」よりはもうちょっと長い文章で反論するまで続き、相手にようやく撤回させることができました。まわりの参加者たちはトワイライトゾーンから出て来たものを見るような目で私たちを見つめています。こうやって当時を思い返している私自身、信仰を守ることに必死になって、隠し通してきた努力を全て水の泡にしてしまった自分の馬鹿さ加減が信じられません。

　でも、結果的にはよい方向に転がりました。今では会に出ていたほとんどの人が私のことをウイッチ、あるいはオカルトに興味のある人間だと知っています。避ける人もいますけれど、ほとんどの人は変わらず接してくれていますし、喧嘩の当事者はあれ以来、会には出席していません。魔術的に意味のある宝石を人前で身につけたり、何かしら普通ではない行動、言動を取ったりする場合は、どんな事態になってもすぐ釈明できるよう日ごろから準備をしておきなさいという、よい教訓になりました。

　新世代のウイッチの中にはクラフトの「派手な飾り」的な部分ばかりを楽しむ人もいます。この人たちは決まって黒い服を身にまとい、耳首手足、つけら

れる部分ならどこにでも魔術的なアクセサリーをじゃらじゃらぶら下げて街中を闊歩しています。ウイッチたちが皆一度は通るものの、長居はしない道です。いかにもな服装と振る舞いで「私を見て──ウイッチが行くわよ！」なんてことを常に全身で叫んでいたら、自分から面倒を招いているとしか思われませんからね。

　本書の執筆は私と家族が戸棚の外に踏み出した第2歩目に当たります。私が本を書いていることは大勢が知っていましたが、誰かが興味を示すことは特になく、私のほうもあまり話題には出しませんでした。それが、ルウェリン社からの出版が決まるや、本についていろいろ訊かれるようになったのです。でも、「何の本なの？」と訊かれ、うまい答えを返せたためしはありませんでした。

　最初は「人生をより良いものにし、幸せに生きる方法について」と答えていたのですが、確かにそのとおりではあっても、これではどうも説明不充分です。出版が決まる前年の夏、自分がちゃんと血の通った人間であることを知ってもらうため、私は地域に溶け込もうと精一杯に頑張りました。本について訊かれたら、ためらいながらも「オカルトの本で、人生に前向きに生きる力をもたらす方法について教えているの」と答えることにしたのですが、これも何だか偉そうなので、飾り気を極力取り去った結果、こうなりました。「ウイッチクラフトの本です」あとは好きに取ってくれればいいのです。

他人を助けるとき

　助けを求めている人がいたら、余程の無理を強いられないかぎり、手を差し伸べてください。普通の方法なら何か役に立つアドバイス、魔術ならまじないや儀式という形で、助けはどんなふうにも差し出せます。同様に、できもしないことをできると言い張るのは相手だけでなくあなた自身も騙す行為ですから、自分の手に余ることは絶対に引き受けてはいけません。

～～～　クラフトの説明をするとき　～～～

　近しい人にクラフトの何たるかを勉強してもらうなら、マリオン・ワインスタインの『Positive Magick（ポジティブ・マジック）』か、スコット・カニンガムの『The Truth About Witchcraft Today（現代ウイッチクラフトの真実）』がおすすめです。マリオンの本は「ま」のつく言葉にあまりいい印象を持っていない人に特に読んでもらいたい一冊ですが、どちらも読者の疑問点に答えてくれるすばらしい本であることに変わりはありません。何か打つ手があるうちは守りに入らず、積極的に行動しましょう。

　あなたの生き方は信仰の証でもあります。他者に奉仕することが、すなわちあなた自身に奉仕することになるのです。

～～～　戸棚の中で生きる　～～～

　戸棚の中に入ったまま出てこないウイッチもいます。彼女たちにとってクラフトは宗教的信仰以外の何物でもないので、世間一般と共有する必要を感じていないのです。本人が満足しているのなら、この選択も悪いことではありません。

　友人のひとりがこのような形でクラフトを実践する方法を模索しており、魔術民とはよく交流しているのですが、一般人とはクラフトの話をしないと決めています。同じ道を模索するなら、クラフトについて家族や近しい友人にいつでも詳しい説明ができ、心を落ち着けて話し合いに臨む準備を日ごろからしておくことを友人はすすめています。

　ウイッチクラフトは新世代のウイッチの一員となったあなたが望む形で常に寄り添ってくれます。自分の思うままに進みましょう。

╰╮╰╮╰╮　サークルを主宰する　╭╯╭╯╭╯

　ソロのウイッチとして活動していると、魔術に熱中している仲間と定期的に熱を分け合う機会が欲しくなるものです。本書の初稿を書き上げた当時、私のサークルはまだ影も形もなかったのですが、翌年の夏に隣人とおしゃべりをしていたときに一緒に活動を始めようという話になりました。その後、彼女が自分の友人をひとり仲間に加えてもいいかと訊ねてきました。いいですとも。隣人とその友人は昔からの付き合いなのですから——安全接触という奴です。数週間後、私たちの集まりに私の教え子がひとり加わり、参加者はそのあともどんどんどんどん増えていったのです！

　現在、私たちの会は〈円卓の魔女団〉（WORT）と名乗り、1週間に一度集まってお喋りやいろいろな作業に興じつつ、交流を楽しんでいます。あとから仲間入りした団員は20人を超えており、メンバー全員がウイッチかというと、違います。グループに「集団意識」が芽生えたかと訊かれたら、その答えは「はい」です。

　私たちは小さな街の住人です。そして、車で訪ねていける距離に位階持ちのウイッチがほとんど住んでいないことも考慮して、私は最初にこの集まりを誰でも自由に参加できるものにすると決めました。発足当初もそのあとも、私たちの集まりが精神的な生き方を求め、自分たちにできることをやって他者の力になりたいと思っていることに変わりはないのですから、建設的な信念の持ち主であれば誰でも仲間入りできるようにしたのです。

　ウイッチがカトリック教徒より優れているとか、東方聖堂騎士団の女性団員より劣っているということはありません。私たちは全員が上下意識を持たず、皆が対等の立場にあると考えており、全ての人に建設的な変化がもたらされることを目指して懸命に活動を続けています。

　ですから、どこかの僻地の住人であっても、田舎を理由に仲間がいないと決めつけてはいけません。サウスカロライナの住人である友人のロード・アリエル・モーガンがこう言っていました。「ここはもう聖書地帯なんかじゃないよ。女神のガードルと呼んでほしいね！」そのとおり、私たち新世代のウイッチは

どこにだっているのですから！

　本書で学んできたさまざまな技芸技術がウイッチクラフトの全てではありません。詳しく紹介しなかった死者を扱う術、性魔術、天候操作、呪いをかける方法などはかなりの高難度で、これまでに身につけた知恵と専門技術程度ではとても追いつきませんし、女性の神秘とその応用術はそれだけで本が一冊書けるほど奥の深い分野です。どうぞ、引き続き研究を進めていってください。

　本書で紹介したエクササイズと実験を全てやり終えた今、あなたが天生の魔女<ruby>天生の魔女<rt>ナチュラル・ウイッチ</rt></ruby>を自称していけない理由はこの惑星に存在しません――クラフトの本当の仲間になったのです。

　　　今や汝は天生の魔女なり……。
　　　トラディションにも位階にも縛られず、その身はただ
　　　己の信条と行動に縛られるのみ。願わくは、御身が
　　　啓蒙の道を賢明に歩み続けんことを。

　　　シルバー・レイブンウルフ
　　　またの名をジェニーン・E・トレイヤー

♫♪　おすすめ書一覧　♪♫

- Janice Broch and Veronica Macler, *Seasonal Dance*. Samuel Weiser, Inc.
- Marian Green, *A Witch Alone*. Aquarian Press.
- Janina Renee, *Playful Magic*. Llewellyn Publications.

家族にどうぞ
- Margie MacArthur, *WiccaCraft for Families*. Phoenix Publications.
- Ashleen O'Gaea, *The Family Wicca Book*. Llewellyn Publications.
- Ceisiwr Serith, *The Pagan Family*. Llewellyn Publications.

付 録

駆け足で見る魔女史

　本書を最後まで読み終えて新世代のウイッチに仲間入りを果たした皆さんは、これからは小さなカヴンやアメリカ全土でどんどん創設されているウイッカ教会に入信するほか、ソロでクラフトの実践を続けるなり、ほかの魔術宗教に鞍替えするなりして、それぞれの研究を続けていくことと思います。

　でも、どんな道を進むにしても、新世代のウイッチの皆さんにはすでに先人たちによって整えられた基盤が用意されています。クラフトとクラフトが奉仕する人々に人生を捧げ、ニューエイジに多大な影響を与えたこの偉大な先人たちとはいったい何者なのでしょう。

　以下に、自分たちが奉じる宗教をより良いものにするために全力を超えて尽力した人々の名を並べました。全員が足並みを揃えて活動してきたわけではありませんが、際立った貢献をしてきた偉人揃いであることに間違いはありません。名前を聞くことがあればつつしんで耳を傾け、会う機会があれば、あなたが今日享受している自由は彼らが長く苦しい戦いの果てに勝ち取ったものであることをどうぞ思い出してください。

　マーゴット・アドラー［Margot Adler］

　レイモンド・バックランド［Raymond Buckland］

　Z・ブダペスト［Z. Budapest］

　ローリー・カボット［Laurie Cabot］

　ディドラ・コービン、アンドラス・コービン［Deidre and Andrus Corbin］

　スコット・カニンガム［Scott Cunningham］

　ジャネット・ファーラー、スチュアート・ファーラー［Janet and Stewart Farrar］

フロスト夫妻［The Frosts］

セレナ・フォックス［Selena Fox］

ドナルド・マイケル・クレイグ［Donald Michael Kraig］

レオ・マルテッロ博士［Dr. Leo Martello］

ローズゲート・カヴン［Rosegate Coven］

ピート・パスファインダー［Pete Pathfinder］

サーペント・ストーン家のロード・サーパント［Lord Serphant of Serpent Stone］

スターホーク［Starhawk］

ダイアン・スタイン［Diane Stein］

ドリーン・ヴァリアンテ［Doreen Valiente］

マリオン・ワインスタイン［Marion Weinstein］

オッター・ゼル、モーニング・グローリー・ゼル［Otter and Morning Glory Zell］

1988年5月22日、北カリフォルニアで開かれた古代信仰の大会^{エインシャント・ウェイズ・ギャザリング}にて、全世界の教会^{チャーチ・オブ・オール・ワールズ}（CAW）が中心となってある決議案が提唱されました。提出された文書はペイガン・コミュニティ内で政治的に大いに物議を醸しましたが、最終的にかなりの修正が加えられ、クラフトを奉ずる大規模な組織とカヴンのほとんどに受け入れられました。第1回地球宗教虐待抗議決議は以下のとおりです：

　　ウイッカおよびネオペイガン・ウイッチクラフトを含む、ペイガン並びにネオペイガン地球宗教の信奉者である我々署名者一同は、それぞれが人生に対して建設的かつ肯定的な信仰を奉じて我々自身と地球双方の癒やしに献身するものです。法によって禁止されている行為はもちろん、他者を犠牲とするいかなる行為をも我々は擁護せず、容赦しません。我々の教えの中でも広く知れ渡っているウイッカの訓言にて「何者も害すなかれ」と禁じているように、児童虐待、性的虐待を始め、個人の心身および霊性を損なうあらゆる虐待的行為を断固として非難します。虐待の犠牲者には祈

392

りとセラピー、支援を提供し、心身および霊性の癒やしに努めます。我々は母なる地球の自然なる姿に神性を認め、崇敬し、尊崇の念を捧げるため、倫理的、人道的配慮と憲法に則った尊崇の儀式をおこないます。キリスト教が悪魔とする「サタン」は我々ペイガンが奉ずるパンテオンに属するものでなく、ゆえにサタンの存在を認めず、崇拝もしません。我々の教会、聖職者、礼拝に対する中傷や名誉毀損はいかなるものも見過ごさず、必要とあらば適当と思われる法的手段を講じ、公民権を守るために戦う用意があります。

　ここで重要なのは、誰が署名して誰が署名していないかではありません。自分たちのコミュニティのために喜んで立ち上がるウイッチとペイガンが大勢いること──そして、私たちの最大の敵が私たち自身であることがペイガン・コミュニティの総意として示され、この声明がエゴイズムとはかけ離れたものになった、そこがすばらしいのです。

　確かに、否定的な声明です。でも、敵の存在を知らなければ敵を征することもできません。もうずいぶん長い間、自分たちの信仰を攻撃する外部の意見から身を守ることばかりに囚われてきた私たちですが、私たちの信仰が抱えている最大の問題は仲間内でいがみ合っていることだとそろそろ気づくべきです。政治的な問題として深刻度のいちばん高かった第3者からの迫害は今では2番目に落着き、ときおり順位が入れ替わる程度でしかありません。

　コミュニティ内の対立なんて本書にはおよそ似つかわしくない話題ですが、私のように楽観的な思考に囚われる間違いを犯さないためにも現実として知っておいてほしいのです。決議が提出された当時、私は会報を年2回発行していたのですが、この人たちは一致団結してクラフトのイメージをより良いものにしようと頑張っているのだなと、率直に感動しました。以前にもこういった動きがなかったわけではないのですけれど、易々と嘘にまみれはしても、真実はなかなかのみこんでくれないのが世間です。ですから、どんな声明でも数を打ってくれるのは大歓迎だったのです。

　でも、私が（多くの人もそうだったはずです）心底驚いたことに、皆が皆、私と同じ気持ちではありませんでした（ずいぶん独りよがりな考え方だったとい

うことでしょうか）。現在進行形でペイガン同士がコミュニティ内で対立していたのですから、当然ですよね！

　結局、私たちの宗教共同体もよそと同じ——つくり上げているのは人間で、いろいろな意見を抱えていることに変わりないのだと私は気づいたのです。でも、私たちには信条があるでしょう。ほら、完全なる愛と完全なる信頼というあれが……。「賢い人間の集まり」だってまわりにも言っているのに、それはどうなるのでしょう。

　真実は人によって違うものです。私は以前、それほど著名ではないクラフトメンバーが著名なクラフトメンバーをやっかんで、めちゃくちゃにけなすところを目撃したことがあります。自分たちのほうもそれで悪名が売れたというオチがついていましたけどね、エヘン。

　嫉妬と自分勝手、強欲のせいで、カヴンや会報が取り返しのつかないレベルにまで落ちていくところも見ましたし、権力をめぐる魔女戦争（ウイッチウォーズ）の存在も知りました。誰がトップに立ち、誰が底辺で泥をすするかの争いです。大きくなりすぎたから、お金を稼ぎすぎたから、人気を集めすぎたから。そんな理由で飛び出た杭が従来の方法で押し込められなかった場合、破壊的手段が用いられることも珍しくありません。

　とある個人や団体を徹底的に叩き潰すことをもくろみ、手紙で攻撃をしまくるメーリング・キャンペーンもこの目で見ました——クラフトであるかどうかは別にしても、首謀者は自分の名前を再三再四署名せず、匿名で攻撃するという意気地なしでした。

　これが全部つくり話と考えるなら、あなたは正しいです。でも、よくあることなのです。

　ウイッチウォーズは、たいていが思慮と先見の明の欠如が原因となって起こります。ほとんどのいざこざと同じように愚かで、美学的にいっても血なまぐさく、コミュニティが崩壊しても敵対者が後始末をすることはありません。戦争は3つかそれ以上の魔女団が密集している地域で頻発しますが、純粋な権力闘争で対抗者が本気になって潰しにかかった場合、争いの場は全国各地に広がります。何という時間とエネルギーの無駄遣いでしょう！

　これが今、あなたのコミュニティを動かす大物たちが時間を費やしているこ

となのです。もちろん、世間の悪意に蹂躙されないよう、今も変わらず信仰を守ることに尽力はしていますが、その多くが関心を持っているのは誰から見ても嘘のない形で私たちの信仰を統合することにあります。まったく、とんでもない大仕事です。

　決議が採択された直後に、『Witchcraft, Satanism and Ritual Crime: Who's Who and What's What（ウイッチクラフト、悪魔崇拝、儀式犯罪：その人、その実像）』という小冊子がチャーチ・オブ・ワールズから出版されました。1989年の夏至ごろに刊行されたこの冊子は私たちのコミュニティに対する悪意あるプロパガンダに対抗するために用意され、アメリカのみならず海外の多くのウイッチとペイガンを負のイメージから解放してくれた功労者です。初版は1000部ほど刷られ、需要の高さから同年の11月にはさらに2000部が刷られました。

　この小冊子は警察署、図書館、新聞社、学校、社会福祉機関、教会に置かれており、好意的な論評を集めているばかりか、一流の警察雑誌でも推薦され、かつてのユーゴスラビアやニューギニアからも遥々注文が来るほど評判になりました。売り上げは、儀式による暴力の被害者となった人たちを救済するセラピーの補助金などに使われています。本書の執筆時点では、ハリウッドでクラフトを馬鹿にしたと思われる映画が撮影されたことを受け、CAWはさらに2000部を刷る予定です。

　アクエリアン・タバナクル・チャーチのピート・パスファインダーもこの短い歴史の講義で外してはいけない人物です。彼は非常な苦労と忍耐の末、1990年にオレゴン州で開かれた超宗派会議にて、主流宗教の多くでかなり長いこと独占されていた席をウイッカンのために３席も獲得しました。

　ロード・アイランドで誕生したローズゲート・カヴンは、ウイッカ組織として非営利団体の資格を取得したことにより、ウイッチたちは大いなる飛躍を果たしました。現在、アメリカ中で多くの組織が非営利団体として活動しています。

　チャーチ・オブ・オール・ワールズやサークル・サンクチュアリを始めとするいくつかのウイッカ組織はABCテレビジョンに対する大規模な政治キャンペーンを展開しました。ばらばらだった私たちはひとつの共同体として戦い、少なくとも私たちがここに存在し、いざとなればまたいつでも戦う用意ができてい

ることを放送局に知らしめたのです。

　ローリー・カボットは全てのウイッチを差別から守ることを目指して魔女たちによる広報団体を立ち上げ、レオ・マルテッロ博士はほぼ同じ目的で魔女たちの反差別団体を形成し、両組織とも大成功を収めました。

　Ｚ・ブダペスト、スターホーク、ドリーン・ヴァリアンテ、ファーラー夫妻、マリオン・ワインスタインはベストセラーの著者で、アメリカ中をまわってウイッチとウイッチクラフトを取り巻く誤解を解きました。彼らの建設的な考え、発言、行動が、何千人もの救いとなったのです。

　凍りついた鍵を壊し、細心の注意と専門知識でもってウイッチたちの歴史を私たちに教えてくれたマーゴット・アドラーは言うに及ばず、レイモンド・バックランドとスコット・カニンガムも自ら前に出て、厳しい規則にがんじがらめにされなくともクラフトは楽しく実践できることを魔術コミュニティに教えてくれました。

　フロリダでウイッチが悪評と戦っていたとき、作家で『Fate Magazine（フェイト・マガジン）』元編集者で作家のドナルド・マイケル・クレイグはすばらしい論説でもってフェイト・マガジンの大勢の読者に訴えかけました。

　もしも私たちのコミュニティのリーダーになろうという大望をお持ちなら、いいことばかりではないことを覚悟しておいてください。上に立つ者には沈着冷静であることが要求されます。結論に飛びつかず、ゴシップには耳を貸さず、何よりも公平でなければいけません！　砂場には子供も大人もたくさんいて、砂遊びに使うバケツは全員に行き渡るだけの数があるのですから！　自分たちの行動に責任を持つのはほかならぬ自分たち自身ということです。

　歴史は日々つづられてゆくものです。歴史をひもとくとき、記録を冷静な目で見つめるために、書き記す側にまわれなかったウイッチたちの存在を心に留めておいてください。人によって目に見えるものは違います。真実を沸き立つ大釜に入れる前に、私たちは両方の立場から真実を見極めなければいけません。

クラフトの基本用語解説

(＊本篇で説明しきれなかった用語をこちらにまとめました)

- **ネオペイガニズム**［Neopaganism］：キリスト教以前に信仰されていた多神教や自然崇拝を基盤とした古代宗教（オーディン［Odin］を主神とする北欧信仰や、ケルトのドルイディズム［Druidism］など）を現代的な観点で見直そうとした主義および運動。

- **ペイガン**［Pagan］：もともとは「異教徒」を意味し、キリスト教などの一神教が、自分たちの信仰と相容れない多神教や自然崇拝の信奉者を侮蔑的に呼んだもの。現在では侮蔑的な意味はなく、ネオペイガニズムの信奉者の呼称として使われている。

- **ウイッチクラフト／クラフト**［Witchcraft / Craft］：「魔女術」、「魔女宗」とも訳される。「賢者の業（Craft of the Wise）」を意味し、特にジェラルド・ガードナー［Gerald Gardner］によって体系化され、近代魔女術として復興したネオペイガニズムの流派を指す。ウイッチクラフトの実践者がウイッチ［Witch］である。厳密にいうとウイッチ、ペイガン、ウイッカン［Wiccan］（ウイッカ信奉者）はそれぞれ別物で、ウイッチの多くはペイガンだが、ペイガンがウイッチとはかぎらず、ウイッチがウイッカンともかぎらない。

- **ウイッカ**［Wicca］：主に、ジェラルド・ガードナーがウイッチクラフトを現代的にアレンジし、信仰体系として復興させたネオペイガニズムの一流派を指す。第2次世界大戦後、ガードナーは自著『Witchcraft Today（今日のウイッチクラフト）』を発表。体系化させたウイッチクラフトを一般に広め、大戦の影響で存続の危機にあった古代宗教の伝統を守ったことから、ガードナーは「近代魔女術の父」と称される。

- **トラディション**［Tradition］：ウイッチクラフトにおける宗派の呼称。他宗教における 教派、分派に相当。

- **『影の書』**［Book of Shadows］：クラフトにおける魔術書の呼称で、教義、まじない、儀式などについて記された、ウイッチにとって門外不出の秘伝の書とされていたもの。ジェラルド・ガードナーの『影の書』は弟子のドリーン・ヴァリアンテの手で編集され、公開された。ヴァリアンテは自著『魔女の聖典』で自己参入の方法を紹介してソロの実践者に広く門戸を開放し、「近代魔女術の母」と呼ばれる。

- 参入 [Initiation]：ウイッチクラフトに入信すること。魔女団（組織）への参加のみならず、ソロとしてウイッチクラフト信仰を受け入れることも指す。

- 献身 [Dedication]：神々とウイッチクラフトの信条に心身を捧げること。普通、参入を果たした1年と1日後に改めてウイッチクラフトへの信仰を誓う。

- 創造的視覚化 [Creative Visualization]：意志の力で、心に描いたイメージを現実で形にする技法。具体的なイメージを描くほど効果は強力になる。

- 魔法円 [Magick Circle]：魔術に使用するエネルギーを高め、保持する儀式の場。円周上に構築された球状の聖なる結界で、儀式の間、神聖な場に侵入しようとする陰のエネルギーを退けて術者を守る。円陣は塩やチョーク、小石、紐などで物理的に描いてもいいし、イメージの視覚化のみで構築してもいい。円の直径は9フィートとするのが一般的だが、術者の好みで調整できる。大地から取り込んだエネルギーを体内で術者のエネルギーと融合させ、結界をつくり出すため、魔法円の構築／開放の際にはグラウンディングとセンタリングを必ずおこなわなくてはならない。

- グラウンディング [Grounding]：大地とのつながりを強化すること。大地とエネルギーのやり取りをおこない、不足は補い、過剰は逃がして、エネルギーのバランスを整える。術者のエネルギーの消耗を避けるため、瞑想や魔術の行使、魔法円の構築などの前後に必要。

- センタリング [Centering]：自分自身とのつながりを強化すること。魔術をおこなう前の下準備として、体内のエネルギーバランスを整え、自己、霊、感情、思考などの力を解放する。トラディションによって方法はさまざま。

- 照応 [Correspondence]：色彩、天体、動物、シンボルなど、世のあらゆるものは“類似の法則”によって魔術的相関関係で結ばれているとする考え方。たとえば、赤は血の色であることからエネルギーを表す色とされ、赤い火星、火星を司る神々とつながりの深いもの（馬や鉄など）、火星が司る火曜日、赤い植物などは同じ魔術的性質を帯びるとされる。

- 共感魔術 [Sympathetic Magic]：文化人類学者のジェームズ・フレイザーが定義した原始的信仰。「類似は類似を生む」とする“類似の法則”の上に立つ類感呪術 [Homoeopathic Magic]（あるいは模倣呪術 [Imitative Magic]）と、「接触状態にあったものは空間を隔てても相互的作用を継続する」とする“接触／感染の法則”

の上に立つ感染呪術［Contagious Magic］を基礎としている。

• **アストラル体**［Astral Body］：神智学的身体観では、生物の体は肉体（物質的身体）に精妙なエネルギー身体（エーテル体、アストラル体、メンタル体、コーザル体）が重なって構成される。アストラル体は感情体とも呼ばれ、感情や欲望が発現する部分。アストラル界は幽体や魂の領域とされている。

• **メディスン**［Medicine］：全ての生き物に生来備わっている神聖なる超自然的力。霊的なエッセンスで、それぞれに個性がある。シャーマニズム用語。

• **メディスンホイール**［Medicine Wheel］：ネイティブアメリカンの信仰にある、森羅万象を象徴する聖なる輪。黄・赤・黒・白に塗り分けられ、それぞれが四方位や四季、四大元素、誕生／成長／老齢／死、肉体／感情／知力／精神などを表している。

• **メディスンバッグ**［Medicine Bag］：自身の霊性を強化するためにシャーマンが身につける、ハーブや羽根、石などのスピリチュアルな意味を持つ物品を入れた小さな革袋。首から下げて心臓の辺りに収めておく。

• **大典礼**〔グレート・ライト〕［Great Rite］：男女の性交を通じて強力なエネルギーを生成することを目的とした儀式。実際に性交しない場合は、ハイ・プリースティスが持ったチャリスに、ハイ・プリーストがアサメイ（または儀式用ナイフ）を差し入れることで象徴的におこなわれる。

• **「戸棚の中」の魔女**［A Closeted Witch］：英語の慣用句では「be in the closet」で「内緒にしている」、「come out of the closet」で「隠していたことを公にする」ことを意味。クラフトでは「ほうき戸棚［Broom Closet］」と置き換え、自身の信仰を公言しているか否かを、「ほうき戸棚の外［中］」という言いまわしで表現する。

■著者紹介
シルバー・レイブンウルフ（Silver RavenWolf）
作家でありながら、芸術家、写真家、ネット起業家としても活動。アメリカ29州にある53のカヴンと３つの国際的グループから構成されるウイッカ組織、〈ブラック・フォレスト・クラン〉の長を務める。ウイッカに関する著書をおそらく同時代で最も多くの国から出版している。ルウェリン・ワールドワイド社からはベストセラーとなった『Solitary Witch』と『Teen Witch』を含む18作が刊行されている。夫のマインドウォーカーとの結婚生活は長く、４人の子供がいる。ニューヨーク・タイムズ紙、ウォール・ストリート・ジャーナル紙、USニューズ＆ワールド・レポート誌等でインタビューを受けている。

■訳者紹介
鈴木景子（すずき・けいこ）
インターカレッジ札幌で翻訳を学び、同社の第８回翻訳コンクール（2011年度）で最優秀者に選ばれる。訳書にフィリップ・マクドナルドの『狂った殺人』、ハリントン・ヘクストの『だれがダイアナ殺したの？』（共に論創社）、アン・モウラの『グリーンウイッチの書』（パンローリング）などがある。

2018年1月2日 初版第1刷発行

フェニックスシリーズ �64

魔女術で運命をひらく！
——なりたい自分になるためのウイッチクラフト実践術

著　者	シルバー・レイブンウルフ
訳　者	鈴木景子
発行者	後藤康徳
発行所	パンローリング株式会社
	〒160-0023　東京都新宿区西新宿7-9-18　6階
	TEL 03-5386-7391　FAX 03-5386-7393
	http://www.panrolling.com/
	E-mail　info@panrolling.com
装　丁	パンローリング装丁室
印刷・製本	株式会社シナノ

ISBN978-4-7759-4187-4